El éxito en 6 cafés

Pino Bethencourt Gallagher

El éxito en 6 cafés

Construya relaciones de confianza y practique *networking* efectivo

Gestión 2000

Diseño cubierta: El taller interactivo, S.L.
Producción ORMOGRAF

Titulo orginal: El éxito en 6 cafés

ISBN: 978-84-9875-018-8
Depósito legal: M-48049-2008
Impresión: BROSMAC, S.L.
Impreso en España – *Printed in Spain*

Sumario

Presentación

Custodia Cabanas, profesora del área de RRHH
del IE Business School.

Por naturaleza, los seres humanos necesitamos a los demás para sobrevivir. Si desde el principio de los tiempos la capacidad de relacionarse y construir redes ha sido una de las características más importantes de los seres humanos, hoy, en el siglo XXI, se ha convertido en una de las competencias clave para obtener resultados tanto de negocio como en la carrera profesional.

A nadie se le escapa ya que otra de las consecuencias que ha producido el fenómeno de la globalización ha sido la evolutiva transformación de las organizaciones de pirámides jerarquizadas hacia estructuras cada vez más planas y en forma de red. Esto ha convertido la toma de decisiones, y la identificación de oportunidades, en procesos complejos donde cada vez están involucradas más personas, sobre las que la capacidad de influencia ya no radica en el poder formal, sino en su conocimiento y acceso a información proporcionada por sus redes. La tecnología y el desarrollo de Internet hacia la conectividad y el fenómeno 2.0 están favoreciendo enormemente este proceso.

Pino es, sin duda, una ingeniera apasionada por las personas y con este libro ha sido capaz de transmitir su pasión y su sensibilidad hacia el desarrollo de las personas. Desde la atalaya que Bethencourt Strategic Development le ha proporcionado, ha podido observar la dimensión critica que las redes tienen sobre el desarrollo de una carrera profesional.

Por otra parte, con este libro Pino está contribuyendo a un importantísimo y necesario cambio cultural y de creencias arraigadas en España, y prácticamente en todo el entorno cultural latino, que asocia al networker con el «trepa», limitando fuertemente su desarrollo.

Gracias a su dimensión de profesora de desarrollo de habilidades directivas, Pino nos aporta además de una interesantísima labor de investigación en la historia y cultura de las redes, unos utilísimos ejercicios de autoevaluación, que nos ayudan a tomar nuestro propio pulso y a entender las dinámicas de nuestro comportamiento en esta dimensión.

Pero sobre todo, este libro nos facilita una metodología y un sistema para crear, desarrollar y mantener una red de contactos útil y dimensionada a nuestra propia personalidad.

Por último, merece la pena mencionar la riqueza práctica y de contacto con la realidad que proporcionan las entrevistas a emprendedores y empresarios de éxito, quienes tienen en común, junto con tantos otros, su sensibilidad por entender el papel que han jugado las redes en el éxito de sus empresas y en el suyo propio.

Le invito a que lo lea y lo disfrute. De verdad que merece la pena. Posiblemente dentro de algún tiempo agradecerá a Pino el haberle proporcionado no sólo la metodología para crear su red, sino también el contagio de su pasión por el desarrollo personal.

Prólogo

Pierre Nollet, experto en Private Equity,
asesor de alta dirección y socio de
Bethencourt Strategic Development

¿Un libro sobre redes? ¿Qué puede ser?

Lo que resulta formidable en la persona de Pino Bethencourt es su íntima convicción de poder ayudar a la gente, la capacidad que ha desarrollado a través de sus experiencias. La investigación constante y el inagotable desarrollo de herramientas que impulsa para ayudar a cambiar comportamientos humanos y mejorar rendimientos empresariales. No se trata de teoría, sino de práctica.

Todos buscamos algo. Ese algo que los estadounidenses llaman *pursuit of happiness*, en referencia a la búsqueda de la felicidad. Puede ser cuestión de convertirse en alguien más respetable, aumentar nuestra comodidad y calidad de vida, mejorar nuestras relaciones sentimentales, poner el cuerpo en forma o simplemente puede traducirse en intentar ser un mejor profesional. Todos sentimos que si conseguimos llevar a cabo este cambio, habremos encontrado nuestro destino, y seremos por fin pilotos de nuestras vidas.

Ahora bien, quien dice buscar también habla de progresar, y el progreso es la sal de la vida. Es precisamente la superación de uno mismo lo que construye su personalidad, año tras año.

Pino, en este libro, pero también en el seno de Bethencourt Strategic Development, ha querido siempre construir un puente entre la teoría y la práctica. El lector descubrirá en las páginas que siguen que ha fabricado herramientas para progresar, pero también, y sobre todo, para medir y verificar los propios progresos.

Y, ¿por qué un libro sobre las redes? Pues porque la red, y con ella, este libro, es el primer útil de mejora, el camino que hace falta emprender para articular la interfaz que une a cada uno de nosotros con el mundo que nos rodea, y para hacer fructificar lo que somos, elevarnos hasta convertirnos en pilotos de nuestro destino.

Las redes ¿son tan importantes?

Desde el comienzo de la historia de la humanidad, los hombres se organizaron por tribus. El vínculo de la tribu era sagrado, y dicha tribu reunía un conjunto de códigos o valores por los cuales todos sus miembros se guiaban y evaluaban. Ejemplificar dichos códigos con los actos y con la propia vida implicaba un sentimiento único de pertenencia a la tribu, y de modo recíproco, la protección misma del trascendental conjunto tribal. Era la escenificación del principio de «pertenezco a la misma red que vosotros, a la misma comunidad, por lo que esta tribu me debe protección y ayuda».

Los monjes y las órdenes monásticas que dominaron Europa en la Edad Media, y que disfrutaron de privilegios *extraordinarios*, es decir, no sometidos a las leyes del señor feudal ni a deberes impositivos, fueron quienes dieron lugar a la creación de las primeras redes comerciales. Se trataba precisamente de una forma de comunidad que permitía intercambiar el saber, hacer fluir riqueza y datos comerciales, nutriendo su crecimiento en el exterior, o más exactamente, bajo la protección del mundo que la rodeaba.

Varios siglos más tarde, hoy presenciamos la proliferación a una velocidad sorprendente de nuevas comunidades en Internet: Meetic, Facebook, LinkedIn, etc. Qué fin persiguen estas comunidades si no es el de acercar a las personas, generar un sentimiento de pertenencia, reducir virtual y físicamente las distancias, intercambiar, verse, o tal vez, una vez más, ser pura y llanamente uno mismo.

¿Es tan importante desarrollar la propia red?

Tomando solamente el contexto de los negocios, la pertenencia a una red permite:

- Mayor velocidad en los intercambios, puesto que se emplea un lenguaje más franco y directo, gracias a la pertenencia común a la misma red, eliminando la necesidad de juzgarse unos a otros.
- La recepción y aportación de información de calidad con otros equivalentes.
- La simplificación y la optimización de los procesos de acceso a personas específicas.
- La obtención de acciones, generación de soluciones y gestión de relaciones de poder a través de vínculos no jerárquicos ni burocráticos.
- La mejora de la propia visión de las cosas, de la propia percepción sobre un tema concreto, debido al intercambio de varios puntos de vista de confianza.
- Y, en definitiva, hacerse ayudar a la vez que uno ayuda, pues la ley implícita de la red es la ley de familia y, por ello, de la asistencia recíproca.

En definitiva, la red es un sistema dinámico, mientras que la mayoría de los sistemas en los que vivimos, como son la familia o los círculos de relación de la oficina, tienden a ser estáticos y faltos de novedades o de ideas. En este sentido la red gestiona y mejora los flujos: flujos de información, flujos de encuentros, flujos de acciones, etc.; de ahí la importancia de optimizar las redes, puesto que es el mejor modo de vivir en una lógica dinámica, innovadora y fluida.

¿Cómo hacerlo? ¿Debe uno dejarlo al azar o más bien emplear un enfoque sistemático y organizado? ¿Hay que salir a buscar a un *coach* de redes de inmediato?

Este libro responde a estas cuestiones. Representa un método lleno de ejercicios prácticos. Pero no es un método frío, sino que toca también la emoción, la capacidad de seducción, de querer, de ser querido. En efecto, el motor encarnado en el deseo de pertenencia a una red, ¿no es humano por definición? Acercarse al otro, sentirse cercano, o verse como igual frente a igual. ¿No es, en cierto modo, el mito platónico que define nuestra misión sobre la Tierra como la búsqueda de nuestra mitad desaparecida?

Entonces, para encontrarnos con los demás, aquellos que son como nosotros, ¿por qué no dejar sencillamente hablar a nuestras emociones? Porque nos faltarían dos cosas: un destino, y un mapa para llegar hasta él. Este destino es nuestro sueño.

Pero ¿cuál es ese sueño? Para encontrarlo, para definirlo y concretarlo... –aquí sí que no hay otra– uno tiene que escuchar a su intuición, debe saber detenerse de vez en cuando, sentarse sin preámbulos en la acera de la calle que encauza su vida, y ahí, en el silencio de un corazón en paz, dejar expresarse a sus emociones.

Una vez definido el deseo, una vez encontrado el fin, entonces tendremos el mapa para llegar hasta él, mediante una guía que podremos dibujar precisamente a través de los ejercicios aquí descritos, y que nos conducirán a través de mallas, redes y subredes.

Lo hemos visto: la red es un río en movimiento, es un sistema, es una comunidad. Vincula a los hombres y mujeres entre sí. Y puesto que nos relaciona a unos con otros, este libro no es sobre redes: ¡Es sobre quiénes somos!

Estoy encantado de compartir su lectura con ustedes.

Pierre Nollet

Traducido al castellano por Pino Bethencourt

1

Por qué este libro

Este libro pretende ser el primer libro en español sobre la gestión de los contactos, conocida en inglés bajo el nombre de *networking*, que ayude a cualquier lector a mejorar de forma medible su actual nivel de gestión.

El término *networking* no tiene una traducción directa en español, a menos que nos inventemos una nueva palabra: *redear*, o dicho de otro modo, hacer un movimiento en la red de contactos personales. Sí hay expresiones que se acercan, como «desarrollar la red de contactos» o «gestionar contactos».

Pero lo que realmente importa es que *redear*, o gestionar los contactos, es un arte. Es el arte de construir y cultivar vínculos personales de mutuo beneficio de forma estratégica.

Es un arte porque no hay una sola forma de gestionar contactos. Lejos de proponer una serie de trucos o recetas sobre qué decir o cómo comportarse, este libro se centrará en ayudarle a comprender los puntos fuertes y débiles de su carácter, y a encontrar e incorporar los modos, usos y herramientas que mejor se adaptan a su forma de ser para optimizar sus redes de contactos.

Construir y cultivar lazos personales puede parecer algo frío si uno no comprende bien la naturaleza de un vínculo personal. Por ello, esta obra le hará comprender, y empezar a ver e interpretar, todo lo emocional y personal que se intercambia en una relación con otra persona.

Por ello, este libro le ayudará a trabajar sobre dos dimensiones:

- Una dimensión más metódica y pragmática que le invite a poner en marcha nuevos comportamientos y formas de pensar útiles para mejorar la gestión de sus propios recursos en un esfuerzo por desarrollar su red personal.
- Una dimensión más abstracta que le ayude a comprender en qué se basa una relación personal, sea afectiva o profesional, qué tipo de emociones se ponen en juego de cada lado, y cómo los sistemas de conexiones humanas o redes personales constituyen una estructura básica inherente a nuestra especie que se repite en toda la naturaleza para asegurar el buen funcionamiento del mundo que conocemos.

Si usted comprende los fundamentos de las relaciones personales y trabaja métodos propios para distribuir su energía de modo más eficiente, desarrollará su propio estilo de gestión de contactos, y precisamente porque sale de usted de forma natural, resultará más interesante a ojos de futuros conocidos.

1.1. Para quién

La gestión de contactos es una de las habilidades directivas más críticas para el éxito de cualquier directivo. Después de varias décadas de concienciación sobre la presencia de la llamada «inteligencia emocional» en el mundo de los negocios, y del enfoque progresivo de las organizaciones sobre las competencias o habilidades básicas que componen esta dimensión del talento directivo, la gestión de contactos se presenta como un paquete complejo, o una versión más sofisticada de habilidad directiva, que reúne y combina las habilidades más elementales descritas en la mayoría de manuales sobre liderazgo e inteligencia emocional.

Gestionar contactos supone saber escuchar, percibir emociones, leer comportamientos, asumir riesgos, ser asertivo, comunicar de forma eficaz, negociar, y poner todas estas habilidades básicas al servicio de una percepción sistémica del mundo de los negocios. Se trata de dejar de ver los hechos y las personas como elementos aislados para comprender las conexiones entre todos ellos, y cómo dichas conexiones provocan las consecuencias que vivimos.

Precisamente por ello no sirve de nada proporcionar una lista de recetas o soluciones supuestamente probadas. Las librerías están llenas de libros que dan instrucciones precisas a los directivos sobre cómo cambiar su vida, y cualquier directivo que se dedique a construir y mejorar sus habilidades sabe que el cambio real no ocurre durante la lectura, sino en otro lugar bien distinto.

Las instrucciones, las ideas y el conocimiento aportan elementos nuevos a la reflexión, pero sólo el directivo que convierte su reflexión en acción avanza de verdad. Obligarse a poner en práctica una norma que puede llegar a chocar con su personalidad no funciona.

Este texto está ideado para aportarle elementos de reflexión, marcos teóricos y preguntas provocadoras que le ayuden a sacar de su propia personalidad esos comportamientos efectivos, pero sobre todo cómodos e individualizados, que le acerquen a los demás de un modo más eficiente.

Por ello, este libro le va a facilitar un gimnasio en el que entrenarse, con máquinas, música y buen ambiente. Pero la gimnasia la tiene que hacer usted, y por poco que haga, notará una mejora visible en los resultados de su trabajo, que le animará a seguir entrenándose y mejorando su habilidad personal para conocer gente nueva y desarrollar relaciones divertidas, auténticas, pero también útiles para usted, y para los conocidos que pasen por su vida.

1.2. Para qué

En realidad una buena gestión de contactos sirve para casi cualquier objetivo en la vida: encontrar esposa, planificar las vacaciones perfectas, vender un piso o aprender chino, por ejemplo.

Pero esta obra va a enfocarse fundamentalmente a los objetivos profesionales propios de todo directivo que sale a luchar por su futuro en la jungla económica. Algunos de los objetivos más frecuentes que se plantean los directivos requieren diseñar una estrategia de redes bien planificada y poseer un instinto entrenado para movilizar los contactos apropiados en cualquier momento.

Usted podrá desarrollar su red de contactos para:

- Convertirse en líder de la organización en la que trabaja. Reclutar a los poderosos aliados que le ayuden a subir y estar en el lugar adecuado cuando surja la oportunidad de demostrar su valía.
- Vender más y con mayor margen. Aumentar su cartera de clientes e incrementar su volumen de ventas por cliente.
- Encontrar financiación entre fundaciones y entre particulares adinerados para sus proyectos sin ánimo de lucro.
- Conseguir el trabajo perfecto en cualquier momento de su carrera profesional.
- Cimentar una reputación de éxito que le abra puertas en lo social y en lo económico.
- Acelerar su curva de rendimiento profesional después de cualquier cambio en su profesión significativo.
- Acceder a la información delicada sobre la estrategia corporativa que nunca está escrita pero sin la cual uno no puede dar en la diana.
- Encontrar y fidelizar a los «buenos» trabajadores de su empresa multinacional en cada departamento o región, permitiéndole resolver problemas internos con más rapidez y menos nervios.

- Preparar y ganar una negociación delicada gracias a la comunicación a través de sus redes.
- Aumentar su poder personal en cualquier entorno social.
- Ascender a puestos de alta dirección y entrar en consejos de administración, sacándole partido a lo que le hace diferente en lugar de rendirse hasta imitar al estereotipo aceptado.
- Reunir capital para un fondo de inversiones y dar con las mejores oportunidades de inversión antes que los demás fondos.
- Encontrar accionistas, *business angels* o financiación para su negocio.
- Acelerar los trámites burocráticos en cualquier organización.
- Montar o cambiar una asociación profesional o partido político.
- Conseguir apoyos en la administración pública e influir en la toma de decisiones importantes.
- Innovar gracias a la canalización de perspectivas diversas que le facilite su red, pero también gestionar el cambio cultural necesario en organizaciones y grupos sociales para convertir sus ideas en realidad.

La lista de posibles aplicaciones de la gestión de contactos es tan larga como la de posibles objetivos del directivo, pero no debemos olvidar que éste es una persona en el más amplio sentido de la palabra, y que los objetivos de su red también comprenderán objetivos personales que ahora usted ni se plantea porque seguramente los tiene cubiertos. El desarrollo de amistades y el cuidado de los familiares que le arropan y le cuidan a su vez cuando está cansado es imprescindible para alcanzar su equilibrio personal.

Su red personal también es la encargada de proporcionarle risas, momentos alegres y ratos divertidos, además de oportunidades para formar una familia.

Aunque pueda parecer un poco frío hablar de esta dimensión tan íntima y personal como si fuesen objetivos, mirarlo así le permitirá encajar su vida personal con su vida profesional cuando esté intentando mejorar su gestión de contactos. Si dejase fuera esta parte de su persona, ninguno de sus análisis sobre su red, o sus planteamientos de acción serían realistas ni creíbles, porque estarían diseñados para un directivo teórico sin emociones ni vida privada.

Al final de este texto usted habrá cambiado radicalmente su forma de ver la vida, su carrera, sus amistades y sus relaciones personales. A partir de entonces sus redes de contactos no serán sólo fruto de la casualidad y de una «naturalidad» sobrevalorada, sino que también fruto de la reflexión estratégica, y del desarrollo consciente de relaciones saludables que no sólo le hagan sentirse bien y «natural», sino que también potencien los resultados de sus proyectos personales.

1.3. Cómo

Puesto que este libro pretende motivarle para realizar cambios apreciables en su rendimiento profesional y personal, en lugar de quedarse en una lectura interesante y curiosa, le invitará a menudo a hacer pequeños ejercicios y le planteará preguntas provocadoras, de esas que hacen los *coaches*.

El desarrollo directivo, igual que la gimnasia, no se aprende leyendo, sino que requiere practicar y aprender gracias a la observación de uno mismo y el posterior análisis de lo que ha practicado.

De modo que esta obra se compromete con usted y sus objetivos sólo si usted se compromete consigo mismo.

Para empezar dicho compromiso aquí y ahora, por favor, coja una hoja de papel y escriba en el margen izquierdo los nombres de cinco personas a las que haya conocido recientemente.

Ahora conteste a las siguientes preguntas sobre cada una de esas personas. Puede dibujar una columna para rellenar las respuestas de cada pregunta como se muestra en la figura.

FIGURA 1.2

Mis últimos 5

	Datos	NConf	Pr. Ppal	Yo qué
1) Pepe X	sdlk	1	?	?
2) Ana M	?	?	?	?
3) Rosa G	...	...	...	...
4) Mónica C				
5) Alberto A				

En la columna «Datos», anote todo lo que sepa sobre la persona. Su edad, su profesión, dónde vive, donde nació, qué le gusta comer, etc. Si no se le ocurre nada relevante, ponga un signo de interrogación.

En la columna sobre el nivel de confianza generado, titulada «NConf» en el gráfico, escriba cómo cree usted que le ha caído a esa persona. No se confunda; no tiene que escribir si a usted le gustó o no esa persona, sino si usted la impresionó más o menos a ella. Otorgue una puntuación del 1 al 3, poniendo un 3 en los contactos que han quedado encantados y que mostraron gran interés por seguir hablando con usted, o un 1 si se mostraron poco receptivos o incómodos durante su conversación. De nuevo, si no tiene usted la más remota idea de la impresión que causó en su nuevo conocido, ponga un signo de interrogación.

En la siguiente columna, marcada como «Pr.Ppal.», escriba cuál es el problema o la preocupación más importante que tiene esa persona ahora mismo. Qué intenta conseguir por encima de todo lo demás, o qué es lo que le quita el sueño por las noches. Una vez más, puede optar por el signo de interrogación si no sabe qué contestar.

Finalmente, la columna «Yo qué» está incluida para que usted responda cómo puede ayudar a su nuevo contacto. Qué contacto suyo podría (y querría) hacer un favor a este desconocido, qué información en forma de libros, páginas web o artículos puede usted ofrecer para ayudar a esa persona a resolver su problema. Considere cualquier ayuda que usted pueda aportar.

Lógicamente, si no supo contestar a las columnas anteriores para uno de los nombres, tendrá que poner de nuevo un interrogante en la última columna.

¿Qué le ha parecido este ejercicio? ¿Se le ocurre algo interesante sobre sus respuestas? ¿Ha sacado alguna conclusión sobre su gestión de contactos y redes profesionales?

Este ejercicio ha sido realizado por miles de directivos en cursos y seminarios sobre gestión de contactos, y la gran mayoría lo termina con varios signos de interrogación.

Sin embargo, saber conducir una primera conversación de forma que usted pueda contestar a todas las preguntas de este gráfico sobre su nueva amistad es la habilidad básica y más crítica de la gestión de contactos. Porque sólo si hace preguntas podrá conseguir información. Sólo si consigue información podrá generarle un valor añadido a la persona que acaba de conocer, y sólo si es capaz de aportar un valor diferenciado a una persona podrá usted generar confianza en ella.

Éste es el círculo virtuoso de la gestión de contactos: información, valor, confianza. En la medida en la que usted genere mayor confianza podrá hacer preguntas más comprometidas, y por ello obtendrá información más delicada que, a su vez, le facilitará la oportunidad de ayudar a su nuevo amigo de una forma completamente diferente a como lo haría cualquier otro, y por ello será usted memorable y único entre los miles de contactos de la agenda de esa persona.

Si ha empezado este libro creyendo que gestionar contactos es una forma oportunista de conseguir favores gratuitos, espero que ya haya aprendido algo importante: La gestión de contactos es el arte de construir y desarrollar vínculos de mutuo beneficio de forma estratégica. Los vínculos humanos están hechos de confianza, y sólo se construye confianza mediante la aportación de valor.

Pensándolo bien, cuando un extraño se le acerca para pedirle algo, más que transmitirle una impresión fiable, lo está invitando a dar un paso atrás con recelo y desconfianza. Incluso algunos de los que parecen venir a ayudarle le pueden parecer interesados o, directamente, le caerán gordos.

Su gestión de contactos dará resultados si a) usted comprende la filosofía y las razones de lo que está haciendo, b) incorpora métodos de eficiencia y se disciplina para sembrar confianza activamente de forma continuada en el tiempo, y c) invierte en su propio desarrollo de habilidades emocionales y de liderazgo para aprovechar mejor las ocasiones que se le presenten.

1.4. Este recorrido

Lo primero que hará es analizar una muestra relevante de su red actual en el capítulo siguiente mediante el método de POTENCIA. Reflexionará sobre qué ha hecho que su red actual sea la que es, y qué propiedades debería desarrollar para asistirle en la optimización de su rendimiento personal.

A continuación encontrará los conceptos, los razonamientos y las explicaciones que esconden los secretos de las relaciones humanas y condicionan la creación de grandes amistades o socios duraderos. Los capítulos 3, 4 y 5 abordan el origen y la omnipresencia de las redes, la naturaleza emocional de la gestión de contactos y cómo sus propias habilidades de liderazgo contribuyen a generar confianza y sembrar nuevos vínculos a su alrededor.

El resto del libro está destinado a convertirse en su caja de herramientas y métodos particular. Mientras que los capítulos 6, 7 y 8 le descubrirán las mejores prácticas para construir y desarrollar vínculos de mutuo beneficio, los capítulos 9 y 10 se apoyan en todo lo aprendido y debatido a lo largo del libro para empujarle a construir su primer plan de acción. También le advertirán de las trampas típicas a evitar y de cómo verificar que va por buen camino.

Pero quizás el ingrediente más útil e inspirador de esta obra son las historias verídicas, enfoques prácticos de personajes que admiramos hasta la adoración u odiamos con envidia por el asombroso éxito que han cosechado en sus vidas. Encontrará anécdotas y perfiles de empresarios y directivos cuya gestión de contactos ha sido crucial e intuitivamente cultivada para embellecer y propulsar sus demás talentos.

Precisamente porque partimos de que no hay una sola forma de hacer *networking*, la muestra de casos reales que irá encontrando al final de cada capítulo retrata a gente muy diversa, y responde a lo que nuestra particular red de contactos ha sabido atraer.

Ha sido una enorme suerte poder contar con el tiempo y la dedicación de cada uno de los entrevistados. También ha sido afortunado poder robarles tiempo a algunos más, que habiendo estudiado esta propuesta para evaluar el encaje del proyecto con su propio modelo de negocio, han tenido que decir que no. Gracias al generoso espíritu *networkeador* de todos ellos, el valor añadido del proyecto ha aumentado considerablemente para todos sus lectores.

Recuerde: leer un libro es fácil. Dejarse llevar por emocionantes historias heroicas de líderes inspiradores es delicioso. Pero un plan de acción conlleva un poco más de esfuerzo. Implantarlo es para nota. Supone un cambio real, y por ello costoso y estresante, en sus costumbres y en su día a día. Pero si se aplica con disciplina y tesón, estos pequeños triunfos impactarán poco a poco en su forma de ver y de sentir el mundo a su alrededor, convirtiendo el éxito en su mayor y más provechosa recompensa.

Entrevista con Javier Pérez-Tenessa de Block, cofundador y CEO de eDreams

Javier Pérez-Tenessa de Block es hoy un referente en cuanto a espíritu emprendedor, visión de negocio y éxito profesional para muchos. Siendo un hombre «de pocos amigos pero muy buenos», se sale completamente de la imagen estereotipada que tenemos los españoles de lo que es un buen *networker*.

Sin embargo, la historia del lanzamiento hace ocho años del portal de viajes eDreams, y de su incesante carrera por liderar el ránking que daba ventaja a otras 6.998 agencias de viajes en ese momento, es una sólida prueba de que para obtener el éxito empresarial no se requiere ser un charlatán extrovertido y mariposeador social, sino que, incluso siendo todo lo contrario, uno puede llegar a ganar cualquier carrera que se proponga.

Este empresario de pocas palabras, pero bien elegidas, es el producto de una mezcla cultural poco habitual: el apellido materno *De Block* delata orígenes holandeses, aunque su madre nació en Francia, inculcando a su hijo el interés por lo internacional, la importancia de aprender idiomas y la apertura a otras culturas.

De padre español, Javier nació en México y vivió en la capital hasta los diez años, alimentando así el cariño hacia todo lo mexicano, que se sigue hoy manifestando en su acento al hablar español. «De mi padre recibí la capacidad analítica y su visión del mundo, además de su inigualable apoyo siempre que lo necesité», explica el empresario.

Pero quizá sea el texto encontrado en la Old St. Paul's Church de Baltimore (antigua iglesia de San Pablo, en español), fechado en 1692, y ensalzado por sus padres como filosofía ejemplar, el que mejor describa la persona que el joven consejero delegado aspira a ser, y que con su permiso, se reproduce íntegramente en este reportaje.

> *Go placidly amid the noise and haste and remember what peace there may be in silence. As far as possible without surrender be on good terms with all persons. Speak your truth quietly and clearly: and listen to others, even the dull and ignorant. They too have their story.*
> *Avoid Loud and aggressive persons, they are vexations to the spirit. If you compare yourself with others, you may become vain and bitter; for always there will be greater and lesser persons than yourself. Enjoy your achievements as well as your plans.*
> *Keep interested in your own career, however humble; it is a real possession in the changing fortunes of time. Exercise caution in your business affairs, for the world is full of trickery. But let this not blind you to what*

virtue there is, many persons strive for high ideals; and everywhere life is full of heroism.

Be yourself, especially do not feign affection. Neither be cynical about love; for in the face of all aridity and disenchantment, it is as perennial as the grass.

Take kindly the counsel of the years, gracefully surrendering the things of youth. But do not distress yourself with imaginings. Many fears are born of fatigue and loneliness. Beyond a wholesome discipline, be gentle with yourself.

You are a child of the Universe, no less than the trees and the stars: you have a right to be here. And whether or not it is clear to you, the Universe is unfolding as it should.

Therefore be at peace with God, whatever you conceive him to be, and whatever your labours and aspirations, in the noisy confusion of life, keep peace with your soul.

With all the sham, drudgery and broken dreams, it is still a beautiful world. Be careful. Strive to be happy.

Ve plácidamente rodeado del ruido y de las prisas, y recuerda la paz que puede haber en el silencio. Tan lejos como puedas, sin rendición, queda en buenos términos con todas las personas. Di tu verdad silenciosa y claramente: y escucha a otros, incluso a los aburridos e ignorantes. Ellos también tienen su historia.

Evita a personas vociferantes y agresivas; son vejaciones para el espíritu. Si te comparas a ti mismo con otros, tal vez te hagas vanidoso y amargo, puesto que siempre habrá personas mejores y peores que tú. Disfruta de tus logros tanto como de tus planes.

Mantente interesado en tu propia carrera, sin importar lo humilde que pueda ser; es una posesión real frente a las cambiantes fortunas del tiempo. Ejercita la precaución en tus asuntos de negocios, puesto que el mundo está lleno de engaños. Pero no dejes que esto te ciegue a la virtud que pueda haber; muchas personas persiguen altos ideales, y en todas partes la vida está llena de heroísmo.

> Sé tú mismo, sobre todo no finjas afecto. Ni seas cínico con el amor, puesto que frente a la aridez y el desencanto, es tan perenne como la hierba.
> Acepta con agrado el consejo de los años, rindiendo con gracia las cosas de la juventud. Pero no te preocupes con imaginaciones. Muchos temores nacen de la fatiga y la soledad. Más allá de una disciplina sana, sé atento contigo mismo.
> Eres un hijo del Universo, no menos que los árboles y las estrellas: tienes el derecho a estar aquí. Y sea o no claro para ti, el Universo se desenvuelve como debe.
> Por ello queda en paz con Dios, como sea que lo concibas, y cualesquiera que sean tus labores y aspiraciones, en la ruidosa confusión de la vida, mantén la paz con tu alma.
> Con toda la farsa, pesadez y sueños rotos, sigue siendo un mundo hermoso. Ten cuidado. Lucha por ser feliz.

Este cóctel de ingredientes permite empezar a entender lo que empujó al joven hacia la ingeniería, Internet y el mundo de los viajes. Empezó su carrera como ingeniero aeronáutico en proyectos europeos, un ambiente en el que nadie hablaba de redes o de gestionar contactos. «Éramos noventa alumnos en la carrera de aeronáuticos, y después de seis años juntos, apenas teníamos contacto personal o profesional fuera de clase», explica.

También recuerda los errores de juventud, que lo llevaron a «meter en el saco de poco interesantes a personas a las que no había dedicado el tiempo de conocer, algunas de las cuales han resultado más tarde ser grandes amigos o modelos de éxito».

Pero la entrada en la reputada consultora internacional de estrategia Mckinsey & Company iba a cambiar su forma de ver las redes para siempre. «Me fui topando con redes muy potentes, con vida propia. Eran redes con requisitos de admisión exigentes que fomentaban así el sentimiento de *esprit de corps* de todos sus miembros, los cuales se sentían identificados con los valores y objetivos de la red –explica–.

Mckinsey y su *one firm concept* fomentaban la confianza e identificación personal entre todos nosotros. Me abrió los ojos a todas las oportunidades profesionales que había a mi alrededor.»

Los consultores y analistas con los que Javier trabajó en esos años le mostraron el amplísimo horizonte de opciones profesionales que podía perseguir. En concreto, la red de Mckinsey fue instrumental en su elección de escuela y su preparación del proceso de admisión de la Universidad de Stanford para hacer un MBA.

«Era un *network* de gente que había ido a *business schools* y que sorprendentemente encontraba tiempo, en medio de tanto trabajo, para leerse los larguísimos documentos que uno tiene que preparar para presentarse a una prestigiosa universidad estadounidense. Me daban consejos sobre cómo preparar la *application* (en español, solicitud de admisión) y hasta algunos se leían todo a fondo y me daban *feedback* sobre cómo articular una idea o qué no poner.»

Otra red que ha marcado la trayectoria del empresario surgió en torno a la Fundación La Caixa, puesto que su programa de becas financiaba a estudiantes muy diversos, concediendo cada año unas treinta o cuarenta becas con criterios «muy humanistas, en disciplinas que van desde el canto a la física cuántica o los negocios y un proceso de selección bastante exigente. Sabía que la gente que me iba a encontrar en sus eventos y reuniones sería muy interesante, y así ha sido en las ocasiones en que he podido interactuar con ellos», afirma el empresario, con la mirada fija en la vista del puerto de Barcelona, que asoma desde la sala de reuniones.

Ambas instituciones contribuyeron con sus redes y demás recursos a que el ingeniero aeronáutico acabase haciendo su MBA en Stanford. Como él mismo describe, «en aquella época era muy difícil entrar en la universidad de Stanford, y aunque el apoyo formal y financiero de McKinsey fue decisivo, yo ya tenía claro que no quería cerrarme puertas de futuro, por lo que busqué la financiación de la Fundación La Caixa».

Práctica frecuente entre las empresas que financian un MBA a sus colaboradores, McKinsey exigía al menos dos años de permanencia después del MBA para rentabilizar su inversión, compromiso al que algunos llamaban los *golden handcuffs*, es decir, las esposas de oro.

E hizo bien, porque, en sus propias palabras, «Stanford me cambió la vida: no había visto ningún navegador de Internet hasta que llegué a Stanford, y esto me resultó emocionante». Cuando empezó el MBA, Internet se estaba expandiendo por la zona de Silicon Valley.

«En Stanford trabajabas por emoción. Había tantas cosas interesantes que ver y conocer, que te apetecía apuntarte a todo, y acabé haciendo cosas que en Europa se consideran extrañas, pero que allí eran de lo más normal, como comer en clase para salir corriendo a una conferencia. ¡Tenía que aprovechar al máximo las oportunidades!», exclama el empresario.

Precisamente fue en las escuelas de negocio estadounidenses donde empezó a tratarse de modo académico y proactivo el tema de redes personales, no sólo a través de la investigación social, sino en la propia concepción de los programas de estudios. Stanford no era una excepción.

En palabras de Javier, «el *networking* es una parte importante del MBA; está pensado para que relacionarse con los demás sea divertido, y todos los días venían dos o tres emprendedores o financieros en su tiempo libre a contar sus experiencias desde ambos lados del mundo de la creación de empresas, el financiero y el emprendedor. En muchas de esas charlas se aprendía incluso más que en las clases formales, que también eran espectaculares».

El empresario recalca que todas esas conferencias fueron determinantes en el giro que daría su vida tras el MBA, puesto que aprendió muchos detalles prácticos de lo que es montar un negocio, escuchó de primera mano las dificultades y los retos que habían puesto a prueba a los empresarios, y «sobre todo me contagiaron la emoción, y la pasión por crear una empresa. Me ayudaron a ver que las personas que crean empresas, incluso las mayores del mundo, no son más que personas como cualquier otra, con sus mismos miedos y dudas, errores y fracasos...; esto me dio mucho valor a la hora de lanzarme a la aventura».

Fue uno de esos eventos el que le ayudó a establecer el contacto que le acercaría aún más al naciente y explosivo mundo de Internet. La vertiginosa velocidad con la que se desarrollaba la red virtual hizo que hubiese unas pocas empresas muy solicitadas por muchos apasionados de la tecnología que buscaban trabajo, o querían financiar su plan de negocio. Tras varios meses de intentar acceder a la principal empresa virtual del momento por los canales tradicionales, Pérez-Tenessa de Block acudió a la conferencia que impartió Danny Shader, entonces director de marketing internacional para Netscape.

«Era un líder natural, con una capacidad superior para contagiar emoción y empatía. Estuve hablando con él después de su charla. Le expliqué que me estaba costando mucho establecer contacto con alguien del departamento de Recursos Humanos de Netscape para pasarles mi CV, y Danny me dijo entonces que hablara directamente con una persona de su departamento», todo lo cual se tradujo en su posterior entrada en la deseada empresa y en una nueva etapa de inmersión tecnológica antes de dar el salto hacia el gran sueño electrónico. La etapa de Netscape le proporcionó «muchísima visibilidad sobre el nacimiento del Internet y las cuestiones críticas que se estaban planteando las empresas punteras del momento», razona el ingeniero.

Al mismo tiempo, las charlas, los trabajos en equipo y los ratos de diversión que compartió con amigos de Mckinsey y de Stanford fueron el caldo de cultivo que inspiró al empresario para impulsar eDreams. «Todos querían hacer algo, unos querían invertir, otros tenían muchas ganas de meterse en Internet, pero no sabían cómo», recuerda.

Este cúmulo de ideas y de entusiasmo se vio potenciado por una tercera red de contactos para convertir el entonces sueño en el eDreams que hoy conoce cualquier internauta o viajero. Esta vez centrada alrededor de sus hermanos, la red reunía a los ex alumnos de la escuela de negocios del IESE, cuna de una parte importante del talento empresarial español.

Las mismas redes de McKinsey, Stanford e IESE le proporcionaron acceso privilegiado a inversores y posibles proveedores, puesto que reunían una alta concentración de gente con talento, inteligencia y mente abierta, seleccionada de todas las partes del mundo.

El empresario explica que este tipo de redes se han ido dotando de estructuras propias esenciales para su desarrollo, creando equipos dedicados de personas, sistemas, procesos y financiación, que les permiten animar la interacción entre sus miembros de modo eficaz.

Afincado hoy en Barcelona, estas organizaciones le ayudan a mantener el contacto con muchos de sus colaboradores profesionales y amigos de años atrás: «Cada cinco años me voy una semana a Stanford para asistir a la reunión que organizan puntualmente cada quinquenio. No fallo nunca, y los demás tampoco –y prosigue–: Hay muchos amigos que a lo mejor no veo en dos años, pero si voy a Nueva York, por ejemplo, aprovecho y los llamo. Nos vemos, nos reímos...; es un placer.»

Pérez-Tenessa afirma que se precisa una *lingua franca* de comunicación dentro de estas redes para aumentar el número de nodos a los que uno puede conectarse de forma natural, aumentando exponencialmente, según muestra la teoría matemática de redes, el valor de la red para cada uno de sus miembros.

En su opinión, «en las redes de Stanford o McKinsey no hay la menor duda de que a nivel internacional la *lingua franca* es el inglés, manteniendo el idioma oficial como referencia dentro de cada país, y conservando este principio en el cien por cien de las comunicaciones orales y escritas. Pero hay otras redes en las que uno se encuentra con conversaciones orales y escritas en inglés, castellano, catalán, francés, alemán, lo cual genera gran confusión, y acaba separando unas subredes de otras.»

«La ronda de financiación duró dos semanas. Fue muy internacional y yo mismo me sorprendí de la rapidez con la que apostaron por nosotros.» Una vez más, la intuición y el entusiasmo que le habían guiado años atrás jugaron un papel decisivo en el reto de reunir 34 millones de dólares.

Éste fue el caso de un inversor italiano, ex consultor de McKinsey, que años atrás había recibido consejo desinteresado del apasionado de la web. Durante su estancia en Silicon Valley, Javier discutía con él sobre qué empresas locales podían ser interesantes para invertir, mucho antes de que surgiera eDreams y mucho antes de que hubiera oportunidades para invertir en Internet en Europa.

«Como yo quería meterme en Internet y me paseaba por muchas charlas de empresas electrónicas, le iba comentando las que me habían parecido interesantes para invertir en ellas...; lo hacía porque me divertía y me ayudaba a aprender, nada más, y discutíamos sobre ellas. Más tarde él fue uno de los primeros inversores en eDreams.»

Otro ejemplo perfecto de gestión de contactos se tradujo en la implicación de otro inversor clave que había sido profesor de los hermanos de Javier en el IESE, y que a su vez «resultó ser ex alumno de Stanford y becario de La Caixa, además de presidente de un pequeño touroperador español», describe el empresario.

Es perfecto porque ilustra el factor *serendipity* que mencionan tantos personajes de éxito y que genera esas casualidades, según ellos, que en realidad tienen poco de casual. No había intención previa ni Javier había pensado en proponerle invertir, sino que «yo buscaba más bien algún producto del touroperador en esa primera charla», explica el ingeniero. La casualidad según unos, o el factor *serendipity* según otros, quisieron que la charla terminase con la primera propuesta concreta de inversión que tuvo Perez-Tenessa para su proyecto.

«Después de conseguir la financiación en tres rondas sucesivas empezó el trabajo realmente difícil», relata el directivo. Con una facturación superior a los 450 millones de euros en 2007, y la conquista del segundo puesto en el ránking de agencias de viajes, Javier insiste en que «nos queda sólo una, y crecemos cinco veces más rápido que ella», afirma, medio en broma medio en serio.

«Creo que una parte importante del éxito de eDreams es que siempre hemos considerado a nuestros clientes y proveedores como miembros de nuestra red, y lo que hemos intentado es ayudar a todos los participantes en la red a obtener el mayor valor posible de la interacción con otros miembros –explica–. Ésa es la razón por la que creamos los *dreamguides*, cuyo cometido es precisamente proporcionar consejo informal como viajantes expertos, localizados en distintas partes del mundo.

«Ésta es la misión de las doscientas personas que trabajan en esta oficina: la introducción de tecnologías que permiten recoger las opiniones de clientes en *blogs* y *ratings* ya aporta un valor adicional a otros viajantes. Luego están todas las posibilidades que facilita la web 2.0 alrededor del *user generated content*, es decir, el contenido generado por el usuario, con soportes cada vez más ricos en información, como vídeos de clientes o incluso el concurso de fotografía que organizamos el año pasado, atrayendo más de treinta mil fotografías de clientes.»

«Somos una red de conocimiento que alberga, a su vez, las impresiones y los comentarios de clientes que no se conocen entre sí, con más de dos millones de miembros activos», termina.

Curiosamente, y a pesar del éxito logrado, Javier Pérez-Tenessa de Block se define como más bien regular en materia de gestión de contactos. «No voy a todos los eventos que debería. No me sale de forma natural. Dentro de mí hay un *geek* ingeniero, y no me gusta el *network* por el *network*», confiesa.

Ciertamente ser el director de una empresa referente del sector lo convierte en ponente solicitado y receptor de invitaciones a diario. Como tantos otros CEO, se ve sometido a un delicado equilibrio entre salir al mundo a escuchar propuestas e ideas innovadoras y encontrar el tiempo necesario para hacer frente a las exigencias internas de la empresa.

Por otro lado, su carácter intensamente racional lo lleva a establecer criterios de selección de nuevos conocidos y procesos de generación de confianza más cognitivos que afectivos: «Me dan mucha tranquilidad las instituciones: Stanford, McKinsey, La Caixa... ya son grupos de confianza. Luego la educación y la experiencia, haber estado en Harvard y otras grandes escuelas...; esto ya es una entrada».

Puestos en situaciones en las que falten estas garantías, sus criterios son claros y directos: «Que diga cosas interesantes, que escuche y no hable demasiado», manifiesta, confesando tener menos interés por gente que «habla mucho sin saber y no tiene pudor al respecto».

Sin embargo, el emprendedor también dice que «casi todo el mundo tiene algo interesante en alguna parte», en referencia al texto de 1692 comentado antes, en el que se afirma que para ser feliz, entre otros requisitos, hay que recordar que todos tenemos nuestra historia.

Finalmente, el empresario afirma haber aprendido mucho sobre las relaciones humanas con el proceso de venta de eDreams al fondo de inversión estadounidense TA Associates en 2007, el cual exigía poner de acuerdo a todos los socios inversores alrededor de un mismo acuerdo de venta. «En momentos de mucha tensión sale lo más real de la persona, lo mejor muchas veces..., pero también lo peor. No dejo de sorprenderme en ambos sentidos», afirma.

Incansable buscador de retos y ciudadano global donde los haya, Javier Pérez-Tenessa de Block ha contribuido a hacer más pequeño el mundo en el que vivimos, y, visto lo visto, cabe imaginar que no ha hecho más que empezar.

2

POTENCIA de la red actual

Usted ya tiene una red de contactos personales. Es una red que se ha ido construyendo a lo largo de los años, incluyendo a nuevas amistades, compañeros de clase y de trabajo, pero también distanciando a personas con las que el vínculo se ha roto por un motivo u otro.

Esta red le genera trabajo para mantenerla, y le proporciona ciertos beneficios y satisfacciones. Desde las ocasiones de ocio como fiestas, invitaciones a partidos de fútbol, salidas a cenar con los amigos, hasta oportunidades de desarrollo profesional mediante invitaciones a conferencias, interacciones con colegas de trabajo que le faciliten la consecución de objetivos profesionales o la circulación de su currículum cuando busca trabajo.

2.1. ¿Por qué su red es como es?

Ahora bien, esta red se ha creado en la mayoría de los casos por accidente, sujeta a la suerte o las casualidades que le han hecho coincidir con algunas personas y otras no. Si nos fijamos, por ejemplo, en la película que hizo Tom Hanks hace algunos años, en la que tenía un accidente y acababa viviendo solo en una isla desierta porque no lo encontraban, queda claro que el hecho de que el único contacto del señor Hanks fuese una pelota con una mano pintada es principalmente el resultado de encontrarse en una isla sin nadie más.

Otro factor importante que influye en cómo se ha desarrollado su red hasta ahora es su personalidad y si la compañía de otras personas le produce mayor disfrute que otras opciones más privadas. De esta forma, una vez que la casualidad o los accidentes pongan a nuevas personas y conocidos en su camino, usted elegirá detenerse y charlar, pasar tiempo conversando, e incluso provocar una próxima reunión. Si por el contrario prefiere estar sólo con la gente que le conoce bien, o dedicar su tiempo a pensar en solitario, es probable que limite dichos encuentros e incluso evite al conocido de turno si lo ve antes de que él lo vea a usted.

De igual modo, influye un factor subjetivo de química personal, haciendo que se sienta más cómodo con unas personas que con otras, y motivándolo a invertir en estos vínculos mientras desprecia o descuida otros. En el caso extremo del enamoramiento o la pasión amorosa, queda muy claro que la mayoría de nosotros estamos dispuestos a salirnos de nuestro camino y llegar a ciertos extremos para provocar un acercamiento con alguien que nos hace sentir una química o atracción especial, aunque luego se demuestre que no era una buena influencia en nosotros o que no se tiene tanto en común como esperábamos.

Un último factor que ha impactado directamente en el diseño de su red personal actual es su elección personal y su estrategia. Existen directivos bastante introvertidos que, sin embargo, presumen de tener una red amplia, diversa y muy potente porque se propusieron como objetivo precisamente desarrollar sus contactos desde jóvenes.

2.1.1. *Analice los generadores de su red actual*

Este ejercicio está diseñado para ayudarle a responder a la pregunta de por qué su red actual es como es. Ser más consciente de qué es lo que ha influido para que su red sea la que tiene hoy en día le ayudará a identificar la parte que depende de usted, y lo que es más importante, le permitirá decidir cómo puede influir en su evolución futura.

Dibuje un círculo y distribúyalo en porciones según la influencia que ha tenido cada uno de los factores generadores en la formación actual de su red: accidente o casualidad, su preferencia personal por socializar, su capacidad de generar buena química con nuevos contactos y su voluntad personal de invertir esfuerzo en la gestión de contactos (figura inferior).

El ejemplo de Roberto muestra que su red personal es, sobre todo, producto de la casualidad, y que su propio esfuerzo o estrategia personal han influido bastante poco, probablemente porque no se había planteado que él podía influir en la formación de su red. También muestra que el segundo factor más determinante ha sido su capacidad para conectar (o no) con los demás. Tal vez su timidez y su tendencia a hablar mucho para que no se le note que está incómodo han hecho que desperdicie oportunidades de nuevas amistades o vínculos de negocios.

Finalmente Roberto reconoce que también influye en su red el poco placer que experimenta socializando. Si tiene que elegir entre una fiesta y quedarse viendo una película en casa con su familia, es mucho más probable que opte por lo segundo.

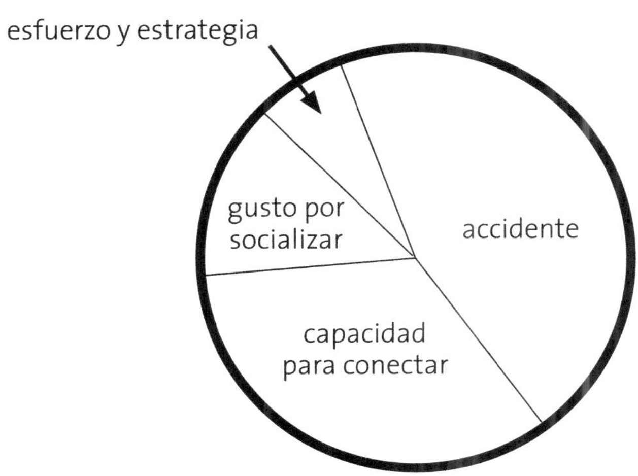

Ahora piense en cada uno de los generadores del círculo que ha dibujado y responda a las siguientes preguntas (preferiblemente por escrito para evitar caer en una respuesta poco reflexionada):

- ¿Este factor ha influido positiva o negativamente en la generación de su red actual?
- ¿Por qué no ha tenido más impacto o menos impacto en la formación de su red? A partir de ahora, ¿quiere que su impacto generador crezca o decrezca?
- ¿De qué ha dependido este factor en su vida?
- ¿Qué puede hacer para influir más en este factor y en el modo en que impacta en su red de contactos?

Una vez analizados en detalle cada uno de los factores, usted ha adquirido una mejor comprensión de su pasado, de su personalidad y de cómo interactúa con su entorno para provocar lo que pasa en su vida. Estas reflexiones son fundamentales para poder descubrir patrones de conducta y reflejos involuntarios que puedan estar limitando su capacidad.

Algunas veces estas reflexiones no producen un resultado inmediato, sino que las ideas y las respuestas útiles aparecen en su cabeza varias horas más tarde. Entonces puede ser un buen momento para escribir esta nueva idea junto con sus respuestas anteriores a la pregunta fundamental: ¿por qué su red es como es?

2.2. El encaje estratégico

Aunque comprenda los motivos que justifican su realidad relacional, lo que realmente interesa saber es si esta red le potencia para sacarle mayor partido a sus esfuerzos de desarrollo profesional y personal, o si por el contrario es una red que, consumiendo su energía y su tiempo, no puede hacer nada por usted.

A continuación utilizaremos el método de POTENCIA para medir su red personal según los 8 parámetros representados por las siglas de esta palabra. Este método se inspira en diversos modelos de análisis sociométrico de redes, seleccionando y combinando aquellos parámetros teóricos que aportan una comprensión práctica de la red, y ha sido perfeccionado tras aplicarlo a cientos de directivos y empresarios en los últimos años.

El objetivo de hacer este análisis es averiguar si la red que usted ha creado hasta ahora, debido a la influencia de los factores mencionados anteriormente, es la red que usted quiere tener o, por el contrario, no lo es.

2.3. Selección de la muestra

Si quisiésemos hacer un análisis exhaustivo de su red, podríamos pasar mucho tiempo recordando nombres, y correríamos el riesgo de perdernos en la parálisis del análisis, por lo que lo más práctico es seleccionar una muestra de los contactos más cercanos.

La mayoría de los estudios sociométricos consultados así lo aconsejan, lo cual justifica que esta muestra, debido precisamente a su posición nuclear dentro del conjunto, aportará una idea bastante clara de los patrones y las tendencias que se repiten en el resto de la red.

La duda más frecuente que se plantea a la hora de seleccionar esta muestra es a quién incluir, si a familia y amigos, o a contactos estrictamente profesionales. Y si mantenemos el enfoque presentado en el capítulo anterior, según el cual pasar un rato divertido es un objetivo inherente a cualquier persona para que pueda descansar del trabajo y nutrir sus necesidades afectivas, entonces puede tener sentido hacer este ejercicio con los contactos más afectivos y familiares también.

El método de selección de contactos para la muestra que se describe aquí se centra más en el contexto propiamente profesional, asumiendo que las necesidades personales afectivas están cubiertas de un modo intuitivo, y que es en la faceta de directivo o profesional donde se experimentan más retos y dudas de cara a la consecución de objetivos concretos.

Prepare una lista de un máximo de 25 nombres que representen a su red más cercana en cuestiones profesionales. Esta muestra debe incluir a personas de su empresa, estudios, amistades y familiares que tengan algún papel en su carrera profesional. Para ayudarle a dar con esta lista, puede construir listas de nombres según los siguientes criterios:

- Personas con las que discute sus problemas de trabajo y comparte inquietudes profesionales delicadas.
- Personas con las que interactúa más frecuentemente para poder hacer su trabajo (a las que envía e-mails o llama todas las semanas).
- Personas a quienes recurre para desbloquear asuntos de trabajo, para pedir consejo sobre situaciones complejas, o cuya experiencia y papel en la organización las legitiman para aportarle valor o contactos especiales.
- Personas a las que recurre para hacer circular su currículum o pedir información delicada sobre otras empresas, mercados o países.
- Personas que ve a menudo en eventos y encuentros profesionales como ferias, conferencias y cócteles.
- Personas que le han enviado más correos electrónicos, o le han llamado más veces al móvil sobre aspectos profesionales en el último mes.

Procure cerrar una lista que tenga entre 20 y 25 nombres, eligiendo los primeros que le vienen a la mente. Es posible que el mismo nombre surja como respuesta a más de una de estas preguntas, pero si ya lo ha incluido en la lista, no lo repita.

Recuerde que la presencia en esta lista de familiares y amigos no es un problema, ni una sorpresa. Es lógico que algunas de sus relaciones más cercanas tengan conocimiento y se preocupen por su vida profesional. En el caso de abogados o consultores jóvenes, empresarios familiares o directivos que se hayan mudado recientemente es probable que las personas de esta lista sean también sus principales referencias afectivas, puesto que en estos casos el importante número de horas de trabajo y la propia naturaleza del trabajo incita a la formación de relaciones afectivas profundas para poder aguantar la presión, o en su caso, para hacerse un hueco en una nueva ciudad.

2.4. Análisis de POTENCIA

Empecemos, pues, con el análisis de la muestra preparada:

2.4.1. P de Profundidad

Escriba la lista de 25 nombres en una columna a lo largo del margen izquierdo de una hoja en blanco, colocada en posición horizontal como muestra la tabla 2.1. A lo largo del ejercicio, iremos creando nuevas columnas hacia la derecha para cada parámetro que estudiemos.

El primer parámetro que interesa observar es la profundidad de su red, es decir, lo profundos y fuertes que son los vínculos entre usted y cada una de las personas que ha elegido para el estudio. Para ello dibuje una primera columna a continuación de la lista de nombres, y otorgue una puntuación a cada nombre que designe el nivel de confianza existente entre usted y él o ella.

Asocie una puntuación de 3 puntos al nivel de máxima confianza y cercanía, y luego adapte los niveles 2, 1 y 0 al resto de los nombres de la lista en proporción a como los percibe en comparación con los contactos de puntuación 3.

El objetivo de asignar puntuaciones es poder diferenciar entre unos y otros. Lógicamente por ser todos ellos miembros de su red nuclear, los niveles de confianza son buenos en todos los casos, pero este análisis busca comparar entre unos y otros, de modo que le queden uno o varios nombres en cada posible nivel de puntuación.

Ahora coja otra hoja en blanco y colóquela en posición horizontal, según se muestra en la hoja 2 (página siguiente). Dibuje un círculo pequeño en el centro de la hoja con su nombre, y luego otros tres círculos concéntricos que representen los niveles de profundidad de su red. Como si fuese un mapa topográfico de una montaña o de un mar. Represente ahora a los 25 contactos de su lista según su puntuación en este diagrama, como se hace en la figura más abajo.

Ejemplo. Análisis de una muestra de 6 contactos profesionales de Roberto.

TABLA 2.1

Red Roberto

Contactos	**P**	**O**	**T**	**E**
Paco J	3			
Sylvia P	2			
Ramiro Z	2			
Esteban A	0			
George W	1			
Samira S	1			

Hoja 1

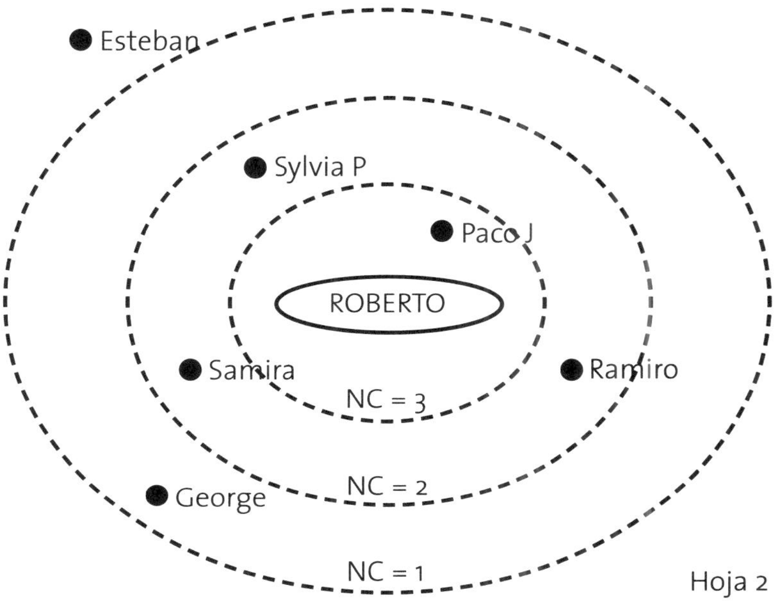

Existen dos respuestas teóricas límite que se pueden obtener de este estudio: la red de profundidad máxima, en la que todos los nodos están en el círculo de nivel 3, o por el contrario, la red de profundidad mínima, que mantiene todos los nombres alejados de usted en la esfera más externa, de nivel 1. Es poco probable que el análisis de su muestra personal se corresponda exactamente con una de las dos opciones; será más bien una mezcla de ambas.

Sin embargo, cada una de estas dos posibles redes opuestas aporta unas ventajas y unos inconvenientes determinados. Ninguna de las dos es mejor que la otra; son sencillamente diferentes.

Una red de profundidad máxima, que tendría todos los contactos en el círculo más interior, y donde usted habría asignado un nivel 3 de confianza a todos los contactos, es una red fuerte, compacta y muy unida.

Entre sus principales ventajas destacan la comodidad y la compañía que le evita tener que enfrentarse a la soledad o al esfuerzo por buscar aliados. Es una red por la que circula información delicada con gran rapidez, y que reacciona rápidamente a cualquiera de sus necesidades.

Sin embargo, es una red que genera compromisos ineludibles para seguir siendo digno del nivel de confianza, y que puede tener accesos limitados al mundo exterior. La confianza hace que la gente acabe sintonizando expresiones, costumbres, pensamientos e incluso gestos, como ocurre en una familia, de forma que se busque poco en el incómodo y diferente exterior, lo cual aporta pocas novedades o sorpresas.

La red de profundidad mínima, cuyos contactos estarían en el círculo más exterior, y tendrían un nivel de confianza de 1, es una red de «conocidos», que le permite acceder a diversos entornos, mercados y canales de información, proporcionándole novedades y oportunidades de todo tipo constantemente.

Mark Granovetter es un sociólogo estadounidense que ha contribuido de forma especial al establecimiento de las teorías sobre redes sociales a través de sus estudios sobre los vínculos denominados flojos o débiles, es decir, los vínculos que aquí hemos llamado poco profundos o de baja confianza.

Granovetter demostró en sus investigaciones que en la búsqueda de un nuevo trabajo los vínculos débiles proporcionaban más y mejor información que los vínculos fuertes o de mayor confianza. Los contactos débiles demostraron tener un valor especial porque actuaban de puentes hacia otros entornos, proporcionando nuevos datos que el directivo en busca de trabajo no podría conseguir fácilmente a través de sus contactos fuertes. La causa más probable es que los vínculos fuertes tienden a tener el mismo tipo de información, puesto que sincronizan sus intereses, sus agendas y sus gustos con los años.

Sin embargo, la red de baja confianza acompaña poco y no responde deprisa ni bien a sus necesidades. Si va usted a organizar una cena en casa, es probable que tenga que avisar a cada invitado más de una vez para que no lo olvide y para que confirme su asistencia. Y como su confianza personal es baja, es más probable que su invitado tenga otro compromiso más interesante o más divertido que usted.

La pregunta clave no es si su red es más o menos profunda, sino cuán profunda debe ser para optimizar sus oportunidades de desarrollo personal y profesional. En otras palabras, lo que interesa analizar es si se ciñe a las necesidades de su estrategia personal o no.

Supongamos que Roberto es autónomo con resultados satisfactorios para sus necesidades económicas, pero se está enfrentando a un crecimiento de ventas mayor de lo esperado. Roberto analiza sus proyecciones de tesorería y prevé que va a necesitar financiación en algún momento del próximo año. Enfrentado a este objetivo, se pondrá a hablar con los bancos para averiguar las opciones de financiación a las que puede acceder y en qué condiciones. Pero al comentar sus inquietudes con los contactos de su red de máxima profundidad, dos de ellos se adelantan a proponerle un préstamo sin intereses a devolver en seis meses, y uno más le propone invertir a cambio de una participación en su negocio.

En este caso la estructura profunda de la red de Roberto es óptima para responder a sus necesidades y objetivos en el medio plazo. Es interesante observar sobre todo que Roberto no ha acudido a pedirles dinero a sus contactos, sino que ha planteado un problema que aún no le angustia, porque está en el medio plazo, con su círculo de confianza, y han sido tres las personas las que voluntariamente han tomado la iniciativa de echarle un cable.

Si su red se correspondiese al otro extremo, es decir, al nivel de mínima profundidad, Roberto probablemente no hubiese sacado este tema de conversación por ser una cuestión delicada que sólo se discute con gente próxima, y de haberlo hecho, habría conseguido como máximo alguna información o nombre sobre el producto de algún banco que le convendría investigar.

Si usted piensa en el tipo de necesidades y objetivos que se plantean en el medio plazo, ¿qué nivel de confianza debe encontrar en su red para que ésta pueda prestarle servicio? Si tiene que cambiar de trabajo o precisa hacer muchas transacciones de bajo riesgo, la red poco profunda se adapta bien a sus planes, pero si lo que aparece en su futuro próximo son pocas operaciones de elevado impacto, una red profunda puede ser más interesante.

2.4.2. O de Objetivos

Cuando se les pregunta a los directivos de qué depende el valor de su red, la gran mayoría asocia mayor valor con mayor tamaño. Sin embargo, una red más amplia genera más trabajo de gestión de informaciones, intercambio de favores y cultivo de relaciones. Después de todo, los recursos de cualquier directivo son limitados por naturaleza, y gestionar bien los contactos no se traduce en tener más contactos, sino en invertir los recursos a su disposición en aquellos que puedan aportarle más ayuda cuando la busque. Este parámetro se refiere precisamente a lo que busca, y cómo la red es capaz de ayudarle a hacerlo realidad.

Escoja dos objetivos diferentes que están ahora en su horizonte. Desde conseguir una promoción dentro de la empresa hasta aprender un nuevo idioma o encontrar un ático con terraza en el centro de Madrid.

Formule claramente en una frase completa cada uno de estos objetivos.

Ahora vuelva a su lista de nombres y cree una columna para su primer objetivo. Rellénela asignando a cada nombre una puntuación que determine hasta qué punto él o ella puede contribuir a la consecución de dicho objetivo. Asigne puntuaciones del 1 al 3, de modo que los contactos de clase 3 sean capaces de ayudarle mucho y los contactos 1 puedan ayudarle poco. Si el contacto no tiene nada que ver con el objetivo y no puede aportarle nada, asígnele un cero.

Dibuje una nueva columna para el segundo objetivo y repita el ejercicio de puntuaciones anterior. La capacidad de cada vínculo para contribuir a su objetivo dependerá de los conocimientos que posea sobre el tema, de la acumulación de experiencias parecidas que legitime su opinión, de los contactos que tenga en sectores asociados o de su acceso privilegiado a recursos que usted no tiene.

Ahora sume las puntuaciones de cada columna. Esta suma total equivale al valor de su red, y como ve, dicho valor depende del objetivo al que la enfrentemos. De modo que una misma red puede ser muy valiosa si tenemos un objetivo, y completamente irrelevante si nuestro reto es otro distinto.

Volvamos a la red de Roberto para interpretar los resultados con un ejemplo.

Los dos objetivos de Roberto son los siguientes:

- O1. Conseguir financiación para mi negocio en los próximos 12 meses.
- O2. Mudar mi empresa a unas oficinas más grandes en la zona centro de Madrid, con buenas vistas para impresionar a los clientes.

Como muestra la tabla 2.2, la red de Roberto es mucho más valiosa de cara a la búsqueda de sus nuevas oficinas. Mientras que sus contactos pueden ayudarle poco o nada cuando se trata de buscar financiación, algunos trabajan en agencias inmobiliarias o han tenido que mudarse hace poco y pueden aportar información, consejos y referencias de agencias o profesionales fiables en este tipo de servicios.

TABLA 2.2

Red Roberto

CONTACTOS	**P**	**O1**	**O2**
Paco J	3	1	2
Sylvia P	2	0	2
Ramiro Z	2	0	2
Esteban A	0	1	0
George W	1	2	1
Samira S	2	2	2
		O1 = 6	O2 = 10

Hoja 1

Si además tenemos en cuenta que los objetivos de un directivo van evolucionando a medida que supera etapas profesionales, queda claro que el valor de la red no es algo absoluto e inamovible, sino que la capacidad de la misma para cubrir los objetivos del directivo evoluciona también con el tiempo.

2.4.3. T de Transacción

Otra característica de su red es la intensidad de actividad, o el nivel de transacciones que permite completar. La ventaja de una red es precisamente que hace fluir el valor de un rincón al otro como ocurre en un sistema de tuberías, pero esto no puede suceder a través de vínculos y nodos que no cierran transacciones. En teoría de grafos –la ciencia que estudia las leyes de composición y comportamiento de una estructura en red–, este parámetro se conoce como intensidad o volumen de tráfico.

En una red de carreteras o en la red ferroviaria este parámetro es muy importante, puesto que a partir de un nivel crítico la probabilidad de colisiones aumenta significativamente. Cada red tiene su propio nivel crítico. Pero en las redes sociales el nivel crítico depende tanto de la cantidad como de la calidad, puesto que el riesgo que se maneja es otro.

Cuando el tráfico de coches de un determinado trayecto no es suficiente, no se invierte en mejorar la carretera. Análogamente, en la red del directivo, cuando no se producen bastantes transacciones por parte de uno de los vínculos, merece la pena que dicho directivo se plantee si tiene sentido seguir dedicando recursos a mantener ese vínculo o no. O si es dedicando más atención al vínculo como conseguirá un aumento de transacciones.

Por otro lado, existe también un máximo que está determinado por el número de vías intensamente utilizados que confluyen en el mismo centro de la red: usted. A partir de ciertos máximos, la probabilidad de que usted se equivoque y cuente a uno lo que debería decirle al otro en confidencialidad, o envíe un SMS comprometedor al contacto equivocado aumenta fuertemente. Si para colmo de males el directivo vive estresado y corre a todas partes, la probabilidad de cometer un error de este tipo aumenta aún más.

Estableceremos a continuación un indicador estimado del nivel y de la importancia de las transacciones que pasan a través de su vínculo con cada uno de sus contactos en la red de muestra.

Dibuje dos nuevas columnas en su hoja de trabajo. La primera evaluará la frecuencia de interacción, es decir, el número de llamadas, correos y mensajes SMS que se cruzan entre usted y el contacto en cuestión; y la segunda columna medirá lo valiosos que son dichos intercambios. Más que una medición exhaustiva, se trata de asignar una puntuación que le permita distinguir entre unos nodos y otros.

De nuevo debe asignar un valor entre 3 y 1 para la columna de frecuencia, calificando con 3 a los contactos con los que intercambia mensajes, llamadas o cafés prácticamente a diario, y con un 1 a aquellos con los que intercambia un mensaje o llamada muy de cuando en cuando. En la columna de valor asigne un 3 a los vínculos en los que el valor intercambiado es muy elevado, y un 1 a aquellos en los que no se producen grandes aportaciones mutuas. Si se trata de un contacto al que usted nunca ha ayudado con nada, y que a su vez tampoco le ha ofrecido ningún favor, puede calificarlo con un 0. Y, bueno, si le tientan los valores negativos para describir alguna relación, ¡no se corte!

Luego dibuje una tercera columna, con el nombre T de transacción, y establezca el nivel de transacción con cada contacto multiplicando los puntos de frecuencia por la puntuación de valor. El número resultante es el nivel de transacción que usted percibe en esa relación.

TABLA 2.3

Red Roberto

Contactos	P	O	F	V	T = F x V
Paco J			1	3	3
Sylvia P			2	0	0
Ramiro Z			3	3	9
Esteban A			0	1	0
George W			3	0	0
Samira S			2	0	0

Hoja 1

Si Roberto tiene acciones en una empresa del Ibex35 y su amigo Paco, que trabaja en ella, le da una información confidencial sobre una fusión que se anunciará al cabo de dos días, Paco le ha hecho un favor enorme a Roberto, aunque pueda rozar los límites de la legalidad. No sólo le está ayudando en su situación financiera, sino que además está asumiendo un riesgo importante porque ha quebrantado la ley para ayudar a su amigo.

Con esto no se pretende incitar a ningún lector a infringir la ley, nada más lejos de nuestra intención, sino tan sólo ilustrar algunas formas poco confesadas, pero a veces habituales, de las transacciones que fluyen de nodo en nodo en las redes sociales. Igualmente un amigo que presta dinero o que arriesga su posición para recomendar el trabajo de Roberto al director de la empresa mantiene un alto nivel de transacción con Roberto, aunque no hablen todos los días por teléfono.

Es curioso que al multiplicar la cantidad y la calidad del tráfico entre Roberto y sus contactos, su red se ha quedado reducida a la mitad. Es cierto que tal vez Roberto ha sido un poco severo con sus puntuaciones y que si lo volviera a hacer mañana es probable que no le saliera ningún cero, pero lo importante en este ejercicio no es el valor numérico en sí, sino lo que representa.

Silvia es un contacto al que Roberto ve con relativa frecuencia, pero no existe ningún intercambio de valor entre ellos. Tal vez sea una relación forzada porque coinciden en el equipo de trabajo o porque ella es amiga íntima de otro contacto de Roberto. Pero si no hay transacciones en su relación, Roberto debería tomar nota de ello y asegurarse de que su inversión personal en Silvia se adapta a esta realidad.

Como se verá más adelante, cuando analicemos la naturaleza de los vínculos humanos, construir una relación es cosa de dos. Si Silvia no muestra ningún interés por intercambiar algo a parte de un «hola, qué tal» todos los días, nunca podrá ser un contacto significativo en la red de Roberto, por mucho que a éste le gustase o le conviniese que lo fuera.

Esteban no tiene prácticamente intercambios con Roberto, pero está aportando valor. Tal vez esté haciendo un MBA en el extranjero y no tenga tiempo para escribir, pero Roberto le ha asignado un valor. Debe de haber algo en el pasado más interactivo de ambos que no se borra con el tiempo, y que hace sonreír a Roberto cuando piensa en él, pero sigue sin existir una aportación real y actual a la intensidad general de la red.

Este parámetro es muy útil para evaluar a nuevos contactos en la red, puesto que, si durante algún tiempo se observa que no hacen ningún esfuerzo por intercambiar valor con usted, es posible que no estén a favor del *networking*, o que no crean que merezca la pena dedicar más tiempo a este tipo de cosas. Hay muchas personas que viven como si las redes sociales no existieran o no fueran con ellos. En estos casos usted se arriesga a invertir en una relación que no va a evolucionar, en lugar de escoger otra que sí vaya a corresponder a sus esfuerzos. Es un coste de oportunidad que sólo usted puede evaluar, pero asegúrese de que lo decide usted, y no la casualidad.

2.4.4. E de Extensión

La extensión de la red se refiere a la mezcla de personas que la componen. Como ya se comentó en el apartado sobre objetivos, no es el tamaño de la red el que determina su valor. Y una gran extensión significa que existen uno o varios ángulos de diversidad entre sus integrantes, lo que se traduce en la capacidad de conectar con entornos y modos de ver la vida diferentes a los suyos. Es decir, que si nuestro amigo Roberto se rodea sólo de hombres españoles de su misma edad, con filiaciones políticas y creencias religiosas comunes, además de una pasión deportiva totalmente enfocada hacia el fútbol, la extensión de su red es mínima.

Si, en cambio, Roberto incluye entre sus contactos más cercanos a hombres con diez años más que él y a otros que sean diez años más jóvenes, podrá analizar su reto financiero desde la perspectiva de la España más tradicional cuando lo discuta con uno, y además ver cómo lo enfocaría un chico joven que empieza a trabajar. No sólo le podrán dar ideas o hacer preguntas que no se le habrían ocurrido a él, sino que además podrán ponerle en contacto con gente o con fuentes de información que no son fácilmente accesibles desde la posición de Roberto, aunque sólo sea porque es imposible estar al corriente de todo lo que hay ahí afuera.

La edad es una de las variables sobre las que se puede producir diversidad, pero también el género, el sector de trabajo, la formación universitaria, la procedencia y, en definitiva, cualquier característica que defina a una persona. Y cuantos más grados de diversidad haya, mayor extensión tendrá la red de Roberto.

La pega de todo esto es que el ser humano tiene una tendencia innata a juntarse con personas que compartan los mismos intereses y gustos que él mismo. ¿No ha empezado a sentir un poco de pereza al leer el último párrafo e imaginar el esfuerzo que tendrá que hacer para aumentar la extensión de su red?

Se hace amistad fácilmente con compañeros de trabajo, de la misma edad, que acuden al mismo centro deportivo y que viven en el mismo barrio. La probabilidad de construir una relación con alguien que difiera en todos estos aspectos es bastante menor.

Los estudiosos de la psicología evolucionista argumentan que esta tendencia obedece a las leyes de la evolución humana, puesto que los primeros homínidos aprendieron a desconfiar y mantenerse alertas cuando se enfrentaban a miembros de otras tribus, los cuales vestían y actuaban de modo distinto. Las duras condiciones de supervivencia llevaban a las tribus a la competición más cruenta para conseguir las mejores cuevas, emplazamientos, oportunidades de caza y demás pequeños tesoros del entorno. Un miembro de otra tribu podía representar una amenaza de muerte.

Ahora bien, conocer y construir relaciones con gente distinta a usted puede aportarle pequeños puentes de acceso a otros mundos cuyo territorio no está a su alcance. Lo más interesante de mantener una red de contactos extensa es que cada tipo de persona ve e interpreta la realidad de modo diferente, lo cual significa que usted podrá recibir sugerencias y reacciones completamente diferentes de su red.

La capacidad para plantear un reto desde múltiples puntos de vista no es sólo el primer paso hacia la creación de un enfoque innovador, sino que permite además relativizar la aparente gravedad de los problemas y aporta a menudo recursos inesperados a través de las subredes del contacto en cuestión.

Tal vez si Roberto hubiese debatido su dilema financiero con su red de «iguales», le habrían dado todos una opinión negativa sobre las probabilidades de encontrar un banco que le ayudase, provocándole ansiedad y preocupación. Pero si también lo comenta con sus dos contactos «desiguales», la experiencia del de mayor edad le puede ayudar a restar importancia al canal bancos y a acceder a empresarios amigos de su maduro contacto que le descubran trucos, formas de negociar o incluso cómo presentar su problema ante otros de un modo más atractivo.

Para estudiar la extensión de su red actual, pues, vuelva a coger su hoja de trabajo y dibuje tres nuevas columnas. Ahora le sugerimos tres parámetros para evaluar la extensión de su red, pero usted puede cambiarlos por otros que le interesen más.

En la primera columna incluirá el rango de edad de sus contactos. Si tienen la misma edad que usted, o la resta de sus edades da un número menor a tres, ponga el signo igual (=). Si son más de tres años mayores que usted, póngales un símbolo de mayor que (>yo), y si su edad es inferior en más de tres años a la suya, póngales un símbolo de menor que (<yo).

En la segunda columna pondrá su nacionalidad. Y la tercera le servirá para escribir el sector de actividad de sus contactos.

Al analizar los resultados del análisis de Roberto, vemos que cuatro de sus contactos son de la misma edad que él, que cuatro son españoles, y que hay más abogados que nada en su red.

TABLA 2.4

Red Roberto

CONTACTOS	...	EDAD	NAC	SECTO
Paco J		=	esp	abog
Sylvia P		<R	esp	abog
Ramiro Z		=	esp	abog
Esteban A		=	esp	energ
George W		>R	am	abog
Samira S		=	jord	banc

Hoja 1

Lo bueno de la red de Roberto es que hay algunos extranjeros, un estadounidense y una jordana, dos contactos en rangos de edad diferentes y dos vínculos que no saben nada de derecho. En su muestra de seis contactos, esta extensión supone aproximadamente un tercio del total, lo que representa una extensión nada despreciable.

Sin embargo, si completando la lista de los 30 siguiesen apareciendo españoles de su edad con la profesión de derecho, podríamos llegar a la conclusión de que su extensión es bastante limitada.

Ahora juzgue el aspecto general de cada columna. Recuerde que este ejercicio de análisis tiene el objetivo de hacer destacar características globales, y no de elaborar estadísticas minuciosas que no ayuden a reflexionar. Por ello no importa tanto el número exacto de veces que se repite cada respuesta, sino más bien calificar la columna como diversa u homogénea.

Para darle una idea, puede tomar como referencia el número de veces que se repite la respuesta más común. Si este número supera los 18 o 20 contactos, puede concluir que su red es homogénea en este parámetro. Si por el contrario no hay ningún valor que se repita más de 10 veces, puede describir dicha columna como diversa.

De nuevo, la pregunta valiosa no es cuán extensa o diversa es su red, sino más bien si ésta presenta la extensión apropiada para ayudarle en su estrategia de desarrollo personal. Es aconsejable que escriba unas líneas para reflexionar sobre este aspecto. ¿Qué ventajas e inconvenientes encontraría por aumentar la extensión de su red? ¿Y qué puede perder si la deja como está?

Casi se nos queda en el tintero una ventaja más de las redes de gran extensión. En el apartado sobre intermediación verá que una red compuesta de personas distintas entre sí, y por tanto una red extensa, facilita la creación y mantenimiento de los llamados «agujeros estructurales», que han demostrado ser críticos para el directivo logre el éxito. Estos agujeros estructurales se mantienen precisamente porque los integrantes de su red no tienen tanto en común, y por ello aunque usted los ponga en contacto para aportarles ayudas informativas o de acceso, es más difícil que sus contactos mantengan y refuercen vínculos propios entre sí sin pasar por usted. Esto se ilustrará mejor en el capítulo sobre intermediación.

2.4.5. N de la Naturaleza de sus vínculos

Otro parámetro interesante se refiere a la naturaleza de sus vínculos. Como se verá en el capítulo 4, los vínculos humanos son como paredes levantadas con ladrillos de confianza. Pero la confianza puede ser de dos tipos: cognitiva y afectiva.

La confianza cognitiva es la que establecemos típicamente con un nuevo jefe o compañero de equipo, y se basa en que pensamos que la otra persona es y será fiel a sus compromisos y sus palabras. Aparecerá a su hora todas las mañanas, terminará con celo un trabajo que le encarguemos, y sabrá contestar a preguntas sobre la materia que dice que domina en su currículum.

La confianza afectiva, en cambio, es la que tenemos con nuestros padres y hermanos. Se basa en que sentimos una fuerte afinidad e identificación con la otra persona, por motivos a veces difíciles de explicar, pero muy claros para nuestra percepción. Cuando aparece, disfrutamos mucho de la compañía del otro, y buscamos ocasiones para compartir.

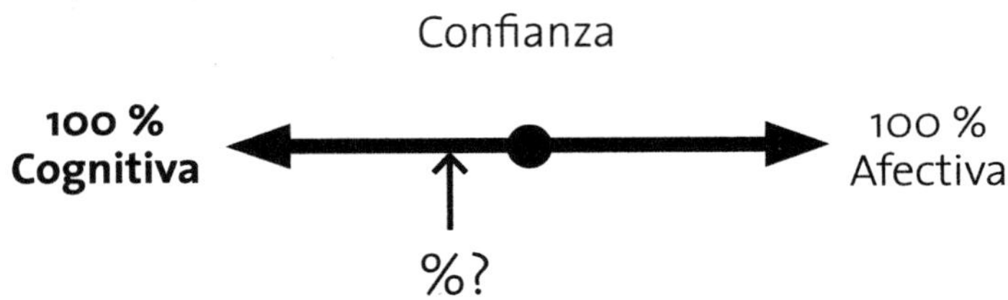

Cada uno de nosotros tiende a establecer vínculos con una determinada mezcla de ambos componentes. De modo que nuestro forma de saludar, los temas de conversación que elegimos y los lugares que buscamos para los próximos encuentros definen si estamos más a la izquierda o más a la derecha de este esquema.

Esto también permite seleccionar a las personas que encajan con nosotros, puesto que habrá incomodidad si el *mix* de confianzas es demasiado diferente, y por ello es poco probable que la relación se consolide. Luis fue director de formación durante muchos años en una gran empresa. Obviamente recibía muchas visitas de consultores de formación y servicios relacionados, y en una ocasión fue a verle una mujer, que en sus propias palabras, «no dejó de manosearlo» durante toda la reunión. Le cayó gordísima y de hecho recuerda y vuelve a contar este incidente en repetidas ocasiones porque se sintió claramente incómodo.

Este ejemplo muestra a una persona que se toma confianzas íntimas o personales en seguida, y las usa como medio para establecer vínculos con los demás. Pero no se percató de que mi amigo era más bien un fan de la cognición, por lo menos en lo que se refiere a visitas laborales en su despacho.

Es probable que se haya encontrado con alguien que le pareció demasiado frío, o tiene algún compañero de oficina que se niega a salir de cañas con los demás los jueves. Es posible que él prefiera mantener sus vínculos profesionales en el lado cognitivo de la balanza.

Analicemos pues ahora de qué tipo son los vínculos de su selección personal de contactos. De nuevo dibujaremos dos columnas, pero esta vez repartiremos cinco puntos para cada contacto entre las dos columnas. La primera será la cognitiva y la segunda, la afectiva. La suma de puntos otorgados en las dos columnas para cada contacto debe ser cinco. Ni más, ni menos.

Veamos cómo hizo Roberto este análisis:

TABLA 2.5

Red Roberto

CONTACTOS	...	COG	AFEC	...
Paco J		1	4	
Sylvia P		5	0	
Ramiro Z		4	1	
Esteban A		4	1	
George W		3	2	
Samira S		5	0	

Hoja 1

La naturaleza de los vínculos de Roberto es sobre todo cognitiva. Salvo en el caso de Paco, con quien parece mantener una profunda amistad poco relacionada con lo profesional o transaccional, los demás contactos de su lista se caracterizan por mostrar una mayor afinidad en lo no afectivo. Es verdad que a veces uno se encuentra con alguien en la oficina con quien se lo pasa muy bien, sin que por ello tenga que existir un intercambio más profesional. Basta con observar la increíble y, por lo que parece, creciente frecuencia de los ligues de oficina.

El análisis anterior apunta a que Roberto prefiere establecer una base objetiva y fiable en sus relaciones personales, y tenderá a mantener una actitud correcta y educada sin buscar intimar en la mayoría de sus relaciones.

Sin embargo, ¿con qué tipo de personas necesita interactuar regularmente? ¿Trabaja en un sector más bien frío, como puede serlo el financiero, o resulta que en su trabajo interactúa con diseñadores de moda que llevan a su perrito a los desfiles y cuentan sus historias amorosas a todo el que quiera escucharlas?

El análisis del encaje estratégico entre Roberto y su entorno de referencia es el que permite juzgar la idoneidad de su forma de establecer confianza. Y aunque es cierto que aquí chocamos con preferencias muy marcadas en el carácter de un adulto y, por ello, menos influenciables, no deja de ser otro rasgo informativo interesante para Roberto sobre su red.

Estudie, pues, el resultado que se muestra en sus columnas y piense sobre la naturaleza de los vínculos que más abundan en su red. Compare estos resultados con lo que observa a su alrededor entre los demás, y tome nota de cuánto contribuye su red a la consecución de sus objetivos.

No se preocupe si empieza a pensar que su red es más bien una «antired». Estamos sólo en una primera fase de análisis, y ninguno de estos parámetros es significativo por sí solo. Habrá que completar el método de POTENCIA antes de poder sopesar toda la información obtenida y sacar conclusiones globales sobre usted y su red.

2.4.6. C de Crédito

La ley de la reciprocidad es un principio conocido por todos, pero tiene mucha más miga de lo que parece y es especialmente pertinente para el tema que estamos tratando.

Dicha ley establece el principio de igualdad entre lo que se da y lo que se recibe, y explica por qué cuando alguien nos hace un favor, sentimos el impulso de devolvérselo de algún modo. Aunque ésta es otra idea obvia que nunca está tan clara como debería, vale la pena remarcar que no es exclusiva de la especie humana, sino que se observa en otra especies también, y algunos expertos explican el desarrollo de estos instintos como medio de supervivencia en la evolución, puesto que ayudaba a sacar el máximo provecho de los recursos disponibles gracias a la convivencia en grupo.

De vez en cuando sale algún experto en marketing que se basa en esta ley para hacer una interpretación más bien manipuladora del principio de reciprocidad, argumentando que las empresas que quieran vender sus servicios deberían hacer primero un regalo para que luego el inocente cliente se sienta en la obligación de comprar algo. Este enfoque es el contrario a la idea que queremos transmitir, pero confirma el mensaje de que las herramientas de *networking* están a disposición de todos, independientemente del espíritu ético con el que se quieran aplicar.

Como argumento se suelen citar las muestras que regalan en las tiendas de cosméticos cuando compramos algo, afirmando que sentimos la obligación de comprar en esa misma tienda la siguiente vez. Pero ¿a cuántos de ustedes les impone una obligación moral ese regalo de muestras de cosméticos?

Probablemente a muy pocos. La razón es elegante en su simplicidad: no es un regalo auténtico, bien intencionado ni altruista. Sabemos perfectamente que se trata de un reclamo comercial, y algunos incluso rechazamos las muestras y pedimos un descuento sobre la compra que acabamos de hacer por si cuela. Por intentarlo...

La línea entre lo auténtico y lo interesado es muy delgada, y no existe ninguna prueba del algodón para distinguirlas; sin embargo, la oferta auténtica de ayuda o de valor añadido, como vimos en el ejercicio del primer capítulo, es la esencia de la gestión de contactos.

De modo que sí, ofrecer algo gratuitamente y sin esperar nada a cambio, marca el comienzo de todo vínculo de confianza, y es una práctica milenaria. Las ofrendas entre nuevos vecinos se han producido en casi todas las culturas a lo largo de la historia, y han representado siempre un símbolo de buena fe, de paz y de voluntad de acercamiento. También han sido empleadas para aprovecharse de los incautos, como muestran episodios históricos tan conocidos como el del caballo de Troya.

Ese mismo ejercicio demostró que para poder aportar algo valioso era necesario tener información. La ofrenda no sólo debe ser auténtica, sino personal, puesto que el valor o precio de nuestra ofrenda lo pone el receptor, con independencia de lo que nosotros pensemos.

Regalar diamantes puede ser una táctica infalible para algunos, pero quienes ya tengan muchos diamantes no sentirán ilusión ninguna, los que estén en contra del tráfico de diamantes tal vez rechacen el regalo por no ir acompañado de un certificado de origen, y aquellos que nunca han visto un diamante, a lo mejor intentan morderlo o lo venden mal y pronto porque no lo necesitan en el barrio donde viven. Los regalos estandarizados como los diamantes o las felicitaciones de imprenta carísimas con una tarjeta de visita metida en el sobre no siembran confianza. No requieren esfuerzo, y esto lo nota el instinto. Se almacena como dato subjetivo para cuando haga falta juzgar una situación futura.

Pues bien, la ley de la reciprocidad ha estado jugando en todas las relaciones que usted ha establecido en su vida, aunque pueda parecer que no. Y es frecuente caer en una falta de reciprocidad por descuido o falta de atención.

El parámetro C del método de POTENCIA permite valorar la reciprocidad en su red, y en consecuencia, hasta dónde está dispuesta a llegar su red por usted espontáneamente.

Sí. Lo ha adivinado. Prepare una nueva columna a la derecha de su hoja de nombres, y puntúe el crédito que tiene usted con cada contacto. Hágalo como si cada contacto fuese una cuenta del banco en la que ha metido y sacado dinero en cada interacción pasada.

Si usted ha ayudado y ofrecido más valor a su contacto del que él le ha devuelto, esta cuenta tiene crédito disponible para gastar. Si, por el contrario, es usted quien ha disfrutado alegremente de los ofrecimientos de su compañero, o si precisamente hace poco le pidió un favor importantísimo difícil de devolver, su cuenta no dispone de crédito.

TABLA 2.6

Red Roberto

CONTACTOS	...	**CRÉDITO**	...
Paco J		1	
Sylvia P		-10	
Ramiro Z		0	
Esteban A		10	
George W		5	
Samira S		-5	

Hoja 1

En esta ocasión puede asignar una puntuación que vaya desde -10 hasta 10, entendiendo que si pone un 10 es porque ha ayudado tanto a este contacto que está completamente en deuda con usted, si asigna un 0 significa que se cumple la igualdad en el intercambio de valor en su relación, y si pone un -10 está siendo usted muy, pero que muy poco agradecido con su contacto.

Roberto ha asignado las puntuaciones que vemos en este cuadro, y al sumarlas queda que el crédito total de su red es de un punto. ¿Esto es bueno o malo?

Por un lado, es bueno porque significa que en el balance global existe reciprocidad entre Roberto y su red, ya que la puntuación total es casi cero.

Pero también es malo. Indica que Roberto no está cuidando suficientemente su red, ni cultivando el crédito que puede hacerle falta en un futuro para que la red responda con rapidez a su reclamo. Una red cuya puntuación total sea cero o negativa apunta a un contactólogo que se ha despistado, y que ha dejado que sus contactos le traten entre algodones sin molestarse en devolver los favores, o quedándose justo en el mínimo equilibrio necesario.

Como su red no está en deuda con usted, no siente ningún impulso por ayudarlo, y cuando usted busque un objetivo concreto y pida ayuda, ésta vendrá con lentitud y poco entusiasmo, si es que llega.

Este parámetro muestra claramente que el tamaño de red que podemos mantener está limitado precisamente por nuestra propia capacidad para prestarle atención y regarla con mimo, ayuda y aportaciones concretas de valor.

Sea como fuere el entorno en el que usted se mueve, necesita cultivar crédito en su red. Una red sin crédito no puede apoyar ninguna estrategia personal de éxito. Podría darse el caso de que todos en su negocio tuviesen redes secas y faltas de crédito como la suya. Pero si esto ocurriese, indicaría una completa falta de confianza y una situación en la que la competencia despiadada y la lucha egoísta amenazan con convertirse en el pan nuestro de cada día, si no lo son ya.

2.4.7. I de Intermediación

La red de contactos de una agencia de importación es una red de intermediación. También lo son las redes de clientes de una celestina (en estos tiempos se llevan las celestinas virtuales, pero todavía quedan algunas de carne y hueso), de una agencia de viajes o del Idealista.com.

Todas estas entidades y/o personas tienen una red en la que ellos son el centro de todas las conexiones de la red. Es una red con forma de estrella, como la que se ve en el siguiente diagrama.

Todos los miembros de esta red tienen que pasar por usted para ponerse en contacto con los demás, y esto se ha convertido, desde tiempos inmemoriales en un modelo de negocio, ya que muchas veces el nodo central elige cobrar una comisión por abrir el canal relacional entre dos de sus relaciones.

Una agencia de viajes pone en contacto al turista con el hotelero de la ciudad elegida, con la compañía aérea e incluso con un guía local, cobrando una comisión por el servicio prestado.

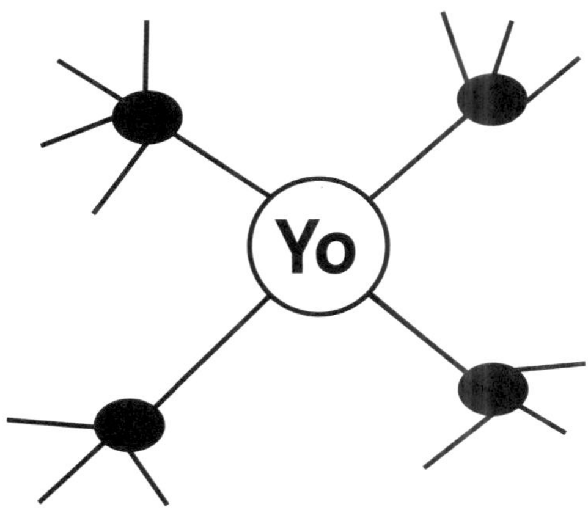

Este servicio se puede complicar mediante la gestión de los riesgos de la transacción, o porque se mueve información privilegiada, o porque el agente asesore a uno de los dos sobre a quién elegir del grupo de posibles candidatos que le presente.

O puede hacerlo gratuitamente porque se financia con la publicidad que vez todos los que se conectan con la página web, como ocurre en el caso del citado portal inmobiliario.

El extremo teórico opuesto a una red de intermediación es la denominada red de cohesión, y se corresponde con el siguiente diagrama, en el que puede ver que todos los nodos están conectados con todos los demás. Es lo que ocurre en la mayoría de familias unidas.

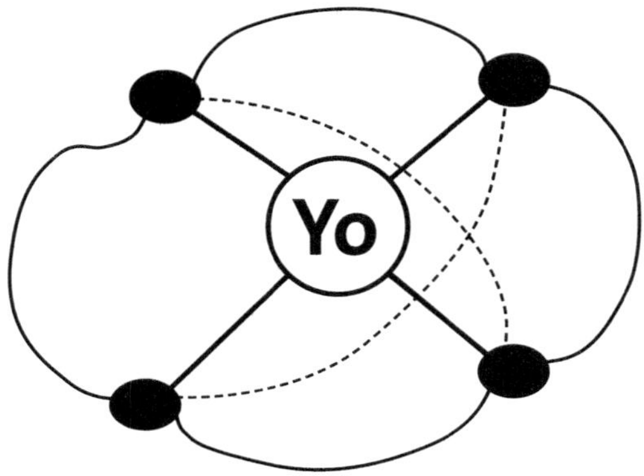

Aquí es imposible ganar dinero por intermediar entre los demás, a menos que se haya desunido la familia, lo cual ocurre cada vez con mayor frecuencia, por lo que se está poniendo de moda la figura del mediador profesional.

Pero, volviendo a nuestro tema estrella, en este capítulo vamos a determinar si su red se acerca más al modelo de intermediación o, al contrario, al modelo de cohesión, y a mostrar las ventajas y los inconvenientes de cada modelo.

Vuelva esta vez a la segunda hoja, la que tiene los círculos concéntricos, y dibuje una flecha negra entre cada par de puntos que se conozcan entre sí. Si se conocen de vista solamente, puede dejar las flechas para identificar aquellos que se caen bien y pasan bastante tiempo juntos. Puede usar el criterio que más convenga a sus fines.

La red de cohesión se caracteriza porque la densidad de la red es del cien por cien. La densidad se obtiene dividiendo el número real de vínculos entre el total posible, y es un parámetro frecuentemente empleado por los analistas de redes.

Para nuestro propósito basta con observar el esquema resultante para ver si se acerca más a un extremo o al otro.

La red de Roberto quedó así:

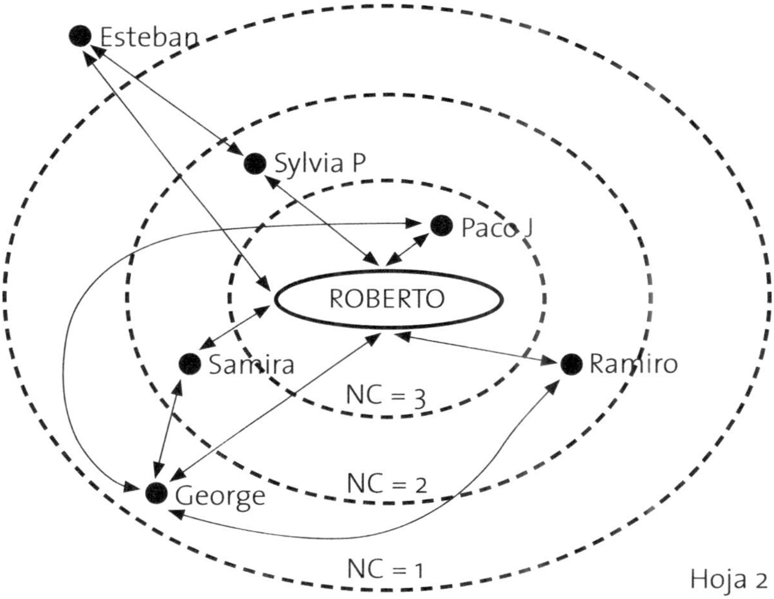

Aunque George parece tener relación con otros contactos, y Silvia y Esteban se conocen entre sí, la red de Roberto se parece más a una red de intermediación. Esto significa que muestra lo que el investigador Ronald Burt ha llamado «agujeros estructurales», y supone que su red puede aportarle mucho valor sólo por el hecho de ser una red de intermediación.

Y es que, aunque Roberto es un directivo y no va a cobrar comisiones a sus amigos por ponerlos en contacto, sí consigue aportarles valor a ambos con un consumo mínimo de recursos, por lo que mejora su relación con ambos colaboradores, gracias a que los puso en contacto.

Los agujeros estructurales de Burt son los espacios sin vínculos que quedan en la red de Roberto, y que representan una oportunidad para sembrar confianza en el conjunto a través de la puesta en contacto de personas que se beneficiarán de conocerse. Según los múltiples estudios sobre este tema, los directivos con agujeros estructurales en sus redes consiguen mejores resultados que los demás.

La red de intermediación, plagada de agujeros estructurales, es un entorno que permite crear valor fácilmente, puesto que uno tiene contacto con personas diferentes, que no se encontrarán a menos que usted los conecte. ¿Cuánto aprecio le tiene usted a la persona que le presentó a su pareja actual? Seguro que ambos lo recuerdan con cariño. ¿Y al amigo que le puso en contacto con su jefe actual? Bueno, es cierto, ¡eso depende de lo bien o mal que se lleve usted con su jefe!

Una red de intermediación aporta también otras ventajas, como que lleva información desde muchos lugares hasta usted, permitiéndole aprender e innovar constantemente, o acceder a información sensible antes que los demás. ¡Y seguramente le invitan a muchas fiestas!

Pero también presenta inconvenientes, puesto que conlleva mucho trabajo de mantenimiento y es difícil movilizarla en una dirección. Como los demás no se conocen entre sí, es usted quien tiene que hacer circular la información hacia todos, y si es usted el que organiza la fiesta, tendrá que invitar a cada uno varias veces e insistir para que asista, puesto que cada uno de ellos forma parte de otras redes más cohesivas que consumen su atención y que pueden organizar fiestas que compitan con la suya.

Es como sentarse a la mitad de una larga mesa con muchos invitados. Usted puede hablar con todos sin dificultad, y elegir en qué conversación se mezcla, pero a cambio tiene que pasar la aceitera, las bebidas y la sal de un lado de la mesa al otro entre bocado y bocado.

La red de cohesión presenta como ventaja fundamental la comodidad y la facilidad de gestión. Uno prácticamente no tiene que pensar en llamar a cada contacto, ya que se los encuentra continuamente en cada cóctel al que acude. Si hace una fiesta, basta con que llame a uno o dos de sus contactos, puesto que ellos se encargarán de decírselo a los demás.

La comunicación en estas redes es redundante porque puede seguir varios caminos paralelos para llegar a cada nodo. Si se produce un nacimiento en su familia, es probable que reciba la noticia a través de varios mensajes SMS, e-mails y llamadas telefónicas. Es el problema que se presenta en un pueblo pequeño cuando uno quiere hacer algo con discreción. Resulta prácticamente imposible que no se entere todo el mundo en poco tiempo.

Sin embargo, las redes de cohesión suelen ejercer una fuerte presión grupal sobre cada uno de sus miembros, frenando la innovación, dificultando la independencia o la individualidad y minimizando el acceso de información exterior porque todos prefieren debatir los asuntos locales y mantenerse al día de lo que ocurre dentro de la red.

Si alguno de los individuos se plantea un cambio de profesión, o decide cambiar de pareja, todos sus contactos le aconsejarán que no cambie. Que se quede igual. La red cohesiva es tan cómoda y agradable para todos que busca mantenerse así todo lo posible, y para ello es conveniente que sus miembros no se dispersen con otros intereses que les quiten tiempo.

De hecho, las redes sociales latinas suelen ser bastante cohesivas. Los vínculos de la familia son tan fuertes que en ocasiones uno tiene tantos compromisos lúdicos familiares que no dispone de tiempo para conocer a nadie nuevo.

Los círculos familiares se extienden entre las amistades y muchos directivos presumen de seguir reuniéndose a cenar cada semana con sus amigos del jardín de infancia. En algunas ciudades resulta imposible acceder a estas redes si no se ha nacido allí, lo cual puede llevar a que el «forastero» quede marginado o aislado.

Se trata de redes resistentes porque están llenas de recuerdos y sus vínculos son muy fuertes, pero recuerde que no poseen agujeros estructurales y que, aunque le quieren mucho, no le aportarán novedades ni mirarán con buenos ojos que usted de repente quiera jubilarse y vender su Ferrari, hacerse monje o dedicarse a pintar.

Una vez más, son sus necesidades y objetivos a medio plazo los que determinan la configuración de red más apropiada. Cuando uno es soltero, las redes de intermediación propician muchas fiestas y planes divertidos, pero cuando se casa y tiene un par de niños, no hay nada como una buena red de cohesión que le eche un cable cuando quiera salir a dar una vuelta sin manchas de papilla.

2.4.8. A de Apertura

Hemos llegado al último parámetro de análisis de su red, aunque no por ello es menos importante. La apertura mide el número de contactos nuevos que entran en su red como media, y resulta crítico para garantizar que su red evolucione con usted para poder contribuir a favorecer su éxito profesional.

La red sin apertura es una red que presenta muchos riesgos de descomposición y ninguna oportunidad de renovación. Aunque su figura de círculos concéntricos parezca encontrarse muy bien ahora, existen muchos factores que pueden alejar a sus contactos actuales de usted.

Pueden mudarse de ciudad, pueden echarse un novio que le encuentre a usted insoportable o pueden montar un chiringuito en la playa de Natal con una nueva novia brasileña y no volver a aparecer por su vida.

La fea realidad es que usted no puede controlar estos factores, y no tiene más remedio que hacerse a la idea de que la comodidad actual de su red se mantiene en un equilibrio delicado que puede estropearse cualquier día por algo tan insignificante como una riña entre sus dos mejores amigos. Lo único que usted puede hacer es asegurarse de que su red se siga nutriendo de nuevos contactos para el futuro.

Sólo una red con mucha apertura puede proporcionarle sorpresas y nuevas prácticas de negocio al incorporar a gente nueva entre sus contactos. Cultivar su red consiste, pues, en asegurarse de que entran contactos nuevos con regularidad, y en ir nutriendo cada vínculo para que pueda llegar a nuevos niveles de confianza e intimidad, hasta que alguno de ellos pueda llegar a convertirse en un socio de negocios excepcional.

Analicémoslo del siguiente modo. Dibuje la última columna de su diagrama de nombres con el título A y asigne a cada contacto una de las siguientes categorías:

- A. Si el contacto entró en su vida hace menos de un año.
- B. Si se conocieron hace más de un año y menos de cinco años.
- C. Si se conocieron hace más de cinco años.

Un golpe de vista de la columna completa bastará para evaluar si su red presenta la suficiente apertura o no. En el caso de Roberto vemos que se ha dejado atraer por la comodidad de lo viejo y conocido.

TABLA 2.7

Red Roberto

Contactos	**P**	**O**	**T**	**E**	**N**	**C**	**I**	**A**
Paco J								C
Sylvia P								C
Ramiro Z								B
Esteban A								B
George W								C
Samira S								C

Hoja 1

2.5. Interpretar la POTENCIA de su red

A estas alturas del capítulo, es posible que le dé vueltas la cabeza y los ojos le hagan chiribitas de preocupación, así que se le recomienda este último ejercicio para sopesar tanta información y consolidarla en dos o tres objetivos de mejora de su red.

Este ejercicio es una herramienta típica de los *coaches*, y permite priorizar la información para no ahogarse con los detalles. En una hoja nueva ponga la palabra POTENCIA en vertical, con dos columnas paralelas a la derecha, como indica el gráfico.

	Nivel satisfacción	**Nivel importancia**	
P	4	1	
O	3	7	
T	3	5	
E	5	2	
N	1	3	
C	0	4	
I	2	6	
A	4	8	←

La primera columna servirá para puntuar su nivel de satisfacción con el estado actual de su red en este parámetro. Si está usted encantado con la red, póngase un 5, pero si por el contrario no está nada satisfecho, asígnese un cero, como ha hecho Roberto en este diagrama para calificar el crédito de su red.

Sin embargo, como sus recursos son limitados, es preciso identificar dos o como máximo tres objetivos de desarrollo, para no dispersarse. Por ello se le pide que en la segunda columna asigne entre uno y ocho puntos a cada parámetro según la importancia que posea en su situación actual. Sólo puede asignar cada calificación una vez, de modo que quedará un ranking de parámetros en el que el más importante tendrá un 8 y el menos importante, un uno.

Elija los tres puntos más importantes, que además sean mejorables para usted. Roberto ha considerado que ya tiene un buen nivel de apertura, el parámetro más crítico para sus necesidades actuales, así que ha preferido quedarse con los parámetros puntuados con 7,6 y 5 puntos. Su estrategia de desarrollo se centrará, pues, en cambiar la configuración de intermediación o cohesión de su red actual, desarrollar contactos más afines a sus objetivos a medio plazo, y mejorar la frecuencia y calidad de sus interacciones con sus contactos.

Tómese unos minutos para anotar los cambios que busca en sus tres parámetros prioritarios, y dejar bien claro cuáles deben ser las evoluciones a conseguir en su red en los próximos 12 a 15 meses.

No olvide que el *networking* es un arte que lleva tiempo, cariño y paciencia. Los objetivos inmediatos no pueden alcanzarse con la red actual. Es demasiado tarde. Mire hacia delante y siga leyendo para que esta vez usted y su red estén compinchados cuando vuelva a surgir una necesidad importante.

Entrevista con Antonio Garrigues, presidente de Garrigues

Definiéndose a sí mismo como liberal orteguiano, Antonio Garrigues insiste en que la célebre expresión de Ortega «yo soy yo y mis circunstancias» es lo que explica el éxito de la internacionalización y el rápido crecimiento de la prestigiosa firma de abogados que fundó su padre.

Para Garrigues, una semilla fundamental que contribuyó a lograr la exitosa internacionalización del despacho fue plantada por su madre, Hellen Walker, cuyo origen estadounidense sería el principio de lo que más tarde llevaría al joven Garrigues a plantear, apenas llegado a la treintena, toda una revolución en el modelo de negocio de la abogacía en España. «Lo único que yo he hecho es implantar el modelo americano –lo cual, según nos explica–, era inimaginable en aquel momento.»

Aunque su madre murió cuando él era joven, el empresario creció en un entorno familiar abierto al extranjero, con frecuentes visitas a la embajada estadounidense y toda una rama familiar que no hablaba español ni comía tortilla de patatas, pero que sabía que podían contar con la ayuda de un buen abogado español si llegaba a hacerles falta.

Así es como la clientela extranjera fue llegando al bufete español, sobre todo con el aterrizaje en España de grandes multinacionales estadounidenses, como fue el caso de Ford en el 1975. Garrigues describe la demanda jurídica de firmas anglosajonas como «una especie de monopolio», puesto que unos clientes satisfechos pasaban la voz a otros nuevos con intención de afincarse en España, y el boca a boca, subrayado por trabajo serio y eficiente, alimentó progresivamente el crecimiento de la firma española.

Ahora bien, el flujo de negocio estadounidense no fue el único beneficio heredado de la conexión Garrigues-Walker, sino que además aportó el conocimiento y el mentorazgo críticos para un joven abogado con muchas ganas de trabajar, pasión por innovar y escasa experiencia. «Todos me daban consejos. Me veían con ganas de aprender y me asesoraban sobre lo que tenía que hacer y lo que no», recuerda.

Cuando el joven directivo llegó al despacho de su padre, el derecho europeo era muy diferente a lo que es ahora. Los grandes despachos eran esencialmente un abogado muy bueno con mucha experiencia y un pasante o dos, máximo cinco. La excelencia se expresaba a través de un trato completamente personalizado, en el que era el propio abogado quien respondía a cualquier duda o necesidad del cliente, con la máxima ceremonia y respeto posibles.

Pero el mundo empresarial estaba cambiando, y las empresas, cada vez más grandes y complejas, empezaban a solicitar asesoría legal en múltiples aspectos, imposibles de dominar por una sola cabeza, por muy privilegiada que fuese. Garrigues explica que esta limitación organizacional también era patente en la firma familiar: «Joaquín Garrigues, mi tío, ha sido el gran mercantilista de España, y mi padre, un renombrado internacionalista. Eran los mejores en su campo, pero no en otros...; el concepto les chocaba, en especial a mi tío Joaquín.»

Y sin embargo, el modelo de negocio era tan sencillo, en opinión del propio Garrigues, que niega haber tenido que hacer adaptaciones culturales para implantarlo aquí, en España. Eso sí, «fue el capital extranjero el que lo hizo funcionar; las empresas españolas solían contar con abogados internos, pero todas las multinacionales que vinieron para implantarse en España requerían asesoría legal en varias áreas: derecho tributario, laboral, mercantil, derecho de sociedades... necesitaban una respuesta experta, multidisciplinar».

Una vez que Garrigues hizo funcionar la innovación en el tradicional mercado jurídico nacional, el resto de los grandes despachos lo siguieron, primero Uría, luego Gómez Acebo, y después todos los demás.

Sin embargo, el éxito del modelo no había sido gratuito para su propulsor. Garrigues recuerda que «trabajaba sábados y domingos, y lo sigo haciendo porque me divierte muchísimo», esfuerzo y dedicación que se sumaron a su manifiesta inquietud por el aprendizaje a través de las experiencia anglosajonas. «Me ayudaron mucho los americanos, los ingleses y los europeos. Recuerdo que hacía veinte o treinta viajes al año a Estados Unidos y a Inglaterra», describe el abogado.

El flujo de negocio multinacional hacia Estados Unidos requería su presencia al otro lado del océano con frecuencia, pero además suponía una oportunidad para beber directamente de la experiencia y los consejos de los *general counsels* (en español, directores jurídicos) de sus clientes. «Uno me explicó, por ejemplo, que era muy importante *to keep the client posted*, es decir, mantener informado al cliente. Insistía en no dejar pasar más de dos meses sin llamar al cliente y explicarle lo que ocurría con sus asuntos legales.»

«Eran cosas que uno no logra desarrollar por sí mismo, y que se transmiten en el boca a boca. Alguien te decía: "Ah, pero ¿no sabes eso?". ¡Y te daba un consejo que a lo mejor acababa de recibir él mismo de un tercero!», se ríe el empresario, que también aprovechaba sus visitas a clientes en el extranjero para presentarse en los despachos más prestigiosos con un sencillo: «Hola, soy un abogado español y quiero conocerles», llevando bajo el brazo su lista de preguntas sobre cómo diseñaban los planes de carrera, qué indicadores de negocio seguían, qué herramientas de marketing preferían... y todo lo que le quisieran contestar.

Lo más difícil fue la época posterior a la marcha de su padre, seguido de la renuncia de su tío Joaquín por discrepancias con el modelo de negocio elegido. Era la década de 1940, y Antonio Garrigues seguía siendo más joven de lo que se consideraba conveniente en un director general: «Los treinta de entonces eran más cuestionados que los treinta de ahora, me veían muy joven, y pasé algunas malas noches porque lógicamente la estructura existente siguió buscando la figura de mi padre durante algún tiempo.».

Una vez más, fueron las redes de clientes, consejeros y amigos anglosajones quienes más ayudaron a Garrigues a ganarse la confianza de su empresa con cada paso que daba hacia la consecución del éxito en el negocio. Así surgió la singular decisión de bloquear la entrada en el bufete de los hijos de los socios, la cual defiende como una medida básica para mantener la objetividad y el nivel de exigencia en un despacho que ha llegado a tener más de doscientos socios.

Otro paso importante en la implantación del modelo de negocio estadounidense surgió de la necesidad de dotar a un equipo de abogados de la mentalidad, los procesos y las habilidades propias de una gran empresa. Garrigues explica que «el abogado es en esencia un profesional liberal al que le gusta ir por libre, pero cuando se forma parte de una empresa que factura 260 millones de euros, ésta es más grande que algunos de sus clientes..., y hay que entender que se trabaja en una empresa de servicios orientada al cliente».

Aquí fue donde encajó la decisión de fusionarse con Andersen en la década de 1990, que, entre otras ventajas, fue fundamental para consolidar la cultura de *management* que hoy rige el despacho y lo diferencia claramente de sus competidores. «Andersen representó una magnífica cultura empresarial en España. Nos dieron una capacidad fiscal que no teníamos, pero también nos transmitieron grandes lecciones de *management*», afirma el visionario abogado.

En un despacho de abogados que ya supera los dos mil profesionales, las redes interpersonales representan un factor de cohesión adicional al modelo organizativo, en el que son los perfiles muy cooperativos los que consiguen hacer fluir el conocimiento de los abogados menos volcados a compartir información que existen en todos los despachos, y en muchas profesiones. En palabras del director, «lo importante es la inteligencia global. Si multiplicas las cabezas, el conocimiento es infinito», y confiesa que le admira atestiguar a diario cómo se comparte la información entre los abogados de su organización.

Con tanto crecimiento, Antonio Garrigues ha optado por dejar la dirección del despacho en manos de dos gerentes muy profesionales, de su máxima confianza, quedándose con un papel más relacional y orientado al refuerzo de la imagen y la reputación del despacho, además del cuidado de algunos clientes especiales.

El líder se describe a sí mismo como «presidente objeto», con la ironía que le caracteriza, explicando que se le piden muchas apariciones públicas, la impartición de conferencias varias, artículos de opinión y el acompañamiento de algunos clientes que son cuentas clave para el despacho. Y aunque, según dice, «ahora sabe menos de derecho que nadie» en la empresa, su pasión por el trabajo y los años de experiencia relacional a nivel internacional siguen suponiendo un activo estratégico para la firma.

La gestión de contactos de Antonio Garrigues, por muy intuitiva y poco intencionada que él quiera considerarla, es básica en la generación de imagen de marca de la firma a nivel mundial. Esto convierte una tarjeta de visita de Garrigues en un sello de la más alta profesionalidad, ética intachable y solvencia empresarial, proporcionando en un solo gesto de presentación la acogida con puertas abiertas de sus abogados en las instituciones más respetadas y los rincones más insospechados.

Eso sí, su mayor aspiración es «dejar una cultura Garrigues tras mi marcha que mejore lo que existe ahora. Es lo que ha conseguido Uría, y como inevitable tapón que soy ahora, lógicamente espero que cuando salga se notará una mejora inmediata en Garrigues».

Uno de los valores más importantes de la cultura Garrigues es la ética. «Creo que las organizaciones dependen de su contenido ético, y sin esto encallarían y morirían. La ética es la sostenibilidad de la empresa», insiste. Esto se demuestra en la completa ausencia de escándalos ligados a la marca, pero también en las decisiones difíciles que se presentan frente a los conflictos de intereses de clientes.

Para Garrigues la «ética rentable» se demuestra cuando se está dispuesto a perder ingresos para beneficiar al cliente. «Hubo una OPA muy compleja en la que representábamos a todos los actores implicados. Algunos no querían aceptar que renunciásemos a representarlos a todos en la OPA, pero para nosotros estaba clarísimo que no podíamos representar a unos conociendo los secretos de otros. –Y termina–: Después de la OPA volvieron todos a trabajar con Garrigues porque habían comprobado que podían confiar en nosotros.»

Otro aspecto básico de la cultura empresarial del despacho es el cambio: «Lo jurídico está creciendo permanentemente y tenemos la obligación de irnos adaptando a eso», puntualiza, señalando el desarrollo del derecho deportivo en los últimos siete u ocho años, lo que les ha permitido asesorar al Real Madrid, entre otros, o bien destacando el asesoramiento que prestan al gobierno.

Garrigues confiesa sentir un especial rechazo hacia la figura del «trepa», que es muy *networker*, pero que resulta fácilmente detectable por su falta de sinceridad, el exceso de elogios que suele proferir para intentar conquistar a posibles víctimas, y la reputación que a menudo le precede. «Puedes engañar a uno un día, pero no a todos todo el tiempo. En la comunidad empresarial se sabe quiénes son los trepas, aunque a ellos les traiga sin cuidado.»

Por último, la dedicación de no menos del 40% de su tiempo a actividades que califica de «responsabilidad ciudadana» se manifiesta en la larguísima lista de fundaciones, foros y esfuerzos sociales, como son el proyecto Madrid 16, el Foro por la Inmigración de Madrid o el Centro Internacional de Toledo por la Paz, entre otros.

Garrigues afirma que «la fuerza de la sociedad civil reside en la ciudadanía organizada. No acepto propuestas de foros que "sólo quieren usar mi nombre", sino que procuro implicarme en proyectos que me permitan aportar autoridad ética y moral, mi experiencia y el conocimiento que he adquirido del mundo jurídico a nivel global».

El presidente hace referencia al ejemplo de cualquier familia en un pueblecito estadounidense, en la que la madre puede ser la directora de la orquesta local, el padre tal vez sea el presidente de la asociación de padres del colegio y los hijos participen en un proyecto para instalar un jardín público en zonas pobres. Para él, «la medida de una democracia reside en la fuerza de la sociedad civil. La gente tiene que entender que dedicarse sólo a lo suyo no tiene interés. Deben hacer algo por los demás».

Los numerosos proyectos que acaparan la atención del abogado van desde la articulación de un derecho global que valga en todas las partes del mundo, pasando por la búsqueda de un sistema que permita implicar a todos los madrileños en el esfuerzo de Madrid 16, y llega hasta el debate y la gestión de los problemas sufridos y generados por los flujos de inmigración en Madrid.

En todos ellos, «la interculturalidad es lo que más me apasiona. No hay nada que te haga más feliz que la inmersión en otras culturas, lo que empieza por lo idiomático, pero sigue por lo demás», una visión que robustece su capacidad de aunar opiniones y llegar a soluciones en los diversos foros multiculturales que lo requieren.

Como comentario final, Garrigues dice que «hay que ser ético. Los malvados no me provocan ninguna envidia. Tienen mucho dinero, pero no los veo felices. Están preocupados de que se les pille».

Y así concluye una entrevista de una hora en la vida de don Antonio Garrigues, ejemplo viviente de cómo la apertura hacia el mundo y una excelente gestión de contactos, sustentada en la ética y la humildad en el aprendizaje, pueden llevarlo a uno hasta el estrellato del éxito empresarial, por mucho que él se empeñe en repetirnos que «yo no hago *networking*».

3

Por qué importan tanto las redes

Hasta ahora usted ha visto el mundo con gafas nodales. Si alguien le hablaba de un grupo de gente, usted pensaba en los individuos que lo componían. Cuando miraba un mapa, se quedaba con las ciudades y las montañas que configuraban el mapa. Cualquier realidad que entraba en su cabeza lo hacía en forma de nodos individuales más o menos unidos. Sólo ha dejado de ver los nodos cuando eran demasiado pequeños para apreciar a simple vista, y entonces se ha quedado con la estructura unitaria visible: la piedra, la silla o el planeta.

Sin embargo, la naturaleza no funciona por nodos, sino más bien por redes y mallas. Mientras que el ser humano primero ve el nodo y luego, con esfuerzo y dedicación, percibe la red, la naturaleza diseña la red primero, y de ahí resultan los nodos. Los nodos individuales de la red no son imprescindibles, sino que forman parte de un sistema que se mueve con sus propias leyes precisamente para que pueda sobrevivir al conjunto, a pesar del fallo en uno de los nodos.

3.1. Limitaciones del intelecto humano: líneas y puntos aislados

La teoría de grafos, primera disciplina científica que estudia la naturaleza y las propiedades de las redes, fue aplicada por primera vez a la sociología por Paul Erdós y Alfred Rényi después de la Segunda Guerra Mundial. El origen de la teoría de grafos se sitúa, sin embargo, dos siglos antes, en el llamado problema de Konigsberg que Euler enunció a mediados del siglo XVIII, y que fue continuado por los trabajos de Kirchhoff y Guthrie un siglo más tarde.

Tómese el origen que se tome, lo cierto es que después de doscientos mil años de evolución del *Homo sapiens*, no hemos empezado a pensar en red hasta hace unos doscientos años. Y a medida que varias disciplinas como la sociología, la biología, la física, la neurología o la astrología, por citar sólo unas pocas, avanzan en la comprensión de la estructura y el impacto de las redes sobre el mundo que conocemos, no hacen sino constatar lo mucho que nos queda por comprender en esta materia.

Esta tendencia a ver las cosas como objetos aislados primero, y a no observar las conexiones entre ellos hasta mucho más tarde, ha sido reforzada por el desarrollo y divulgación del método científico en Occidente, fundamento y generador del enorme progreso en calidad de vida que hemos experimentado, pero a su vez esclavo del principio de causa-efecto.

Copérnico, Galileo o Descartes representan a los padres de la llamada «revolución científica», que explica cómo hemos llegado a poner un pie en la luna, a construir estaciones gigantes de esquí en tierras calurosas, o a mantenernos conectados en tiempo real con el otro lado del mundo. Pero también es responsable de que hoy no creamos nada que no sea demostrado científicamente. Ése es el precio a pagar por las ventajas conseguidas.

Por un lado, el científico necesita observar el problema en cuestión en condiciones lo más próximas posibles a las de un laboratorio. Se trata de eliminar todas las posibles interferencias del entorno para poder inferir una hipótesis o modelo de funcionamiento. Pero es precisamente en dicho esfuerzo de objetividad y descontaminación de la realidad estudiada donde se pierde algo que es intrínseco a cualquier fenómeno real: por cada efecto no hay una, sino múltiples causas, actuando cada una en su propia medida y con una importancia variable. Es decir, se pierde la visión sistémica que apenas hoy se ha empezado a recuperar en los nuevos enfoques de investigación.

Es cierto que la invención de los ordenadores ha permitido a la ciencia desarrollar modelos para investigar efectos con varias causas, construyendo modelos matemáticos con *n* variables que reproducen el comportamiento del mar, los volcanes o las partículas subatómicas, por ejemplo.

Pero aunque nuestros ordenadores puedan entenderlo, nosotros seguimos pensando de una en una en lo que a variables o causas se refiere, lo cual explica por qué hay tantos «expertos» que se equivocan más de lo que aciertan, como les ocurre a los meteorólogos nueve de cada diez días, a los economistas cuando anticipan lo que pasará con los mercados globales o a los analistas de bolsa que intentan anticipar el futuro. Por muchos conocimientos que posean estos técnicos, y por mucha experiencia que hayan acumulado, en su pronóstico de solución multivariable acaba por haber una parte importante de intuición o instinto, incluso aunque se basen en hipótesis que neutralicen alguna de las causas. Nuestro cerebro sencillamente no está hecho para realizar cálculos tan complejos.

Y es que la mente humana está diseñada para lo lineal y lo cuantificable. Tal vez unos cuantos miles de años después de la publicación de este libro, nuestra especie haya conseguido adaptar su cerebro a la verdadera complejidad multicausal y curvilínea del entorno, pero de momento lo que hay son las rectas: después de una causa viene un efecto, y después de un punto viene otro, preferentemente alineado con el primero.

Aunque el mundo esté lleno de curvas, a los humanos nos gusta ver rectas. Nuestros antepasados estaban profundamente convencidos de que el mundo era plano porque el segmento del horizonte que se ve desde tierra parece plano. Pero Colón demostró que esa recta era sólo un pequeñísimo segmento de una enorme esfera.

La naturaleza no está hecha de líneas rectas, sino de curvas. La mayoría de líneas rectas en el mundo natural resultan del accidente o de la mano del ser humano. Dése una vuelta por las islas de la ruta azul del sur de Turquía, o por las montañas nevadas de los Alpes suizos, o por la bella y salvaje isla de Fuerteventura. Cuente cuántas líneas rectas en estos parajes no han sido construidas por el hombre. Son una pequeña minoría las que ha creado la naturaleza, y en general, si se mira más de cerca o con mejor perspectiva, se aprecia que rectas, lo que se dice rectas, no son.

De hecho lo primero que hace la naturaleza cuando el ser humano abandona una de sus edificaciones es empezar a arrancarle trocitos a cada arista y cada viga, dando lugar a muchas de las maravillas arquitectónicas que se han descubierto por pura casualidad al dar un paseo por la jungla, y a gran parte de los feos y oxidados fantasmas inmobiliarios que subsisten en algunos paisajes costeros porque no tenían permiso de construcción cuando empezaron a modificar las curvas para poner rectas de hormigón y de hierro.

La parte intelectual del hombre está tan a gusto entre rectas, que desde que las creó no ha dejado de mejorarlas, multiplicarlas, sumarlas. En realidad, es mucho más fácil sumar la longitud de dos líneas rectas que la de dos circunferencias, y no hablemos de figuras irregulares.

Nuestra creciente preferencia por las rectas se observa incluso en las calles de las ciudades. Los cascos antiguos suelen ser más sumisos a las leyes de la naturaleza, los senderos y los riachuelos, pero en cuanto uno sale de ahí, o se planta en una ciudad moderna, todo son manzanas cuadradas, o como mucho triangulares. Y los ríos también hemos aprendido a modificarlos para que sean más disciplinados y previsibles, en la mayoría de los casos, claro.

Los chinos ya se han puesto a modificar el curso de sus dos ríos más importantes, el Yang Tsé y el río Amarillo, aunque ello obligue a cientos de miles de personas a mudarse e impacte de lleno en el equilibrio ecológico de algunas zonas. Esto no preocupa a los técnicos responsables porque lo han imaginado previamente y han decidido que el impacto no es excesivo, una conclusión que, por supuesto, han calculado los ordenadores con la información y los modelos matemáticos que les han dado esos mismos técnicos. La gran pregunta que surge aquí es quién paga el sueldo de los técnicos... y es de suponer que esta variable no está en el ordenador, a pesar de que sus resultados podrían influir en la solución final de modo importante. Éste es uno entre un millón de ejemplos de cómo nos equivocamos porque perdemos de vista el efecto sistémico al simplificarlo para expresarlo en un modelo lineal asequible al pensamiento científico.

Es decir, que nuestra mente, aún poco evolucionada, tiende a ver líneas rectas, nodos aislados, y relaciona una causa con cada efecto. Esto no sería un problema si no fuese por otro pequeño detalle que nos caracteriza: nuestra mente es muy dada a creer que ya lo sabe todo.

Lo que no vemos con nuestros propios ojos o entendemos con nuestras propias neuronas pensantes e intelectuales no existe para nosotros, igual que no reconocemos el 90 % de masa cerebral que no sabemos usar, a pesar de que nos hable en sueños y ejerza una influencia incalculable sobre nuestras vidas. Tal vez esto explique por qué hemos tardado 199.800 años de evolución del *Homo sapiens* antes de ponernos a estudiar el fenómeno de las redes.

3.2. Una nueva forma de leer el mundo

Pues bien, sepa usted que la naturaleza se ampara en lo irregular y lo curvilíneo para prácticamente todo, y que no funciona por nodos, sino por redes. Incluso la especie más intelectual y disciplinadamente rectilínea, es decir, la nuestra, se organiza por redes.

Desde los lazos invisibles que unen o separan a los vecinos de un edificio, hasta las neuronas que se conectan o desconectan miles de veces en nuestras cabezas, no somos piezas unitarias aisladas, sino conjuntos de redes de células que integran redes mayores invisibles, en las que, para ser fieles a nuestra limitación intelectual lineal, nos pasamos el día intentando poner límites visibles, creando así fronteras nacionales, fronteras organizacionales o fronteras familiares.

Hemos gastado tanta energía en decidir las fronteras que hoy definen quién es un país y quién no, a construir y alterar muros como el de Berlín o el de la frontera de España con Marruecos, y a diseñar tantas formas de separar a unos de otros, como las clases sociales y las castas, o las zonas VIP, o la prohibición de entrar en una discoteca de moda si uno lleva calcetines blancos, que ahora nos ponemos cada vez más nerviosos con lo poco que nos sirve todo eso frente al fenómeno de la globalización.

Y es que la mayor y más impresionante red que el ser humano ha sido capaz de crear, la World Wide Web, junto con la crecientemente tupida red de transporte aéreo, están haciendo más cercanos y más visibles los vínculos invisibles que se crean con toda espontaneidad entre las personas.

3.3. Redes en todas partes

Vivimos en un planeta llamado Tierra, alrededor del cual gira un satélite que llamamos Luna. Sabemos que nuestro planeta gira a su vez alrededor de una estrella que llamamos Sol. Y que además de la Tierra existen otros siete u ocho planetas que también giran alrededor del Sol, según se incluya Plutón en la lista o no. Estos planetas pueden tener varios satélites a su alrededor como las dos lunas de Marte o las 63 que tiene Júpiter.

Nuestro sol no es la única estrella, sino que podemos observar miles de ellas si miramos al cielo de noche, y ya se habla de la existencia de otros cuatro posibles sistemas solares, es decir, estrellas con planetas girando a su alrededor.

Vivimos en la galaxia llamada Vía Láctea, y también hemos llegado a constatar que existen otras galaxias a distancias variables de la nuestra, que se agregan para formar cúmulos, y éstos para integrarse en súpercúmulos.

Aunque pueda parecer que todos estos cuerpos celestes son nodos aislados, lo cierto es que la posición que ocupa cada cuerpo depende de las fuerzas gravitacionales generadas por sí mismo y por cada uno de los demás cuerpos que lo rodean. Dicho de otro modo, lo que a primera vista parece un conjunto gigantesco y poco ordenado de cuerpos celestes de distinto tamaño es en realidad una red enorme que se organiza por subredes: supercúmulos hechos de cúmulos de galaxias, compuestas a su vez por estrellas y sistemas solares como el nuestro, con planetas y lunas.

Que no veamos los lazos que unen a unos y a otros no quiere decir que no existan. ¿Por qué no está Marte más cerca de La Tierra? ¿Y por qué hay nueve planetas en nuestro Sistema Solar (que sepamos ahora mismo) y no más?

No es casualidad. Son las fuerzas gravitatorias entre las distintas masas celestes las que configuran el lugar de cada esfera. Éstos son los lazos de la red. Cada vector de fuerza de atracción entre una estrella y un planeta, o entre éste y su luna, es como una correa que lo obliga a girar alrededor de su órbita correspondiente, sin alejarse ni acercarse. Si existiese un vehículo que se alimentase de la gravedad, posiblemente podríamos recorrer el universo entero saltando de planeta en estrella y de una galaxia a otra aprovechando la fuerza gravitacional que las separa.

En el otro extremo del espectro dimensional, si miramos lo más pequeño que conocemos, encontramos redes de átomos. Átomos unidos entre si por fuerzas de atracción en patrones repetitivos cuando se trata de cristales, o sin ningún orden concreto, como ocurre en el vidrio. Pero una vez más encontramos redes de distinto tipo cuyo comportamiento se explica tanto por los lazos entre los nodos como por los propios nodos.

¿Qué es un árbol si no una gran red de hojas unidas entre sí por ramas? ¿Quién cuestiona que el sistema nervioso humano sea una red de neuronas y células nerviosas transmitiéndose impulsos de unas a otras para procesar información y actuar?

¿Y qué puede decir el lector acerca de cómo se mueven los peces en bancos de miles de individuos que cambian de dirección simultáneamente como si estuviesen enganchados en una malla? Hoy en día aún no sabemos explicar por qué los peces forman bancos y cómo se establece la distancia entre unos y otros, si emplean la vista o no, si se trata de condiciones hidrodinámicas del agua o qué. Pero sí intuimos que hay algo invisible entre pez y pez que evita que se choquen entre sí, y que, por tanto, los une y permite trazar caminos invisibles desde cada pez del banco hasta todos los demás.

La estructura fundamental de red está presente prácticamente en cualquier rincón del universo al que miremos. Nosotros no somos menos. No sólo estamos hechos de redes y subredes de células, sino que incluso nosotros mismos formamos parte de redes invisibles que unen a unos y separan a otros desde que existimos como especie.

Por mucho que nos gusten las rectas y lo lineal, hemos también creado, más o menos intencionadamente, miles de redes en nuestros mapas de carreteras, sistemas de aerolíneas o en la concepción de Internet.

Hay algunas películas que ayudan a ilustrar la existencia de las redes sociales porque enfocan precisamente aquello que une a personajes aparentemente desconectados, como por ejemplo *Crash*, premiada en los Oscar de 2004, que muestra los prejuicios sociales de una serie de personajes de distinto origen en la ciudad de Los Ángeles. El choque fortuito de dos coches en una ciudad en la que viven casi cuatro millones de personas reúne a una cadena de personajes que acaban de interactuar unos con otros durante las cuarenta y ocho horas anteriores al accidente.

Otra película que ilustra el impacto de las redes sociales es *12 monos*, en la que Bruce Willis es un loco en un manicomio de un mundo futuro completamente transformado por la acción de un trabajador de laboratorio que no ha tenido más que coger una muestra de un virus mortal altamente contagioso y esparcirlo para provocar una epidemia mundial, sólo con recorrer varios trayectos en avión por las principales ciudades del mundo.

Imagine que alguien le invitase a una fiesta sorpresa, en la que nadie conociese anteriormente a ninguno de los presentes, y que al llegar el anfitrión les diese un gancho para colocarse en la cintura, con una bola de hilo de lana de un color único para usted.

Suponga asimismo que su original anfitrión pidiese a cada uno de los invitados que cada vez que intercambiasen más de diez palabras con otro invitado, se uniesen entre sí mediante los ganchos de sus cinturas. ¿Qué aspecto cree que ofrecería esta fiesta a la hora y media de comenzar? ¿Se imagina la cantidad de hilos de colores que estarían atravesando la sala, y el número de hilos diferentes que tendría usted colgados de su gancho?

Cuando uno llega tarde a una fiesta, no se encuentra con una maraña de hilos de colores, pero sí se da cuenta de que la gente ha empezado a mezclarse. Se oye más ruido y sobre todo se oyen más risas y exclamaciones. No se ven, pero los vínculos ya han empezado a crearse entre los asistentes a la fiesta.

Si la fiesta dura lo suficiente, y el anfitrión se ocupa de que nadie quede aislado, entre todo par de personas se formará un vínculo más o menos fuerte. Esto significa que existirá un camino que lleva desde cualquier invitado hasta cualquier otro a través de una serie de contactos intermedios. Todo un mapa de carreteras tentadoras para cualquier virus gripal que tenga ganas de hacer turismo.

Nuestra sociedad es mucho más grande y compleja que una fiesta, pero no deja de cumplir el patrón fundamental de las relaciones humanas. Es una red enorme que une a unos y a otros, permitiendo trazar caminos más o menos largos entre todo par de individuos. Este camino es invisible, pero tan real como este libro, y usted y yo no somos más que nodos de múltiples redes sociales.

La red es uno de los patrones preferidos de la naturaleza. Se podría decir que es su firma característica. Igual que a Alfred Hitchcok le gustaba salir de repente en sus propias películas, y a Gustav Klimt le caracterizó la mezcla de texturas brillantes en sus cuadros, los diseños *made in Nature* se distinguen por su estructura de red. Se podría incluso afirmar que la estructura en red es el fractal por excelencia del mundo que conocemos, puesto que es una estructura básica que se repite en todas las escalas posibles de observación.

Se repite como esquema exitoso en los elementos más grandes de nuestro mundo, como el universo de estrellas o la cadena alimenticia de un ecosistema, pero también en los elementos tan pequeños que no podemos ver a simple vista.

3.4. Características frecuentes de las redes reales

Una de las mayores curiosidades de las redes sociales es que, en realidad, tienen una estructura y comportamiento similares al resto de redes que aparecen en la naturaleza. Hay una serie de características que sorprendentemente se repiten en muchos tipos de red en la naturaleza, y que en el caso concreto de las personas, configuran el llamado «efecto mundo pequeño», gracias al cual gestionar contactos resulta tan provechoso.

Erdos y Renyi, dos matemáticos de origen húngaro que empezaron a estudiar las redes sociales a mediados del siglo xx, llegaron a la conclusión de que las redes sociales eran aleatorias, lo cual es una forma elegante de decir que no tenían ningún orden concreto, sino que se esparcían en todas direcciones por igual, siguiendo los designios de la diosa fortuna.

Observaron que bastaba con que cada nodo tuviese una conexión con cualquier otro nodo para pasar de un conjunto de redecillas a formar una red gigante. Pero al mismo tiempo vieron que la naturaleza suele asignar más vínculos que el único crítico o necesario para que se forme la red. Se asegura duplicando, triplicando y multiplicando los recursos para curarse en salud.

Estas redes «aleatorias» tienen estructuras relativamente planas, o regulares, en las que la media de conexiones de cada nodo es parecida. Si intentásemos dibujar una red regular de seis mil millones de nodos –desde luego, durante una crisis de aburrimiento extremo–, veríamos una nube oscura muy, muy grande, de un color homogéneo, puesto que la distribución de los nodos sería muy regular.

Sin embargo, el popular estudio Small World (mundo pequeño), iniciado por Stanley y Milgram a finales de la década de 1960 y continuado en la actualidad por la Universidad de Columbia, concluye que en el mundo existe un promedio de seis grados de separación entre cualquier par de contactos. Es decir, que si una tarde estuviese usted especialmente caprichoso y quisiese, por ejemplo, salir a cenar con Paris Hilton, o jugar al golf con Osama Bin Laden, tendría que llamar a un amigo suyo que contactaría con un primo, el cual hablaría con un tercero, y así hasta que el quinto de la cadena pondría un SMS a Paris o a Osama.

Ahora mire bien su nube de seis mil millones de puntos e imagine que cada punto es una persona. Luego seleccione tres puntos aleatoriamente y llámelos Paris, Osama y yo. ¿Le parece posible que sólo haya que pasar por seis puntos intermedios para llegar de yo a Osama o a Paris? ¿O por doce, o por dieciocho?

En otras palabras: ¿cómo puede ser tan corto el camino entre dos personas cualesquiera de un conjunto de seis mil millones que poblamos el mundo, si la estructura es supuestamente regular? Basta con mirar de nuevo la nube homogénea de puntitos, para comprobar que llegar del extremo derecho al izquierdo no puede ser el fruto de un camino con cinco puntos intermedios. Ni de diez, ni de veinte; a simple vista queda claro que esto no puede ser así en el caso de las personas.

Es el libro publicado en 2002 por Albert Laszlo Barabasi, titulado *Linked*, el que mejor describe el cúmulo de hipótesis, aciertos y falsas conclusiones creados en estos escasos sesenta años de investigación y reflexión científica sobre redes. El libro describe cómo diferentes grupos de investigadores han ido descubriendo características que se repiten una y otra vez en las redes que nos rodean, tanto las creadas por la naturaleza como las que hemos creado nosotros, y que también describió Malcolm Gladwell en su *bestseller* de 2001, *The tipping point*.

La primera característica interesante es la no regularidad de las redes reales. Malcolm los llamó conectores, mientras que otros autores se refieren a *gatekeepers* o *hubs*. Se trata de unos pocos nodos privilegiados que poseen muchas más conexiones con los demás nodos que la media.

Piense en un mapa de carreteras de Europa. Es un ejemplo de red en que la mayoría de las ciudades y los pueblos tienen carreteras que llegan y carreteras que salen. Aunque las ciudades más importantes tienden a tener más carreteras de conexión, no se puede decir que ninguna de ellas supere ampliamente a todas las demás.

Ahora recuerde ese mapa que viene en las últimas páginas de la revista del avión que uno sólo lee en otro mortal ataque de aburrimiento, esta vez sentado en una incómoda butaca a miles de metros de altura sobre el suelo. En este mapa se ve también una red, pero en ésta, hay uno o dos nodos que reciben y emiten casi todos los vuelos del mapa. Estos nodos son los *hubs* de la línea aérea en cuestión.

Hub es el término que emplean los informáticos para describir la caja que une varios cables de diversos ordenadores a un mismo cable de red, o el que se emplea en la aviación estadounidense para distinguir los aeropuertos nucleares de cada línea aérea, los cuales sirven de conexión para la mayoría de trayectos que ofrecen a sus clientes.

Un ejemplo de conector o *hub* humano podría ser el banquero David Rockefeller. Los sociólogos han estimado que cada persona puede tener entre 3.000 y 10.000 contactos a lo largo de su vida. Pero según la biografía del célebre banquero, su agenda tenía más de 50.000 contactos actualizados. Imagine el ejército de secretarias que debía de tener para mantener actualizados estos datos en una época en que no había bases de datos ni PDAs.

Otro ejemplo muy publicitado de conector podría ser el actor Kevin Bacon, en relación a la red de actores de Hollywood. Existe una página web que pertenece a la Universidad de Virginia, donde se pueden comprobar los poderes conectores del llamado «oráculo de Kevin Bacon». Esta página contiene una base de datos de todas las películas en las que ha participado este actor, incluyendo el nombre de sus colaboradores en cada caso.

Dicha página web es accesible para cualquiera, y al teclear el nombre de un actor determinado nos devuelve el número de grados de separación entre ese actor y el conector Bacon. En la mayoría de seminarios realizados en España sobre gestión de contactos, muchos directivos plantean el reto de colocar a Paco Martínez Soria o Sara Montiel en el oráculo de Bacon, sorprendiéndose al averiguar que están conectados con Kevin en sólo dos o tres grados respectivamente. Su oráculo es citado en casi todos los libros y cursos sobre *networking* que existen.

Sin embargo, Bacon no es ni de lejos el actor mejor conectado de Hollywood, según nos revela Barabasi, puesto que su equipo comprobó que al hacer un ránking de los actores de la meca del cine con más contactos, el número uno de la lista fue Rod Steiger, y Bacon no apareció hasta después de otros 850 actores. Y es que en la reducida comunidad de actores de Hollywood, sólo hay tres grados de separación entre cada dos. Kevin Bacon se hizo famoso sólo como consecuencia de una serie de coincidencias que situaron su nombre en un programa visto por estudiantes aburridos con ganas de construir un oráculo.

El fenómeno de los conectores no es exclusivo de las redes sociales humanas, sino que se presenta en la mayoría de las redes reales. El estudio de la interacción proteínica dentro de las células sigue este esquema, puesto que la mayoría de proteínas interactúan con una o dos proteínas diferentes, pero existen unas pocas que pueden elegir anexarse a un amplísimo surtido de proteínas. Yahoo! o Google son ejemplos de webs que están conectadas con muchas más páginas web que las demás.

De hecho, este fenómeno es aceptado comúnmente según la proporción de Paretto, que afirma que el 20 % de las causas es responsable del 80 % de los efectos. Es lo que pasa a menudo con los productos del surtido de un supermercado, donde se observa que una proporción pequeña de artículos suele ser responsable de la gran mayoría de las ventas.

Comprender que el mundo, y en concreto nuestras redes sociales cada vez más globales, está articulado alrededor de un número pequeño de *hubs* o conectores que actúan como autopistas superrápidas entre unos y otros es muy importante para el gestor de contactos.

Por un lado los *hubs* son lo que proporcionan resiliencia a las redes. Mientras que un avión, diseñado por un intelecto de preferencias lineales, puede caer al suelo si falla uno de sus componentes, la red de servidores informáticos que sustenta la red global de Internet requiere que fallen simultáneamente todos los grandes servidores a la vez. El arquitecto pensante que diseñó Internet se vio obligado a superar las restricciones de la linealidad precisamente para evitar eso.

Sabiendo que nuestro gigantesco ecosistema natural llamado Tierra alberga entre tres y cien millones de especies, y que cada año desaparecen entre tres y cien especies enteras, ¿cómo es que no hemos notado grandes cambios hasta el estallido de la era industrial?

Los diseños de la naturaleza tienden a anclarse en redes cuyo esqueleto de base está formado por *hubs* o conectores, de forma que el conjunto pueda seguir resistiendo, aunque fallen algunos de los nodos.

Ahora bien, esta estructura clave de solidez y resiliencia es también la fuente de la mayor vulnerabilidad de las redes. Si se ataca simultáneamente la mayoría de los conectores o *hubs*, la red deja de funcionar.

Las grandes epidemias han demostrado estar fuertemente ligadas a la enorme conectividad de algunas de las primeras víctimas. Cuando aparece un virus, éste ataca por igual a un joven sin trabajo que sale poco de casa que a un comercial que visita a veinte personas al día. Pero el comercial que se junta a diario con veinte personas tiene veinte veces mayor probabilidad de coger el virus, y encima se lo contagia a veinte personas más cada día que pasa.

Los *hubs* son los responsables de que una enfermedad contraída por unos pocos se convierta en una epidemia. Este fenómeno ya está muy estudiado, y es lo que se intenta aprovechar en las técnicas del marketing viral.

Por eso precisamente le interesa a usted entender esta estructura y empezar a percibirla en las redes sociales en las que participa. Porque para conquistar una red de personas uno tiene mayor probabilidad de éxito si conquista primero a los conectores de esa red. Y para integrarse en la red existente de la empresa en la que acaba de entrar, la mejor estrategia es precisamente establecer amistad o un vínculo profesional con uno de los conectores de la red.

El gestor de contactos que es capaz de reclutar y fidelizar a conectores en su red de contactos multiplica su capacidad de acceso y convicción de la sociedad al máximo, puesto que convenciendo a un conector de su idea, estará acelerando la convicción de todas las personas conectadas al conector.

Hay otras dos características comunes a la mayoría de las redes existentes en el universo que nos interesan, pero antes veamos lo que diferencia las mallas de personas del resto de aplicaciones reales a nuestro alrededor.

3.5. Curiosidades evolutivas sobre el ser humano y sus redes

En marzo de 2008 la revista *National Geographic* publicó un reportaje muy interesante sobre las crecientes similitudes que investigadores del comportamiento están encontrando entre el comportamiento y la inteligencia de animales y humanos.

El curioso reportaje con fotos a todo color del perico gris Alex, que logró pronunciar hasta cien palabras en inglés en sus más de treinta años de vida, incluyendo una palabra propia, *ban-erry*, la cual utilizaba para nombrar las manzanas, porque, según su educadora científica Irene Pepperberg, tenían un aspecto similar a las cerezas (*cherry* en inglés), y un sabor semejante al de los plátanos (*banana* en inglés). La perrita blanca y negra de nombre Betsy, familiar no lejana del clásico Lassie que invadió nuestros televisores hace un par de décadas, es capaz de comprender y distinguir trescientas cuarenta palabras, seguir instrucciones para separar objetos por su color o su forma, e incluso sabe contar.

En dicho reportaje, la conocida publicación describe una serie de hallazgos científicos que rompen las barreras de separación que tradicionalmente habíamos establecido con el resto de la comunidad animal, puesto que los delfines son capaces de cooperar con los humanos en tareas diversas y de imitar nuestras posturas, los elefantes también tienen consciencia de sí mismos según se ha probado en pruebas con espejos, y las ovejas son capaces de distinguir a otras ovejas por sus caras.

Lo interesante de estos descubrimientos es que refuerzan la hipótesis de que la naturaleza no funciona por razonamientos lineales, sino por redes, y para asegurarse de que habrá un efecto, multiplica generosamente los recursos en juego para garantizar que al menos uno triunfa. O visto de otro modo, que para llegar a la culminación evolutiva del ser humano, puso en práctica pequeñas evoluciones, como la empatía, la reconciliación o la autoconciencia en varias especies, lo que llevó a una de ellas a destacar y finalmente dominar a todas las demás.

La evolución humana sólo sigue una línea claramente definida si miramos hacia atrás. Sin embargo, si pudiésemos proyectar hacia delante desde las primeras especies del planeta para anticipar cómo apareció el ser humano, veríamos que había muchas ramas prometedoras que seguían caminos evolutivos paralelos, las cuales se han adaptado con respuestas diferentes a las condiciones que encontraron. La rama de los primates fue la más exitosa, pero compitió con muchas otras.

Ahora bien, mientras unos científicos estudian a los animales para encontrar y delimitar exactamente qué separa al ser humano del resto de especies, otro grupo de investigadores está desarrollando una perspectiva muy interesante sobre la evolución de la psicología humana que es especialmente relevante para el tema que estamos tratando.

La psicología evolucionista, traducción al castellano de los términos *evolutionary psychology*, intenta explicar el conjunto de comportamientos, creencias y reacciones humanas que denominamos naturaleza humana, como el producto de una serie de adaptaciones evolutivas de la psicología humana a los principales problemas recurrentes de su entorno. Jerome Barkow, Leda Cosmides y John Tooby popularizaron esta rama de estudio en 1992 a través del libro *The adapted mind: Evolutionary psychology and the generation of culture* (La mente adaptada: psicología evolucionista y la generación de cultura).

La psicología evolucionista se inspira en cinco postulados de base que podrían ser la mejor explicación posible de por qué es tan importante *redear* en las sociedades humanas.

- 1) El cerebro es un sistema físico. Funciona como un ordenador con circuitos que han evolucionado a lo largo de miles de años para generar comportamientos apropiados a las circunstancias del entorno que nos rodea.
- 2) Los circuitos neuronales actuales se diseñaron mediante mecanismos de selección natural para resolver los problemas y las limitaciones que se fueron encontrando las sucesivas generaciones de nuestros ancestros anteriores al *Homo sapiens*.
- 3) La consciencia de nuestra mente es una parte muy reducida del conjunto de contenidos y procesos que ocurren en el cerebro. Nuestra capacidad para radiografiar nuestros propios pensamientos y emociones es muy inferior a lo que pensamos, de modo que sólo controlamos la punta de un iceberg cuyas raíces y estructuras profundas se amparan en millones de años de evolución.

- 4) Los diferentes circuitos neuronales están especializados para resolver determinados tipos de problemas de adaptación. Para ilustrar este postulado podemos fijarnos en que mientras unos circuitos localizados en el área occipital del cerebro regulan el hambre, la búsqueda de alimento y la distinción entre alimentos apropiados y no apropiados, otros circuitos aparecidos mucho más tarde, que se encuentran en el lóbulo frontal cerebral, se dedican exclusivamente al lenguaje.
- 5) En definitiva, el cráneo humano de hoy sigue albergando una mente creada para condiciones ambientales típicas de la edad de la piedra.

Estos cinco postulados pueden parecer exagerados cuando uno disfruta de una formación universitaria, ha hecho uno o varios programas de posgrado y se siente sumamente sofisticado en su traje de alta costura y su flamante coche de directivo, pero un repaso a la escala temporal de la evolución humana aclara muchas cosas.

Dejando a un lado las variaciones existentes entre los cálculos de unos y otros estudiosos, parece que el primer primate apareció hace unos 85 millones de años. La familia que contiene a humanos, chimpancés y gorilas, llamada «homínidos» no apareció en la evolución hasta hace 8 millones de años. O sea que se precisaron nada más y nada menos que 75 millones de años para hacer las adaptaciones evolutivas necesarias en la línea de los primates.

Los homínidos, que incluyen todas las clases de especies *Homo* conocidas, datan de hace 2 millones de años. Es decir, transcurrieron otros seis millones de años durante los cuales se realizaron ajustes genéticos menores que afectaron a la forma de andar, el empleo de herramientas, el tamaño del cerebro y la forma de comunicarse, entre otros. Incluso hubo varias versiones de homínidos paseándose por el mundo al mismo tiempo, demostrando así lo mejor o peor adaptados que estaban al mundo de entonces mediante la lenta desaparición de todas las variaciones menos la última versión aparecida.

La especie *Homo sapiens*, a la que pertenecemos todos, no apareció hasta hace 250.000 años. Necesitó algo menos de otro par de millones de años para completarse. Es la única especie de homínidos que se extendió con éxito por los cinco continentes, y quizás por ello puso punto final a las evoluciones de la especie, por lo menos según esta teoría. Desde entonces sólo se han producido variaciones mínimas a nivel local, como son los tipos de piel o de cabello, y sobre todo las diversas evoluciones culturales que tanto nos asombran y confunden aún hoy.

Si para llegar al *Homo sapiens* se necesitaron pasos intermedios separados por millones de años, ¿realmente alguien cree que hemos dado un paso evolutivo significativo en los últimos doscientos mil años?

Nuestra sensación de enorme madurez evolutiva respecto del bruto inquilino prehistórico que fue el primer *Homo sapiens* proviene en realidad de la gigantesca transformación del entorno en el que vivimos.

El *Homo sapiens* ha sido la primera especie que ha transformado su hábitat natural hasta el punto de ponerlo en peligro con amenazas de calentamiento global, extinción de especies marinas, contaminación del agua y otros fenómenos de magnitud global.

El complejo de «maduritos evolutivos» viene de la sensación de vértigo que nos ha dado la completa transformación de nuestra relación con el entorno, más que de ningún cambio significativo en la psicología humana.

Adaptando el dicho de «aunque la mona se vista de seda, mona se queda», y ello, aunque nos obligue a bajarnos de nuestro lustroso caballo blanco de modernidad, nos ayuda a entender la gigantesca importancia que siguen teniendo las relaciones sociales en un conjunto de sociedades y mercados que supuestamente operan según las leyes lógicas y racionales que han impulsado nuestros impresionantes avances tecnológicos.

Nigel Nicholson, profesor de comportamiento organizacional de la London Business School, publicó en 2000 el libro *Managing the Hu-*

man Animal (Gestionando al animal humano). En él examina las implicaciones sobre la vida organizacional de las principales conclusiones de la psicología evolucionista, y adelanta una clasificación de los modelos societarios que hemos ido adaptando según nos hemos alejado del modelo original para el que fuimos diseñados: comunidades nómadas de cazadores y recolectores.

3.6. El límite social de la versión Homo sapiens 1.0

La versión más actualizada del *software* humano fue modelizada y puesta a prueba durante cientos de miles de años a través de una vida seminómada por comunidades de un máximo de 150 homínidos, que se apoyaban exclusivamente en la caza y la recolección para su alimento. El número ideal de 150 no es casual, sino consecuencia directa del tamaño y el desarrollo de nuestro cerebro, según los estudios del psicólogo Robin Dunbar. El llamado «número de Dunbar» se define como el límite cognitivo estimado del número de personas con quienes un individuo puede mantener relaciones estables.

Dunbar argumentó que el factor de supervivencia más crítico para todos los homínidos, la familia extendida que une bajo un mismo nombre a humanos, chimpancés y gorilas, es precisamente la convivencia y competencia con nuestros semejantes. Necesitamos vivir en comunidades para sobrevivir. Por ello se puso a buscar una correlación entre el tamaño del neocórtex de varias especies de primates y el tamaño medio de sus comunidades.

Los estudios de Dunbar muestran una correlación importante entre la pequeñez del neocórtex del mono solitario y las gregarias poblaciones de babuinos. Aplicando este coeficiente al tamaño del neocórtex humano, y debido a su capacidad de procesamiento, aparece el número máximo de 150 personas por clan.

Este estudioso comprobó que 150 responde al tamaño de las tribus y aldeas neolíticas, al límite de tamaño de los asentamientos hutteritas, e incluso al tamaño básico unitario de las tropas profesionales en la antigüedad romana. Nicholson también cita ejemplos y estudios organizacionales que establecen este número como el ideal en su ensayo sobre la gestión del animal humano.

Mantener una comunidad de 150 personas requiere una elevada motivación para seguir unidos, porque, de nuevo según estimaciones de Dunbar, cada miembro debe dedicar un 42% de su tiempo a mantener las relaciones sociales con cada uno de los 149 individuos que lo acompañan en su comunidad. Dunbar incluso llega a afirmar que el desarrollo del lenguaje en el *Homo sapiens* responde a la necesidad de economizar los esfuerzos dedicados al mantenimiento de los vínculos sociales. Así, uno podía cotillear con otro recolector, aunque sus manos estuviesen ocupadas cogiendo frutos y hierbas.

Ahora bien, el *Homo sapiens* 1.0 hizo algo que ninguna otra especie había intentado antes: inventó la agricultura. Hace diez mil años aprendimos a cultivar terrenos, encontrando un medio mucho más fiable de alimentarnos si nos quedábamos en poblados agrícolas.

Liberados de la incertidumbre propia de la caza, la nueva era de la agricultura nos permitió abandonar la existencia nómada, lo cual nos posibilitó por primera vez la acumulación de riqueza. El acceso más fácil a alimentos facilitó el crecimiento de los poblados, y esto llevó a la progresiva organización y formulación de leyes de convivencia sin la cual aquellas sociedades cada vez más numerosas no hubiesen podido mantener su cohesión.

La limitación cognitiva de Dunbar se estiró con normas y pactos, pero ya no era la confianza la que cohesionaba a estas comunidades, sino el compromiso de cumplir las normas bajo la amenaza de ser excluido o enjuiciado por el colectivo en caso contrario. Vivir aislado en la naturaleza no era, y sigue sin ser, una alternativa viable.

El progreso imparable del conocimiento humano ha impactado directamente su modo de vida, dando lugar a las primeras grandes civilizaciones y a la sucesión de imperios y guerras que han conformado los modelos hoy aceptados como estándares del mundo occidental: la democracia y el capitalismo. Hoy vivimos en ciudades de decenas de millones de personas, y trabajamos en organizaciones con cientos de miles de empleados, muchos de los cuales no hemos visto nunca cara a cara.

La aparición de Internet y la evolución de la aviación han dado una última vuelta de tuerca a nuestra sociedad, empequeñeciendo nuestro mundo aún más, y favoreciendo que sucesos aislados como la crisis de las hipotecas subprime en un país hagan arrodillarse a los bancos y mercados de medio mundo.

Ciertamente las normas de convivencia y los estándares de vida de nuestras sociedades han evolucionado a una velocidad imposible de comprender siquiera por nosotros mismos, dando lugar a los *gaps* generacionales y la incredulidad de nuestros mayores. Pero seguimos teniendo la misma capacidad de procesamiento en el neocórtex, y por ello seguimos cuajando redes a nuestro alrededor de 150 personas con las que nos sentimos conectados de verdad.

Según algunos investigadores, somos capaces de asociar 2.000 caras con sus nombres, mientras que otros como Pool, Kochen o Killworth, defienden un número máximo de 5.000 conocidos. Pero sólo tenemos 150 espacios de información que puedan albergar el conjunto actualizado de datos, gestos y anécdotas de cada individuo, sin los cuales no sabemos cómo comportarnos con él.

El número de Dunbar supone una implicación crítica para la estrategia de todo *networker*: sus recursos son limitados. Sólo puede retener los indicadores emocionales de 150 personas diferentes, por lo que debería mostrar cuidado con quién incluye entre esos 150, y quién deja fuera de su vida relacional.

3.7. Rituales sociales heredados de la edad de la piedra

El bonobo es una variación del chimpancé común que se descubrió a principios del siglo XX. Su ADN comparte entre el 98 y el 99,4%

con el ADN humano, y se cree que ambas especies se separaron en la línea de evolución hace unos seis millones de años. El chimpancé y el bonobo, son, pues, las dos especies vivas más próximas a los seres humanos.

Pero nos interesa especialmente el bonobo porque se muestran como unos fanáticos del sexo como solución a casi todos los problemas relacionales que encuentran, y esto, es una adaptación evolutiva que a muchos humanos les gustaría haber conservado.

El bonobo tiene una cabeza más pequeña que el chimpancé común, una cara negra de frente ancha con labios rosados y pelo largo en la cabeza. Las hembras tienen pechos más prominentes que los chimpancés, aunque menos prominentes que los humanos, y caminan erguidos el 25 % de su tiempo. Sus caras son mucho más diferentes entre sí que las de los chimpancés, dándoles una identidad individual más reconocible a simple vista, y su cuerpo es más largo y delgado.

En palabras de Frans de Waal, biólogo experto en simios altamente reconocido, publicadas por la revista *Time*, «son los hippies del universo primate: pacíficos y sexys. Manifiestan muy poca agresividad y practican mucho el sexo».

Los bonobos recurren al sexo para saludarse, para reconciliarse después de una pelea, para hacerse favores entre sí, e incluso a cambio de comida, y son los únicos primates, además de los humanos, que se deja llevar por todas las posibles variaciones creativas sobre género y tipos de contacto que encajan dentro del término sexo. Claramente están íntimamente ligados y gastan una cantidad de energía increíble en mantener actualizados y emocionantes sus vínculos sociales.

El resto de los primates son menos generosos en su gasto de energías para mantener la cohesión social de sus comunidades. Aunque para todos la supervivencia pasa por vivir en comunidades que compartan las tareas y cooperen para enfrentarse a las amenazas del entorno, las otras adaptaciones evolutivas han buscado la economía a la hora de diseñar los costes asociados a vivir en grupo.

El ritual de acercamiento y compañerismo más común entre los primates es la limpieza y masaje de la cabellera. No hay más que acercarse a cualquier zoo para verlo en directo. Un chimpancé se pone al corriente con su amigo mediante una buena rascada y eliminación de molestos parásitos. Los padres efectúan esta utilísima y agradabilísima labor, o al menos así lo es para el receptor, para sus hijos, y los miembros de menor estatus en la tribu lo hacen para los de mayor importancia.

Este ritual puede observarse hoy también en algunos poblados indígenas de humanos e incluso en aldeas y pueblos humildes de Sudamérica, que, teniendo un televisor en su casita de adobe y comiendo hamburguesas de McDonalds de vez en cuando, salen al jardín a pasar un rato agradable con sus vecinos los domingos y se ponen alegremente en un círculo a masajear la cabeza de unos mientras son masajeados por otros. Seguramente en Europa se sigue haciendo también, pero en tales casos ya no nos dejamos observar por los curiosos que merodeen a nuestro alrededor.

Empatizar, acompañarse, sentirse aceptado y compartir el disfrute en el mundo de los primates se consigue con una buena rascada. Los seres humanos hemos economizado aún más estas interacciones mediante el desarrollo del lenguaje. Dunbar razonó que sin el desarrollo del lenguaje hablado el tiempo que los humanos habrían tenido que dedicar a mantenerse entre los afectos de sus colegas sería mucho mayor, y habría reducido aún más el límite del tamaño de los clanes y los subclanes.

De modo que los *Homo sapiens*, menos peludos y más sofisticados que nuestros familiares evolutivos, utilizamos el lenguaje como vehículo favorito de acercamiento entre nosotros. Se llama rumor, o chisme, o cotilleo, y es una práctica universalmente adorada en todas las culturas. No hay cosa que más nos guste hacer que cotillear. Y si no, que se lo digan a las revistas y programas de cotilleos que viven de ello en tantos países.

3.8. La sofisticación de nuestros rituales

¿Qué es un rumor? ¿Qué lo diferencia de otras formas de comunicación, y por qué es tan importante para la cohesión de las comunidades humanas?

La foto de portada del diario *Expansión* del 2 de abril de 2008 muestra a Esperanza Aguirre, la presidenta de la Comunidad de Madrid, sentada durante un evento en el Centro Financiero de Madrid a la izquierda de Rodrigo Rato, ex director gerente del Fondo Monetario Internacional (FMI). Él sostiene la cabeza girada a su izquierda para decirle algo en voz baja al oído, y ella también mantiene la cabeza girada hacia el señor Rato, mirando al suelo con un gesto de preocupación. Esta foto es la instantánea de algo que hacemos todos muchas veces al día: compartir información de modo informal mediante una combinación de lenguaje verbal y señales corporales que indican un cierto grado de complicidad.

Sólo con ver la foto le queda claro a cualquiera que ambos se conocen de antes, y que lo que se están contando no es algo que contarían a los demás. Lo menos importante de un rumor es su contenido informativo. Lo que realmente influye en el vínculo interpersonal es el conjunto de señales emotivas que lo acompañan, y son precisamente estos mensajes emocionales lo que hacen del rumor algo tan adictivo para la especie humana.

Recibir un chisme o un cotilleo de parte de otra persona contiene muchas implicaciones emocionales que cimentan el vínculo entre ambos. Para empezar, el hecho de compartir información ya nos envía la señal de que estamos incluidos dentro de una categoría de personas más cercanas y más valoradas por el emisor del rumor. Cuanto más delicada y confidencial sea la información, más intimidad hemos necesitado tener con él o ella para ser dignos de recibir el mensaje.

El mensaje viene además acompañado de gestos, posturas corporales, modulaciones del tono de voz y anécdotas o adjetivos y expresiones coloridas que transmiten un auténtico poema sobre cómo se siente nuestro amigo mientras mantiene la conversación privada con nosotros, cómo se ha levantado esa mañana y qué le preocupa en aquel momento. Todos intuimos claramente de qué humor está nuestro marido o nuestra esposa en función de las señales que acompañan a la pregunta acerca de cómo ha ido la jornada. Y reaccionamos en dicha conversación en función de las emociones que nos han sido transmitidas a través de la anécdota, el chisme o el chiste elegido.

Por último, el rumor contiene la actitud emocional del emisor sobre el objeto de la información. De modo que podemos emplear un rumor para empatizar o antagonizar rápidamente con nuevos conocidos. Tomemos como ejemplo una conversación en un taxi de Madrid un día cualquiera.

– Pero ¡qué tráfico hay a las once de la mañana en la Castellana! ¿Es que la gente no tiene que trabajar? –dice el cliente, impaciente en su carrera hacia la oficina de su abogado.
– Ya ve usted. Y más parados que va a haber con el impresentable que nos gobierna; no hay más que ver las cifras del paro que han salido hoy en la prensa –le contesta el estresado taxista.

En este breve intercambio entre dos desconocidos en la jungla cosmopolita de la capital ya le ha lanzado uno al otro un chisme o rumor para sondear cómo se posiciona al respecto. Si el cliente contesta con algo así como «sí, es terrible; hay que ver la poca vergüenza que tienen algunos», está sintonizándose con la opinión del taxista sobre el gobernante en cuestión. Esto permite que el primero pueda seguir emitiendo sus opiniones al respecto, adornadas aquí y allá de datos o ejemplos que fundamenten su aversión al personaje aludido.

Si por el contrario el cliente resulta ser un fiel defensor del político aludido, es posible que no conteste nada y recurra a breves y antisépticos monosílabos durante todo el recorrido, o que decida enfrentarse al taxista con un posicionamiento opuesto mediante un «bueno, la prensa cuenta sólo lo que le conviene; estoy seguro de que el gobierno tiene poco que ver».

Ninguna cámara oculta en ese taxi podría aclarar con esta conversación de cuánto paro se está hablando, quién es el gobernante impresentable y qué gana exactamente la prensa con la noticia, pero sí queda muy claro para todos si estas dos personas se entienden y quieren seguir interactuando o si, por el contrario, se han caído fatal.

En realidad, ninguno de los dos sería capaz de repetir las cifras exactas del paro sobre las que tanto comentan y opinan. El dato exacto es mucho menos relevante que sus emociones al respecto.

La rumorología es el medio de comunicación más potente y más difícil de gestionar dentro de cualquier organización, puesto que es imposible de mapear o gestionar de ningún modo, y porque es esclava de las emociones compartidas en la organización. Cuanto más nerviosismo hay entre los empleados de una compañía o entre los analistas de un mercado financiero, más rumores exagerados surgen con interpretaciones poco factibles de eventos y noticias comunicadas oficialmente.

Es decir, el volumen de rumores en circulación es proporcional al nivel de excitación colectiva, tanto para lo bueno como para lo malo. No sólo la cantidad de rumores aumenta con la temperatura ambiente, sino que también lo hacen la exageración y la emocionalidad contenida en cada anécdota o historieta.

Y si alguno de ustedes ha jugado al juego de los disparates de pequeños, ha visto lo fácil que es transformar un mensaje original al hacerlo pasar por una cadena de personas. Cada nodo de la cadena ha entendido una fracción de lo que le estaban contando, y ha completado el resto con sus propios ingredientes, de modo que el mensaje que llega al final de la cadena raramente tiene algo que ver con el original.

Además se observa que cuanto más emocionante es un rumor, más rápido circula, como demostración de la expresión «las malas noticias vuelan». En una sede corporativa de 500 personas circulan muchos rumores sobre lo que ha dicho el director general en tal reunión o lo que le respondió el señor Pérez a su jefe en mitad del pasillo. Pero si ha sido sorprendida alguna pareja de directivos imitando a los bonobos para cimentar sus vínculos mediante una buena ración de sexo creativo, este rumor corre como la pólvora por absolutamente todos los rincones de la sede.

Al cabo de tres o cuatro días no queda literalmente nadie que no haya oído la historia. Y lo que es más, ésta ha sido adornada con detalles calientes e incluso se han ensalzado o denigrado las cualidades de sus protagonistas, puesto que cada empleado que tiene la oportunidad de captar la atención colectiva alrededor de la máquina del café, la aprovecha para añadir toda la emocionalidad de la que es capaz, aunque ello suponga exagerar un poquito por aquí y rellenar otro poquito por allá.

Ronald Burt, profesor de la Universidad de Chicago, ha investigado profundamente el fenómeno de los rumores y reunido las conclusiones de otros estudiosos en sus diversos libros sobre el impacto de la rumorología en la generación de confianza en los grupos sociales.

Burt explica por qué las conversaciones informales tienen tal impacto que la gente olvida que su contenido no es objetivo. La gente cotillea para gestionar sus vínculos sociales más que para informarse, por lo que la información obtenida se considera un subproducto no intencionado que no tiene por qué estar sesgado.

Además, sus estudios demuestran que las personas se quedan con los datos y las anécdotas que subrayan lo que ya opinan sobre un tercero, todo ello agravado por el hecho de que no hay un estándar oficial con el que contrastar el rumor oído. Confrontados con una decisión ambigua, la mayoría de nosotros imitará las opiniones y los comportamientos de la mayoría.

3.9. Reputación

De modo que en los últimos doscientos mil años de sofisticación social, refinamiento de nuestras costumbres y modernización de nuestros hábitos vitales, el rumor sigue siendo el rey de nuestro entorno cotidiano, la sal de nuestro trabajo y el principal mecanismo de conexión que posibilita que establezcamos y mantengamos relaciones a nuestro alrededor.

Pero además el rumor es el factor más crítico en la construcción de algo que todos luchamos por proteger y cultivar: nuestra reputación.

La reputación es uno de esos conceptos indefinibles que describen atributos emocionales, obedecen a leyes más o menos racionales que rara vez se plantea el directivo de forma explícita, y afectan de modo especialmente importante a la percepción que aquél tiene de su propia valía, así como la que tienen sus equivalentes.

Suponga que un periodista se ha interesado por usted y quiere publicar un reportaje en una revista o periódico determinado. Tras ir a visitarle a sus oficinas y hacerle muchas preguntas sobre su carrera profesional, sus éxitos, sus valores y creencias, le pide permiso para hacer averiguaciones sobre usted entre sus compañeros de oficina.

Imagine además que usted le sonríe confiado y le dice que, por supuesto, enviará un correo electrónico a todos anunciándoles que el periodista se pondrá en contacto con ellos para hacerles preguntas sobre usted. En ese momento, embriagado por el placer de tener a un periodista sumamente interesado en sus ideas y sus éxitos, usted piensa en los nombres y las caras de aquellos compañeros que corroborarán su versión de los hechos narrados, y que añadirán más colores y matices favorecedores al relato.

Sin embargo, unas semanas más tarde el periodista le avisa de que por un cambio de prioridades en la dirección del periódico, tendrán que cambiar el artículo, y que ahora saldrá usted junto con otros directivos de empresas competidoras. En lugar de escribir todo un artículo sobre usted, el periodista pondrá un foto suya con un breve párrafo de cinco líneas para describir su personalidad y su talento.

Intente escribir en su cuaderno o en una hoja lo que diría ese párrafo de cinco a diez líneas.

Ahora reflexione sobre las siguientes preguntas:

- ¿Hasta qué punto está seguro de que lo que acaba de escribir es lo que pondría el periodista?
- ¿Qué razones se le ocurren para justificar posibles diferencias entre su versión y la del periodista?
- ¿Cómo se ha construido la reputación descrita en esas cinco líneas?

Al hacer este ejercicio con los directivos de grandes multinacionales, y plantearles estas preguntas, la mayoría suele responder a la tercera pregunta con un contundente «por los hechos».

Y aunque aparentemente, y según la lógica más elemental esto parece cierto, la verdad es que NO lo es. La reputación de un directivo en la empresa en que trabaja tiene menos que ver con los hechos que con lo que se percibe de esos hechos.

Se trata de uno de los mecanismos de orden social que desarrollamos para mantener la cohesión de grupos humanos de tamaño mayor al número de Dunbar, que influye de manera importante en la selección de aliados que hace cada uno para acometer nuevos proyectos o aventuras, porque aporta una garantía comunitaria sobre la fiabilidad y la seriedad de cada posible aliado. La amenaza de bochorno público sirve para promover el respeto a los compromisos y las normas consideradas apropiadas por la comunidad.

Es lo que ocurre con las listas de morosos, por ejemplo. La mayoría de los empresarios con dificultades económicas acaba pagando sus deudas cuando se plantea una amenaza real de ser incluido en los registros públicos de morosos, puesto que esto les dificultaría hacer negocios en el futuro con los miembros de esa comunidad.

La reputación es el comportamiento esperado de una persona con la que se establece una relación o colaboración. También se puede definir como la imagen pública de un individuo en una comunidad, una definición que contiene la noción de evaluación o juicio de dicha comunidad hacia el individuo en cuestión.

La información objetiva sobre los hechos no circula con la misma velocidad e intensidad que la información sesgada, porque lo objetivo no contiene emociones, ni hace sentir sobresaltos tan intensos y placenteros como la versión del cotilleo.

Esta verdad innegable, tristemente ignorada o infravalorada por muchos directivos, es la que finalmente moldea la opinión que los demás se hacen de ellos, lo cual influye también en la evaluación que verbalizan cuando se les consulta. Piense en el ex presidente estadounidense Bill Clinton. ¿Qué es lo primero que le viene a la cabeza?

Sería interesante sondear a los lectores de este libro para ver cuántos contestan con palabras como «despacho oval», «Lewinsky», «mujeriego» y otras variaciones al respecto. Y sería aún más gráfico pedir a esos emisores de opinión que dijeran lo que saben realmente sobre la presidencia de Clinton.

Y eso es lo realmente grave del fenómeno de creación de una reputación: que todo el mundo puede emitir un juicio sobre un individuo mencionado en una conversación, sin que importe el nivel de conocimiento que tenga. Con el gesto de levantar los ojos al cielo ya se está evaluando a la persona en un foro en el que esa persona no está. Y todos los rumores cuentan. Cada uno de ellos es un pequeño píxel de color que contribuye a dibujar la fotografía compartida del individuo.

Para que usted tenga una reputación en un colectivo, es necesario que éste tenga fronteras definidas y relevantes. De hecho, puede tener varias reputaciones si es miembro de varias comunidades o redes que no se comunican entre sí. Su empresa, su familia, su gimnasio, su asociación profesional, sus compañeros de universidad, todos esos colectivos presentan una cierta cohesión en sus estructuras que garantiza que la información circula sin diluirse ni perderse por el camino.

Por ello usted puede tener una reputación distinta en cada una de ellas. Sin embargo, a menos que sea una figura pública, es difícil que tenga una reputación en Madrid o en Barcelona. Al principio de su carrera profesional no es usted nadie, pero a medida que acumula éxitos y años de relaciones en un mismo sector «se le empieza a conocer» porque su nombre suena en múltiples conversaciones, asociándole a historias buenas y malas.

Así es como cada chisme contribuye a fomentar su reputación, porque un mismo miembro de la empresa le ve a usted de vez en cuando, ve su nombre en el organigrama, lo ve de nuevo asociado a tal o cual proyecto, y lo oye en conversaciones públicas y privadas en la cafetería, asociado a adjetivos y calificativos que no dependen de usted, sino de la persona que está hablando en ese momento.

La interpretación que hace un colectivo de los hechos puede variar enormemente, como lo demuestran los medios de comunicación, por ejemplo. La misma noticia se disocia en varias versiones completamente diferentes según la corriente ideológica y las afinidades políticas de cada medio.

Y aquí está la clave del éxito de un rumor: en lo emocionante que sea. Por ello, las interpretaciones exageradas, coloridas y llenas de juicios positivos o de insultos son las que más se propagan en la organización, porque son –como lo describe Malcolm Gladwell en su libro *The tipping point*– pegajosas.

Por tanto, lo que usted hace sólo se conoce e interesa a la comunidad extendida de sus compañeros en la medida en que alguien lo teatraliza, tanto para lo positivo como para lo negativo. En otras palabras, los hechos, sintiéndolo mucho, no hablan por sí solos.

Ahora bien, en un gimnasio o un club de golf, cabe imaginar que no hay intereses políticos ni alianzas de poder influyendo sobre la rumorología, a menos que sea usted uno de los que compiten por el liderazgo. Los directores generales de muchas empresas pasean libremente por sus lugares de ocio sin preocuparse de lo que se dirá porque viven en un maravilloso anonimato profesional, y acaban siendo Fernandos o Pepitos simpáticos, que van a clase de *spinning* y siempre tienen prisa, o que se limitan a leer el periódico mientras pedalean apáticamente en la bici estática. De hecho, es probable que ni siquiera se hable de ellos.

Asimismo, si uno de ellos decide cambiar de trabajo, tendrá la gran ventaja de empezar a construir una nueva reputación prácticamente desde cero en la nueva empresa, puesto que nadie allí recuerda sus errores o vergüenzas del pasado, pero también se enfrenta al inconveniente de ser un desconocido a prueba hasta que la comunidad haya podido compartir comentarios y observaciones suficientes para formular una reputación que ayude a cada uno a decidir cómo quiere interactuar con él.

Al mismo tiempo, dentro de sus empresas, o de sus familias, donde compiten con sus equivalentes por liderar, o por sacar adelante su visión de lo que se debe hacer, se convierten en foco de una gran parte de los cotilleos que circulan por el grueso de la comunidad.

Los partidarios del director general transmitirán historias favorecedoras, que ensalzan sus éxitos y les atribuyen cualidades de líder, mientras que sus opositores enmarcarán sus narraciones de los mismos hechos con adjetivos despreciativos y juicios despectivos que tiñan su reputación de negro.

Ron Burt demostró en uno de sus estudios que cuando una persona oye un comentario sobre algo o alguien conocido, se lo cree si coincide con lo que piensa, y no se lo cree si no es así. Lo que cree y piensa se ha construido con el conjunto de informaciones que ha recibido previamente, por lo que su capacidad de rechazar un rumor falso disminuye en función de su cercanía con el objeto del rumor.

De todo esto se deduce una idea consustancial al propósito de este libro e importante para su carrera profesional. El grueso de los compañeros que trabajan en su empresa tienen un conocimiento superficial de usted, por lo que son presa fácil de rumores falsos. Sólo las personas que han interactuado personalmente con usted pueden rechazar un rumor falso o inexacto, o llegar a rebatirlo y enjuiciar al mensajero que lo transmite. Son los únicos cuya opinión se alimenta de la fuente directa, con mayor seguridad y ganas de defenderle según tengan más trato o lleven más tiempo trabajando con usted.

El directivo que posee redes más extensas y mejor cuidadas tiene un medio de comunicación a su servicio, un altavoz encargado de hacer circular anécdotas y comentarios favorecedores sobre él y sus hechos a quien quiera escucharlas y preparado para oponerse públicamente a aquellos que le critiquen.

En la formación y evolución de la reputación personal se producen todo tipo de fenómenos curiosos que merecerían nuestra atención, pero para los efectos del debate que aquí nos interesa, basta con recalcar dos ideas más:

- La reputación es un concepto que abarca el medio y el largo plazo. La buena reputación de mañana se construye con los rumores buenos que circulan hoy, y la reputación de hoy se ha cimentado sobre lo que se dijo ayer.
- La reputación es contagiosa. No sólo influye el «dime con quién andas y te diré quién eres», sino que el logo de una empresa en su tarjeta de visita junto a su nombre y título profesional también le aportan matices que influyen en la imagen que de usted se hacen los demás.

3.10. Pegajosidad y punto crítico

La pegajosidad y el punto crítico son las dos características comunes a la mayoría de redes reales que habíamos dejado de lado para tratar las especificidades del contexto humano, pero son también muy interesantes, y completamente relevantes para nuestro propósito.

El término de «pegajosidad» fue ideado por el ya citado Malcolm Gladwell, que determinó en su libro los tres factores que permitían a un fenómeno local convertirse en una epidemia de grandes proporciones.

El primer factor era el papel que jugaban los conectores, que describiremos más adelante (vea el capítulo 8); el segundo factor era el propio contexto, el cual creaba conjuntos de circunstancias en momentos críticos que favorecían especialmente la transmisión, y el tercer factor era la pegajosidad del mensaje, virus o lo que fuese que estaba circulando.

La pegajosidad es un término gráfico que expresa la facilidad de transmisión que tiene un cierto rumor o mensaje, de modo que llega a muchas más personas más deprisa. Éste es el efecto que suelen perseguir los eslóganes publicitarios, como la expresión «va a ser que no» de un conocido anuncio de hace unos años, o como han conseguido algunas canciones veraniegas como la *Macarena* o el *Aserejé*.

La pegajosidad de los rumores que circulen sobre usted y sus triunfos será el factor determinante del poder de dichos rumores. Si sus anécdotas son emocionantes, serán más pegajosas porque provocarán emociones intensas en el que cuenta el cotilleo y en el que lo escucha, y esto hará que el rumor sobre usted corra más deprisa y llegue a más gente.

La pegajosidad también se puede aplicar a la personalidad del directivo, lo que lleva a la conclusión de que una personalidad pegadiza y divertida consigue atraer muchos más contactos que otras personalidades.

Los investigadores de redes también han encontrado el factor de pegajosidad en sus estudios, aunque lo han llamado de otras maneras. Laszlo Barabasi lo denomina *fitness*, que significa nivel de salud o capacidad física, y lo define como la habilidad de un nodo para atraer las conexiones de otros nodos.

Los modelos tradicionales de redes que primero asumieron que todos los nodos eran iguales, con el mismo número medio de conexiones, se quedaron cortos al observar que la mayoría de redes eran redes libres de estándares, es decir que solía haber unos pocos nodos con muchas más conexiones que los demás.

Pero aun en ese modelo, los investigadores seguían asumiendo que todos los nodos eran parecidos y que lo que hacía que unos tuviesen muchas más conexiones que los demás era su longevidad en la red. Los que llevaban más tiempo habían tenido más oportunidades de conexión.

Sin embargo, en contextos competitivos, como es claramente el contexto social, el *fitness* o capacidad de atracción de cada nodo le da una clara ventaja. Esto es lo que explica que pequeñas empresas desconocidas se conviertan de un día para otro en líderes de sus mercados, por delante de otras que tradicionalmente los dominaban: su capacidad de atracción es mayor porque su producto o servicio atrae a más clientes.

La competencia entre nodos por atraer conexiones es uno de los mecanismos fundamentales que se encuentra en toda la naturaleza. Las células compiten entre sí por establecer conexiones, los machos compiten entre sí para relacionarse con el máximo número de hembras en muchas especies, y las empresas compiten entre sí para conectar con el máximo número de clientes.

La pegajosidad de un nodo, y de un directivo, depende, por un lado, del contenido del nodo y, por otro, de lo bien que ese nodo se sepa vender. Cuanto mejor sea el contenido de un nodo, su servicio, su producto o sus ideas, más conexiones atraerá.

La pegajosidad que no se basa en el contenido, sino sólo en la venta o la comunicación del mismo, es lo que se identifica habitualmente con el oportunismo o trepismo social. Es cierto que da para hacer un cierto recorrido, e incluso hay algunos directivos que basan toda su carrera profesional exclusivamente en esta habilidad para hacer y deshacer en conversaciones de pasillo, sin preocuparse por cultivar sus propias ideas y, en ocasiones, tirando de algún «esclavo» oculto que haga su trabajo.

Pero los que juegan con mayor ventaja son los directivos que ofrecen un talento innovador y diferente, y que además saben comunicarlo de un modo pegadizo.

La otra característica que merece la pena analizar es el punto crítico de las redes. El punto crítico es lo que Gladwell denominó *The tipping point*, y se corresponde con los cambios de fase en los gases, o las transiciones en los imanes.

Es un punto en el que ya se han alineado tantos componentes de la red, que el líquido se convierte en sólido, ciertos metales se vuelven superconductores y el agua rompe a hervir. Es el punto a partir del cual una innovación impacta a toda una sociedad.

El punto crítico es el que separa al orden del desorden, de modo que cuando un material o un conjunto de elementos que se estaban moviendo y conectando de modo caótico llega al punto crítico, empieza a obedecer lo que se denominan leyes exponenciales. Si metemos agua en el congelador, observaremos que antes de congelarse hay pequeños trocitos de hielo flotando en líquido, hasta que más tarde se llega al sólido cristalizado que introducimos en nuestra copa.

Una ley exponencial se diferencia fundamentalmente porque su distribución asigna muchos recursos a unos pocos. Es el principio de Paretto ya comentado, y que solemos aplicar para explicar muchas situaciones de negocio. Buscamos el 20 % de factores que explica el 80 % de los resultados.

En el caso de los átomos de un compuesto que va a cambiar de fase, a ciertas temperaturas la forma de conectar de esos átomos cambia, de modo que ahora la mayoría quiere conectarse a unos pocos cúmulos de átomos.

Si las leyes exponenciales anuncian la llegada de la organización y estructuración en los materiales, y el punto crítico es la marca que designa el límite entre el caos y el orden en nuestro universo, no es sorprendente que también influya profundamente en el comportamiento humano.

Y es que, para poner orden en una sociedad, para estructurarla y dotarla de leyes, principios e ideas comunes, hay que pasar por las redes de unos pocos. Esas redes se van enriqueciendo y aumentando de tamaño hasta que llega un punto en el que para seguir avanzando tienen que pactar y ponerse de acuerdo. Es así como los seres humanos pasamos de la anarquía al orden, produciendo de este modo los cambios y las innovaciones.

Si usted quiere transformar una organización, una ciudad o incluso el mundo entero, su estrategia es la misma que siguen los líquidos que quieren ser sólidos y los metales que quieren ser superconductores. Es juntar a otras personas a su alrededor que se alineen con su plan, y propiciar que los demás cúmulos o grupos generados alrededor de los otros innovadores se sincronicen con el suyo.

A partir de un número crítico de personas que apoyan esa innovación, se desencadena la transformación espontánea del conjunto. Éste es el fenómeno que explica las dinámicas de las luchas de poder y de liderazgo que tanto han influido en la historia de la humanidad. Finalmente no somos tan originales como creíamos.

Sin embargo, puestos a analizar de qué están hechas las fuerzas que nos unen o separan, nuestra original sofisticación evolutiva ha dado lugar a la más compleja mezcla de elementos, compuestos difícilmente clasificables sólo desde la emoción ni como propiedad exclusiva del raciocinio.

Entrevista con Marina Specht, directora regional para la zona EMEA de MRM Worldwide

Marina Specht llegó a España hace más de veinte años sin más bagaje que ilusión, talento, muchas ganas de trabajar y algo de práctica en esto del *networking*. Desde entonces ha montado su propia empresa, negociado la fusión de su organización con una de las seis unidades de negocio del grupo McCann, y hoy es responsable máxima de la región EMEA para MRM Worldwide.

MRM Worlwide es la unidad de negocio con mayor crecimiento del grupo McCann, especializada en servicios de marketing directo, relacional y de comunicación interactiva. Es reconocida como una de las empresas *top ten* de servicios integrados de marketing a nivel internacional, con presencia en 35 países y una lista de clientes de la talla de Microsoft, General Motors o Mastercard, entre otros.

En este reportaje Marina Specht describe el papel que ha desempeñado la gestión de contactos en su trayectoria profesional, y cómo ha contribuido también el gran motor de su existencia: «seguir aprendiendo; es la razón por la que hago todo lo que hago; según voy dominando un tema empiezo a aburrirme, y necesito moverme hacia algo nuevo», declara, sonriente.

Quizás uno de los rasgos más distintivos de la directiva es su condición de «inmigrante, y lo digo en el sentido más amplio y positivo del término», empieza. Nacida en Argentina, de padres alemanes, llegó a España el 24 de marzo de 1984, dispuesta a comerse el mundo.

«No conocía a nadie en Madrid. Había decidido cerrar el círculo empezado por mis padres, sólo que ellos habían partido de Berlín, y yo había vuelto a una ciudad cercana geográficamente, pero muy remota en aspectos culturales», recuerda.

Lanzarse a esta aventura, que otros considerarían casi kamikaze, fue un poco menos difícil para Marina: «Cuando te crías en un país que no es el de tu familia, creces en un entorno donde el *networking* es lo normal», aclara, recordando los años pasados en Argentina y Brasil con sus padres.

De hecho, la idea de viajar a Madrid fue una de esas oportunidades completamente imprevistas que marcan un camino diferente en la vida de quien se atreve a seguirlo. Specht tenía veinticuatro años, una *green card* para irse a trabajar a Estados Unidos, y la excusa de unas vacaciones para visitar el sur de España con su padre antes de dejarse llevar por la comodidad de una carrera a lo *yankee*.

Entre cenas y jornadas veraniegas, Marina se topó con profesionales del mundo de la comunicación en España que la hicieron dudar de sí misma. «Me decían que irme a Estados Unidos era un desperdicio de mi talento, de mis cinco idiomas y de mi perfil multicultural –Y continúa–: Hablaban de cómo España era el futuro. Quedaban dos años para que entrase en la Comunidad Europea, y todos creían que iba a despegar como nunca lo había hecho antes... Hoy sé que no se equivocaban. Las últimas dos décadas han traído una expansión económica sin precedentes a España, a pesar de las crisis.»

Sin embargo, su aterrizaje en la España de los años ochenta no fue, ni mucho menos, un camino de rosas. «Nadie hablaba inglés, ni había vivido fuera, y todos te miraban con una mezcla de curiosidad y prudencia si venías de un entorno cosmopolita o te comportabas de modo diferente –relata la inquieta empresaria–. El colegio es la cuna de lo que luego es la vida profesional, y yo no había ido al colegio ni a la universidad en España. Si no hubiese hecho *networking*, ¡estaría muerta!», exclama.

Marina estableció una relación simbiótica con la recién despertada «bella durmiente» nacional: «España era un mundo de oportunidades a punto de explotar, y yo tenía mucho que aportar gracias a mi *background* internacional y mi formación. A cambio de su acogida, he creado cientos de puestos de trabajo y aportado el fruto de mi trabajo a esta economía.»

Diez años después de su llegada, el *networking* de Marina se encaminó hacia nuevos horizontes. En la década de 1990 buscó la arena internacional, en la que sí encontró cimientos de la infancia. «Mis padres me habían enviado a un colegio en Gran Bretaña, y gracias a eso había entablado amistades duraderas con todo tipo de gente: la editora de uno de los mayores diarios de la India, o un alto cargo de Argelia, por ejemplo, además de otros muchos compañeros que habían alcanzando posiciones de poder en sus respectivos países a lo largo de los años», explica la directiva multicultural.

Y es que los españoles mostraban menos interés por *networkear* que los extranjeros: «Ellos ya tenían sus redes. Si nacían en la familia adecuada, ése era su *network*, y ya no tenían que hacer ningún esfuerzo, pero yo necesitaba crear mi red, y según mi carrera avanzaba, mi red se fue abriendo más y más a lo internacional», reflexiona la empresaria argentina.

Las crecientes oportunidades profesionales en el panorama internacional representaban un reclamo difícil de ignorar, pero no eran la única motivación de la empresaria. Marina destaca el aspecto de la contratación, diciendo que «es algo que siempre me ha dado mucha envidia de Londres. Chasqueas los dedos y al momento aparecen diez consultores multiculturales, un libanés, un indio y un canadiense... con experiencia en varios países, y disponibilidad para trabajar por proyecto como *freelance*. Pero en España me sigue costando, aún hoy, encontrar gente así. La preferencia por contratos fijos en este país y el escaso dominio del inglés, incluso hoy, hace que sea muy difícil encontrar a personas emprendedoras, capaces de llevar adelante proyectos internacionales desde España, lo cual es crucial para nosotros desde que entramos en el grupo McCann».

El estilo particular de Marina Specht a la hora de gestionar sus contactos se refleja en múltiples aspectos. Para empezar, ve cada cliente, cada empleado y cada proveedor como un contacto de su red profesional, e insiste en que «cada veinticuatro horas de mi vida son *networking*. Tanto de pequeña, viviendo en Argentina y Brasil, como ahora, en conferencias, reuniones, comidas, y con los horarios españoles, ¡te puedes encontrar haciendo *networking* a la una de la mañana!», exclama.

Cada etapa profesional ha requerido un nivel de implicación acorde con la dificultad y los retos del momento profesional. En los primeros diez años, Marina recuerda que «dedicaba hasta un 30 o 40 % de mi tiempo. Tenía que crear una estructura de profesionales a mi alrededor, montar una cartera de clientes, conocer e interactuar con mis homólogos en el mercado... ¡había tanto que hacer!».

Luego su actividad de gestión de redes se fue reduciendo progresivamente, hasta ocupar menos del 10 % de su tiempo. «Llega un momento en el que ya tienes tu base armada porque ya conoces a gran parte de tu industria, los gurús, los consultores especializados... y los demás te conocen y saben dónde buscarte.»

Pero hace ya un par de años que esto ha cambiado de nuevo para Specht. «Asumir la responsabilidad de la región EMEA de MRM Worldwide ha supuesto una nueva expansión del mundo relevante para mi trabajo: más de 900 personas a mi cargo y 23 oficinas en mercados tan importantes como Reino Unido, Francia y Alemania», lo cual implica nuevas redes de clientes, proveedores y profesionales que requieren la atención de Marina, empujándola a seleccionar y consolidar las relaciones clave para los resultados de MRM Worldwide. Además de consumir cuatro días fuera de casa a la semana.

«Cultivar relaciones exige dedicarles tiempo y dejar una buena huella. Pase lo que pase en cada experiencia, sea el que sea el contexto que te ha tocado vivir, es importante dejar una huella constructiva.» La directiva insiste en que «la vida puede darte otra oportunidad para retomar la relación en otro contexto en cualquier momento».

Según su experiencia, «el arte de hacer *networking* requiere ser capaz de crear un *win-win* en el tiempo, y esto también afecta a lo emocional: compartir, descubrir la forma de ser del otro, aportar valor, y saber ser paciente, por ejemplo».

Para ella lo más importante es «invertir sin esperar nada a cambio: vas plantando semillitas, ayudando, tirando cabos, y luego empieza a haber retornos, pero tienes que practicarlo muchas veces. No es inmediato», afirma.

En cuanto a estilos personales, dice que «yo soy muy de dejar las cosas fluir; supongo que es mi lado femenino, pero me dejo llevar por mi corazón y mi intuición. Nunca sabes por dónde se va a producir una experiencia interesante en una relación que acaba de nacer».

En palabras de la empresaria, «ésta es la magia del *networking*. Hay una parte previsible y otra completamente imprevisible. Reaparece alguien en tu vida justo cuando lo necesitas sin que lo hayas buscado. No todo tiene un ROI».

Marina Specht aconseja «buscar a buenos profesionales y a buenas personas. Cuanto mayor me hago, más importante me parece la segunda parte. Tiene que haber una plataforma común de valores».

La cultura también juega un papel preponderante en el establecimiento de relaciones humanas, y la experta en comunicación destaca la gran diferencia existente entre las sociedades anglosajonas y las latinas, lo cual influye directamente en los resultados de la gestión de redes de cada uno.

«En Estados Unidos y Reino Unido tienen una sociedad civil más desarrollada porque poseen un espíritu de comunidad muy fuerte que empieza con la educación escolar. –Y lo ilustra con un ejemplo–: Si te mudas a una nueva casa en esas sociedades, o llegas a un nuevo trabajo, acuden a tu puerta diez personas a darte la bienvenida e invitarte a relacionarte con ellos u ofrecerte ayuda si necesitas cualquier cosa.»

Este espíritu de colaboración y responsabilidad de servicio hacia la comunidad facilita mucho los esfuerzos de *networking* de cualquier recién llegado, lo cual no ocurre en las sociedades latinas. Y como extranjera adoptada, Marina no puede dejar de sorprenderse de los protocolos existentes en España alrededor de fiestas y eventos.

«Llevo veinte años aquí, mis hijos han nacido aquí y estoy enamorada del país, pero me sigue sorprendiendo que si montas una cena en tu casa, e invitas a amigos y compañeros, lo normal sea que el 80 % no te conteste para decirte si viene o no. –Y añade–: ¡Esto es impensable en otros países! Aunque luego, una vez que vienen, los españoles son divinos, entrañables y mucho más generosos con sus recursos que otros.»

Este protocolo también se refleja en el mundo profesional, en el que una vez que se han recibido confirmaciones formales de asistencia a eventos y conferencias, se suele partir del criterio generalizado de que no aparecerán más del 50 % de los que han confirmado su asistencia.

Por otro lado, Marina cree que desde hace cinco o seis años la tecnología ha hecho saltar por los aires el modelo tradicional de *networking*. «Internet, asociaciones virtuales como Linked In, o motores de búsqueda como Google permiten que estemos todos más conectados, y que en pocos días puedas conseguir información y acceso que en los años ochenta y noventa te costaba meses o semanas de trabajo e incluso tener que recurrir a influencias en algunos casos.»

Specht recuerda que intentar encontrar a la gente que más sabía de una tecnología determinada suponía meses de búsqueda de información en medios especializados, mucho *networking* en cócteles, y la memoria de un elefante para acabar encontrando a la persona y el modo de llegar hasta ella. «¡Era primitivo! Hoy lo *googleas*, o lo encuentras en una red virtual. Puedes acceder a la información con mucha más facilidad; otra cosa es que lo conviertas en una relación.» Insiste en que lo que ha cambiado es la parte operativa, pero «no es profundo ni duradero».

Esta vitalista concluye con su visión particular de la figura del inmigrante, afirmando que «cualquiera que ha abandonado voluntariamente su hogar para ir en busca de otro mundo es un soñador, un valiente y un ferviente optimista que se mueve y *networkea* para crear un entorno nuevo y valioso para todos».

Marina Specht ha dedicado su vida a hacer precisamente eso: aprender, crear valor y acortar distancias entre culturas, materializando, con cada gestión y cada nuevo contacto, su aportación personal al mundo. Es una más entre tantos inmigrantes que han moldeado la historia de la humanidad con su ilusión por lo desconocido y, por supuesto, con sus *networks*.

4

El fondo de la gestión de contactos

4.1. Los componentes básicos del vínculo personal

Cada vínculo personal entre dos individuos es como una receta a medida, en la que se han definido conjuntamente las cantidades y las proporciones de los siguientes ingredientes básicos.

4.1.1. Poder

Uno de los académicos que más ha escrito sobre el poder y la influencia en España es José Luis Álvarez. En su libro *La gestión del poder*, define éste como la capacidad de hacer cosas, situándolo en el contexto organizacional como «el potencial de movilizar la energía de las personas de forma que su comportamiento se encamine a realizar aquello que queremos».

El poder es como una bolsa de canicas. Uno puede pedir favores y movilizar a los demás en función del número de canicas que tenga. Pero no por ello las gasta todas. Es un recurso potencial que tiene más o menos valor según el contexto social. El CEO de una gran corporación no tiene más que chasquear los dedos para que acudan en su ayuda casi todos los integrantes de la empresa. Y seguramente ni siquiera le pedirán una canica.

Pero el mismo CEO intentando coger un taxi en el centro de una gran ciudad puede chasquear los dedos todo lo que quiera y bailar un fandango, porque los taxistas no saben quién es y no le atribuyen *a priori* poder alguno. Peor aún, si hay muchos más directivos como él intentando coger un taxi, el poder está del lado de los taxistas.

En un vínculo se establece rápidamente un balance de poder. Este balance marca la relación para siempre, y puede ir desde dominación total de una de las partes ha igualdad total entre ambas.

Si no se define quién tiene más poder, uno no sabe cómo comportarse, qué libertades puede tomarse ni cuántos riesgos existen. Un matrimonio, una relación entre jefe y subordinado, una familia, incluso un colectivo reunido en una casa del programa *Gran hermano*, todos ellos interactúan hasta establecer quién manda, y cuando eso queda claro, todos se comportan de modo acorde.

4.1.2. Influencia

Otro componente confuso, la influencia, se define como el ejercicio del poder. Es el hecho de sacar una canica de la bolsa y ofrecérsela a alguien a cambio de un favor.

El que tiene mayor poder en la relación tiene automáticamente más capacidad para influenciar al otro, afectar sus actos, sus opiniones y sus visiones de la vida. Un niño ejerce influencia sobre sus padres porque ellos lo adoran. Por una sonrisa se pueden pasar treinta minutos haciendo monerías y ruiditos ridículos. También puede ejercer influencia porque ellos temen lo que pueda hacer. La amenaza de que el niño se pase toda la noche llorando o monte un escándalo en un lugar público puede ser suficiente para que los padres hagan lo que el niño desea.

Aunque las palabras «poder» e «influencia» ponen nerviosos a muchos, lo cierto es que están presentes en absolutamente todas las relaciones que uno tiene con los demás.

4.1.3. Dependencia

La dependencia se define como la necesidad de algo o de alguien para conseguir un objetivo. A nadie le gusta pensar que «depende» de los demás, pero de nuevo la dependencia es intrínseca a nuestra forma de organizar la sociedad.

La distribución de funciones en una empresa hace que unos necesiten de otros para poder desempeñar su trabajo. El reparto de recursos y de bienes en una sociedad hace que unos necesiten de otros para resolver sus problemas cotidianos.

Es muy difícil llevar una existencia en la que uno no dependa absolutamente de nadie. Tal vez en una isla desierta, pero incluso ahí seguiría dependiendo de la provisión de agua dulce y de la disponibilidad de alimento para sobrevivir.

La dependencia se asienta en un vínculo en la misma medida en que éste se refuerza. Cuanto más cercano es un socio o un amigo, más tiramos de él para nuestros objetivos profesionales o nuestro bienestar personal. En consecuencia, acabamos acostumbrándonos a su disponibilidad, y renunciar a él o ella supone un coste.

Existen todos los tonos de gris en este componente. Desde el inválido total que depende completamente de su cuidador para sobrevivir hasta los amigos íntimos que viven en puntos opuestos del mundo, por lo que sólo se requieren para ocasiones especiales o necesidades muy poco frecuentes.

Aquí es donde encajan los intereses de las relaciones, puesto que el interés es precisamente la voluntad de aprovechar el recurso ofrecido por otro para conseguir los fines propios. Nace de la necesidad de ese recurso, y es francamente difícil encontrar relaciones humanas desinteresadas.

4.1.4. Miedo

El miedo es la percepción de una amenaza inminente, y en la medida en que uno se acomoda en una relación, aparece el miedo a perder dicha relación.

El miedo a perder cosas es un típico recurso de influencia, puesto que moviliza rápidamente a los demás. Se trata de un sentimiento de ansiedad, que se acrecienta en función de la gravedad de la posible pérdida y de lo probable que se perciba.

Representa un componente de las relaciones humanas delicado y a menudo se halla escondido detrás de máscaras, pero está ahí, y es mejor admitirlo que ignorarlo.

4.1.5. Confianza

La confianza es el gran ingrediente de la mezcla, y el más reconocido, buscado y aceptado. Todos medimos intuitivamente la confianza que tenemos con los demás, y además es una dimensión popularmente discutida en casi todos los ámbitos de la vida humana.

La confianza de los inversores, la confianza de la opinión pública, la confianza que inspira una economía o un líder. Es un valor buscado y ensalzado porque genera lo contrario del miedo o de la ansiedad. Genera seguridad.

Existen muchas formas de definir la confianza, pero de momento nos quedaremos con la siguiente: cuando uno confía en un tercero, le otorga libremente el poder de influir en sus actos y sus pensamientos.

Esta definición muestra que la confianza es sólo una forma más de leer el poder y la influencia. Se trata de un concepto que equivale al opuesto del miedo, puesto que cuando uno teme a un tercero está obligado a acatar su influencia porque depende de él.

Se podría decir que cada uno de estos componentes de las relaciones humanas son como las cinco caras de una viga pentagonal que se extiende entre una y otra parte de la relación. La viga empieza siendo muy fina y endeble cuando ambas personas apenas se conocen, y coge fuerza y robustez a medida que se cimenta la relación. Según por la cara donde se mire esa viga, se ve la confianza, el miedo, la influencia, el poder o la dependencia. En realidad, los únicos que conocen la medida exacta de cada cara del pentágono son los dos individuos, aunque lo sepan de un modo intuitivo imposible de explicitar.

4.2. Generación de confianza

La confianza es, a la vez, una expectativa, una creencia, una sensación de certitud y una voluntad. Envuelve cada transacción o interacción de nuestras vidas desde el principio hasta el final, y por ello es tan confusa en ocasiones.

Es una expectativa porque cuando confiamos en alguien esperamos que sea digno de ella. No imaginamos traiciones, decepciones o fallos, sino que restringimos nuestro espectro de lo que puede pasar a la parte positiva.

Es una creencia porque elegimos creer que la otra persona es fiable, que cumplirá lo que promete, aunque creer esto no nos dé ninguna garantía. De hecho hay veces que seguimos creyendo en la fiabilidad de una persona aunque haya datos y hechos que lo contradigan, porque esta creencia filtra nuestra percepción de los mismos, de modo que los datos y hechos que pongan en duda la fiabilidad no nos llegan.

Es una sensación de certitud que nos incita a actuar, a contar secretos, a asumir riesgos sin pensarlo. Sentimos la seguridad de que la otra persona va a hacer lo mejor para nosotros y sentimos como improbable y hasta imposible que pueda hacer algo en perjuicio nuestro.

Por todo ello, la confianza es también una voluntad de actuación. Se trata de una elección que uno hace en un momento dado, y que determina cómo se siente, cómo filtra la información que le llega y lo que espera como posibles resultados. Cuando uno decide confiar en otra persona empieza a mostrar sus secretos y vulnerabilidades, asumiendo el riesgo de que esa persona los utilice, porque ha decidido creer que no lo hará.

La confianza es, pues, uno de esos misterios que no acabamos de explicar racionalmente, pero que intervienen en prácticamente todo lo que hacemos. En particular, la confianza es el misterio que facilita que ocurran cosas, y sin ella, la información no fluye, las transacciones no se cierran y el dinero nunca llega.

Sin confianza no hay vida. Pura y simplemente. Ahora bien, ¿cómo se genera la confianza? ¿Por qué algunos parecen confiar rápidamente en los demás y otros tardan tanto en hacerlo?

La confianza se aprende fundamentalmente de los padres. El bebé humano nace en una situación de completa dependencia de sus padres, necesitando que ellos se ocupen de su higiene, su alimentación, su bienestar físico y también de sus necesidades afectivas.

El bebé busca a su madre y reconoce su voz antes que cualquier otra cosa. Sus primeros meses transcurren en una especie de simbiosis entre la madre y el hijo en la que se ha pasado de la unión total de la fase del embarazo a una fase de separación orgánica, que los obliga a buscarse a todas horas para estar juntos.

El crecimiento y la progresiva madurez del niño requiere que explore espacios cada vez más alejados de sus padres, preparándolo para una vida adulta independiente, y durante ese largo proceso de preparación cada una de las interacciones que el niño y el adolescente mantiene con las personas de su entorno influye en su confianza.

Algunos autores conocen esta confianza en los padres como la confianza perfecta. Es la confianza que no conoce la posibilidad de la decepción o la traición, y es la que todo niño experimenta hacia sus padres por instinto o sencillamente por condicionamientos genéticos.

La adolescencia suele estar marcada por el descubrimiento de que los padres no son perfectos, sino que son humanos, y en ese momento cuando la mayoría de los niños aprenden lo que se llama confianza alimentada, es decir la confianza que sí es rompible, que necesita alimento y cuidado para sobrevivir.

El establecimiento de amistades en el colegio, los escarceos amorosos de la juventud y las desilusiones sociales y amorosas que tanto marcan esta difícil etapa son cruciales en el aprendizaje relacional de cada individuo, de modo que todas estas experiencias impondrán matices y detalles a los grandes principios aprendidos y mimetizados de los padres.

Si éstos no han sido consistentes en su afectividad hacia su hijo, o se han mostrado poco fiables con él, es probable que el niño aprenda a desconfiar muy pronto en la vida, y que como adulto tienda más hacia la desconfianza que a la confianza.

La confianza alimentada es aquella que el adulto establece voluntariamente, sabiendo que puede ser traicionada en cualquier momento, y que requiere ser alimentada por ambos lados para perdurar.

El modelo que aparece en la siguiente página permite ilustrar cómo se genera la confianza con otra persona a lo largo del tiempo. Se distinguen tres fases. En el primer encuentro uno calcula cuánta confianza puede otorgar inicialmente al otro, basándose en su experiencia pasada, en las impresiones que le transmite la conversación, pero también en función de parámetros completamente subjetivos, como puede ser el parecido físico con un familiar muy querido, o gestos y risas parecidas a las de otra persona. Es decir, que en esta primera fase se hace una apuesta de confianza, que permite empezar a intercambiar información y poner recursos a disposición del otro.

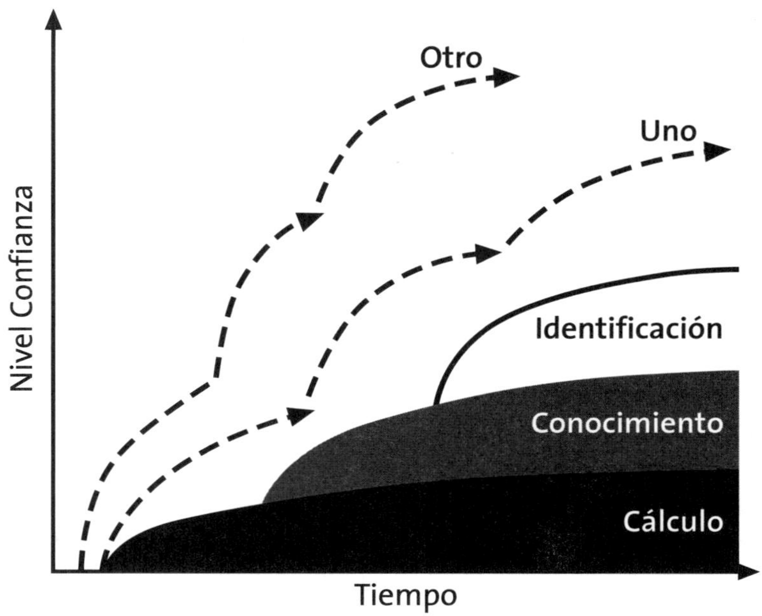

A medida que se sigue interactuando con la persona, ya sea porque se coincide en la oficina o en eventos lúdicos, se habla por teléfono y se intercambian correos electrónicos, se pasa a una segunda fase de confianza, que ya está basada en el conocimiento. Se dispone de un inventario de experiencias vividas de primera mano en las que se ha visto cómo se comporta la otra persona, por lo que ahora se confía en ella porque se la conoce.

Hay relaciones que no llegan a cuajar, y suelen ser muy pocas las que pasan a la siguiente fase de identificación. En esta fase las dos personas ya no necesitan hablar para entenderse. Sienten seguridad, complicidad y se consideran iguales.

Lo interesante de este modelo no es sólo que la confianza aumenta de forma continuada, sino que se producen saltos cualitativos a lo largo de la relación. Pero también muestra que la curva de cada persona es diferente. Mientras que algunas personas llegan más pronto a la identificación, otras necesitan más tiempo, más información y más interacciones, y hay gente que ni siquiera llega a este nivel.

Estas preferencias personales por confiar antes o después en los demás son las que aprendemos de nuestros padres, de los valores de nuestra sociedad, y que finalmente influyen en nuestras experiencias pasadas.

Los niños tienden a confiar espontáneamente en los demás, hasta que aprenden a tener cuidado por recomendación de sus mayores. Aprenden que no deben hablar con desconocidos, que los perros que ladran no muerden, que si piensan mal acertarán, que la gente de tal tipo no es de fiar, y un largo etcétera de creencias y excepciones que imponen cautela y les invitan a esperar y averiguar más antes de confiar.

De modo que cada uno ha recopilado a lo largo de su vida una serie de señales de atención y de tranquilidad que le incitan a entregar antes o después su confianza. A ninguno nos gusta que nos metan prisa por confiar en un nuevo conocido, y si nos insisten es probable que nos sintamos agobiados y rechacemos el contacto hasta nuevo aviso.

Curiosamente la mayoría de nosotros tiene prisa porque los demás confíen en él, y no se para a digerir los filtros, las señales y el tiempo que la otra persona necesita para sentirse cómoda. Prestar atención a esto es esencial si uno quiere establecer vínculos de confianza con los demás, puesto que dos no pueden si uno no quiere.

4.2.1. Ejercicio para entender la dimensión de la confianza

El siguiente ejercicio le ayudará a darse cuenta de cómo fluye la confianza a su alrededor. Escoja a cinco personas de su entorno laboral –las cinco que se sienten más cerca de usted, por ejemplo– y ponga sus nombres en la tabla que aparece en la página siguiente.

Ahora asigne una puntuación entre 1 y 10 según el nivel de confianza que ha logrado generar con ellos, pero hágalo en los dos sentidos. En la columna de «Puntos dados» puntúe la confianza que tiene usted en cada uno, y en la de «Puntos recibidos» valore la confianza que cree que cada uno tiene en usted.

Escriba en las otras dos columnas los comportamientos, los hechos y las anécdotas que obstaculizan la generación de confianza con cada colega, y los que la facilitan.

Nombre	Puntos dados	Puntos recibidos	Obstaculizadores	Facilitadores

Finalmente reflexione sobre cuáles de los comportamientos obstaculizadores expresa usted sin darse cuenta, y cuáles son los comportamientos facilitadores que le ayudarán a sembrar confianza.

4.3. Tipos de confianza

Cuanto más etéreo es un concepto, más literatura se encuentra sobre ello, y realmente la cantidad de opiniones y clasificaciones existentes sobre la confianza es impresionante.

Sandro Costaldo, de la Universidad de Bocconi, publicó un informe en 2003 que efectuaba una síntesis bastante completa de los distintos modos en los que se estudia la confianza. Según este autor, la mayoría de las clasificaciones existentes se basa en los siguientes criterios:

- Cuál es el objeto de confianza. Si se confía en organizaciones, en objetos, en personas o en otras entidades.
- Cuál es el contenido de la confianza, donde se comparan los antecedentes sobre los que se basa.
- Cuál es la calidad y la consistencia de la confianza, que se definen en rangos que van desde frágil hasta completa.

Existen todo tipo de distinciones, pero a efectos de la gestión de contactos la que más nos ayuda es la distinción, ya introducida en el capítulo 2, entre confianza cognitiva o conceptual y confianza afectiva o emocional.

Para empezar, es una clasificación sencilla que se puede comprender de modo bastante intuitivo. El enfoque cognitivo se fundamenta en creencias racionales e intelectuales sobre la coherencia entre lo que el individuo promete y lo que hace después; mientras que el enfoque afectivo se basa más en sentimientos espontáneos y poderosos contra los cuales la razón tiene poco que hacer.

Algunos autores defienden que la confianza es un mecanismo adaptativo que se ha mostrado fundamental en la supervivencia de los mamíferos, que actúa a través de mecanismos arcaicos del hipotálamo y del sistema límbico.

Es decir, que la confianza existía antes de que apareciese el neocórtex y que, por tanto, tiene raíces instintivas que se observan también en otras especies de mamíferos, como los caballos, los perros y los delfines, con los cuales el hombre a menudo siente que existe un vínculo imposible de explicar racionalmente.

Los defensores de la terapia con animales emplean a delfines y caballos para ayudar a niños autistas o con deficiencias sociales a superar sus limitaciones relacionales, mientras que, por otra parte, muchos dueños están convencidos de que sus mascotas los entienden.

En el caso de los mamíferos sí se observa una tendencia al contagio de emociones, que hace que los perros se parezcan a sus dueños, y que los hogares con ambientes de ansiedad o violencia tiendan a influir en sus mascotas... y en sus pobres vecinos.

Si lo que une a los animales entre sí –que hace, por ejemplo, que los delfines cacen en grupo y sean capaces de sacrificar la seguridad de todos para salvar a uno de sus miembros–, se llame o no confianza es otro debate, pero hay quien argumenta que la confianza apareció como mecanismo de supervivencia con los mamíferos, que por primera vez en la evolución llevaban dentro a sus crías y al nacer las protegían en lugar de comérselas.

Por último, interesa también distinguir diversos términos relacionados con la confianza que suelen ser mal comprendidos, como la diferencia entre la desconfianza y la ausencia de confianza.

- Ausencia de confianza. Actitud neutral que uno experimenta ante alguien que no conoce o con quien no ha tenido interacciones.
- Inocencia. Cuando uno confía sin saber que existe la traición, lo cual hacen los niños, o ignorando deliberadamente el riesgo de traición, en el caso de los adultos.
- Confianza alimentada o precavida. Es la confianza que admite y asume el riesgo de decepción.
- Traición. Es el acto deliberado de violar la confianza pactada con otro. Algunos consideran el mero hecho de pensar en la posibilidad como traición de pensamiento.
- Desconfianza. Se define por la existencia de prejuicios que imposibilitan todo acercamiento futuro. Puede aparecer cuando se ha producido una traición entre dos individuos, pero también está detrás de la mayoría de casos de racismo y discriminaciones.
- Miedo. Representa un grado extremo de desconfianza hacia una persona, que se produce ante la amenaza de una gran pérdida, ya sea por robo o violencia.

4.3.1. Ejercicio sobre los filtros personales a la confianza

En este ejercicio se le invita a reflexionar sobre los filtros que influyen en su curva de confianza, ya sea para retrasarla o adelantarla. Escriba el nombre de las tres personas que más confianza le generan, y describa en dos líneas cómo es cada una.

- Nombre 1:
- Nombre 2:
- Nombre 3:

Ahora escriba el nombre de las tres personas que menos confianza le provocan, y de nuevo descríbalas en dos líneas.

- Nombre1:
- Nombre 2:
- Nombre 3:

Lea las descripciones que acaba de escribir y seleccione características físicas, psíquicas y de otros tipos que aparezcan repetidas entre las personas en las que confía y en aquellas en las que desconfía.

Intente rellenar la tabla de la página siguiente con los elementos y las características que facilitan que usted confíe a nivel cognitivo en alguien, y aquellos que obstaculicen su confianza. Emplee los elementos aparecidos en las listas de nombres anteriores para motivar la reflexión, pero complete la lista con otras ideas que le vengan a la mente.

	Cognitivo	Emocional
Facilitadores		
Obstaculizadores		

4.4. Todo depende de su confianza en usted mismo

Según se ha comentado, la confianza se aprende inicialmente de los padres, o de los adultos que hayan estado a cargo del bebé, y se sigue adaptando y modificando a lo largo de toda la vida del adulto.

Aunque los patrones y las creencias fijados durante la niñez tienen una influencia muy importante, el resto de experiencias que uno vive proporcionan flexibilidad y abren el abanico de actitudes confiadoras que uno está dispuesto a poner en juego.

Sin embargo, en la gestión de contactos se observa el enorme impacto que tiene esta secuencia sobre la personalidad y el potencial de éxito profesional, personal y social de un directivo. Se produce a través de la interpretación que hace el directivo de la ley de reciprocidad.

La gran mayoría de los adultos se encuentran en un punto intermedio localizado entre dos extremos teóricos. Un extremo es la dependencia total, y el otro, la antidependencia total. En el punto medio equidistante entre ambos extremos se encuentra la independencia, donde se produce una percepción transparente y real del intercambio de valor que se produce en las relaciones.

El extremo de dependencia total convierte a un adulto en un niño que se cuelga del cuello de todos los que pasan a su lado, o se «engancha» a una o varias adicciones para poder funcionar. Es típico de personas que han vivido eventos traumáticos llenos de injusticia, y que buscan la reparación o compensación en los demás, aunque el problema es que los demás no pueden compensarle ni devolverle lo que perdió.

El extremo de antidependencia se manifiesta en adultos muy solitarios que valoran su autosuficiencia por encima de cualquier otra cosa, y que no se permiten pedir ni depender de nada ni de nadie. Esto se da en casos de grave traición de los padres hacia sus hijos, incluyendo el abandono intencional y la violencia.

En los extremos la autoconfianza del individuo es muy baja. Tanto que o pide mucho más de lo que da para intentar llenar ese hueco de alguna forma, o bien se crea una armadura que le impide aceptar ayuda porque siente una culpabilidad profunda que le hace indigno de ella, o en sus propias palabras, está por encima de la necesidad. No necesita y no acepta.

Como la mayoría de los directivos se encuentran ligeramente a la derecha o a la izquierda del punto medio, tienden a aceptar más de lo que dan o a dar más de lo que reciben, y esto se manifiesta en la naturaleza de sus redes profesionales y personales.

Si se siente frustrado con alguien que no le compensa por lo mucho que usted le ha ayudado en el pasado, puede significar una de estas dos cosas.

- Que es usted quien tiene sucias sus lentes de medida de la reciprocidad. Necesita recibir más de lo que da y es, por tanto, usted quien no quiere ver las ayudas que la otra persona le da. Es usted un poco dependiente, por lo que tiene que trabajar sobre su aceptación de las traiciones y «mala suerte» del pasado.
- Que usted ve la realidad tal y como es y es esa persona la que no valora lo que usted aporta porque necesita tanto para llenar su vacío que no hay suficientes favores en el mundo para compensarle lo que se le quitó.

Y si da mucho más de lo que recibe y no está frustrado, seguramente es que tiende usted a ser un poco antidependiente, sintiéndose incómodo cuando se le ayuda y necesitando dar más para sentirse bien. En este caso convendría aprender a aceptar cosas. Es muy difícil sentirse realmente cercano de alguien que no se deja ayudar nunca y se muestra siempre perfecto.

Cualquiera que sea el lugar donde se sitúe en este espectro de matices, reflexione sobre ello e intente acercarse lo más posible al ideal independiente, que sabe pasar de compartir profundamente con otros a darles libertad total cuando hace falta. El independiente sabe buscarse la vida, pero también está cómodo con recibir y con dar. Su lectura de la ley de la reciprocidad es nítida, y sus redes generan valor y construyen grandes cosas a su alrededor.

4.5. La inteligencia emocional de las redes

La inteligencia emocional se define como la capacidad de una persona para medir y gestionar sus propias emociones y las de los demás. Esto supone:

- La capacidad de observarse a sí mismo y de leer objetivamente lo que se está sintiendo.
- El arte de gestionar las propias emociones para proporcionar la reacción más efectiva.
- La lectura de las emociones de los demás, lo cual incluye entender los contextos políticos complejos.
- La capacidad de influir en el contexto político en general, y las emociones de algunos en particular, para conseguir un resultado esperado.

El término empezó a ser mencionado en los trabajos de Wayne Payne, Greenspan, Salovey y Mayers, hasta convertirse en el título del conocido *bestseller* de Goleman publicado en 1995.

Puesto que la gestión de contactos actúa directamente sobre emociones y percepciones tan enraizadas como la confianza, se adivina que un buen gestor de contactos debe forzosamente tener un coeficiente de inteligencia emocional bastante alto, puesto que logra aplacar sus miedos y comunicar extraordinariamente bien sus ideas. Empatiza con extraños, es creativo a la hora de conectar a personas e ideas entre sí, asume riesgos y gestiona conflictos. Todo ello sin perder de vista la foto global de lo que está ocurriendo en la red amplia en la que opera.

El marco de competencias más extendido es el que recoge la página web de Elconsortium, basado sobre todo en los trabajos de Daniel Goleman, que se publicaron en su libro *Trabajando con inteligencia emocional*.

4.5.1. Autoconocimiento

- **Conciencia emocional.** La capacidad del individuo para reconocer sus propias emociones le ayuda a escoger las ocasiones de *networking* en las que debe actuar, diferenciar cuándo su impulso de hablar o de enviar un correo electrónico está producido por emociones equivocadas, ser consciente de cómo le impactan las gestiones y comentarios de los demás en directo, y por ello tiene capacidad de adaptación inmediata, de forma que aprovecha la situación en el momento en lugar de tener que esperar a la próxima ocasión.

- **Autodiagnóstico fiel.** Es la exactitud con la que el individuo se evalúa a sí mismo, su disposición para aceptar y acatar críticas constructivas, la fidelidad de su visión sobre sus debilidades. Influye en su gestión de contactos porque su mayor honestidad consigo mismo le ayuda a plantearse retos asequibles, y adaptar mejor sus fortalezas y debilidades a los primeros encuentros. Al evaluarse con objetividad, tiene presente qué tipo de personas conectarán con él y cuáles lo verán inferior o poco interesante. Su planificación será más realista y asequible, y por tanto el rendimiento general de su gestión de contactos será mayor.
- **Autoconfianza.** Lejos de actitudes prepotentes o excesivamente altivas, la autoconfianza se refleja en la naturalidad con la que el individuo se comporta. El directivo que está a gusto consigo mismo exhibe buen sentido del humor frente a sus defectos y gana aliados precisamente por su honestidad. Además, el directivo que confía en su propia valía da libertad total a sus contactos para quedarse o para irse, lo cual es la mejor forma de fidelizarlos.

4.5.2. Gestión y motivación de uno mismo

- **Autocontrol.** Esta competencia se refiere a la capacidad del directivo para controlar sus impulsos y reacciones poco estratégicas, y es clave en la gestión de contactos. Entre las situaciones que se pueden poner como ejemplos, se puede incluir desde superar la pereza para acudir a eventos y comidas de negocios hasta vencer el cansancio, dominar la impaciencia y la irritabilidad con la gente difícil, o evitar accesos de rabia frente a los órdagos y las tácticas agresivas de búsqueda de poder a los que todos nos vemos expuestos.

- **Confiabilidad.** El *walk the talk*, que significa practicar lo que se predica, alude a la integridad y la coherencia del individuo. Claramente una personalidad sustentada en valores coherentes, y demostrada con hechos y palabras, además de rumores y chismes circunstanciales, es un añadido estimable para la gestión de contactos.
- **Responsabilización.** Se refiere a la voluntad de hacerse responsable del rendimiento propio, lo que se traduce en la lectura correcta de lo que ha funcionado bien y menos bien en las interacciones con los demás. Precisamente los buenos gestores de contactos suelen hablar mucho de la suerte, aunque nunca se han sentado a esperar que llegase sola. La voluntad de coger el toro del propio destino por los cuernos es claramente el primer paso para empezar a *redear*.
- **Adaptabilidad.** La flexibilidad ante los cambios e imprevistos del entorno es la sal de la vida del gestor de contactos. Desde su habilidad para mostrarse con diferentes facetas en función de lo que hace que su interlocutor se sienta más cómodo hasta la aceptación de los rechazos y una reacción rápida ante un plan de *networking* que no funciona. La adaptabilidad es la habilidad de la supervivencia y del éxito por excelencia, ha distinguido a las especies ganadoras de las perdedoras en el concurso de la evolución, y sigue siendo la que lleva a unos al éxito mientras ignora a aquellos que no saben incorporarla en sus vidas.
- **Innovación.** La creatividad en la gestión de contactos es clave, puesto que una mente creativa pone en contacto a personas y proyectos que a primera vista no encajan. La capacidad de crear productos, servicios e ideas nuevos y diferentes es la mejor manera de atraer contactos, visibilidad y oportunidades.
- **Perseverancia en los objetivos.** La capacidad de motivarse por la sola idea de haber alcanzado el reto planteado es también funda-

mental para que el gestor encuentre el tiempo necesario para dedicar a sus redes y sus contactos.

- **Compromiso.** La persona que sabe convertir sus objetivos en los objetivos de su organización o marco social y viceversa obtiene el máximo compromiso de sus esfuerzos, lo cual redunda directamente en el rendimiento de su gestión de contactos. Un error típico a evitar es un plan de *networking* cuyos objetivos no acompañan, o incluso a veces, van en contra de los objetivos del contexto social o la organización en la que se está *redeando*. El compromiso con un fin, un ideal, una empresa, un bando de poder es fundamental para aprovechar las energías y los esfuerzos de otros, y lograr mejores resultados de cada interacción o gestión.
- **Iniciativa.** El desparpajo y las ganas de salir a correr son una ventaja evidente en la gestión de contactos. La capacidad de vencer los miedos escénicos y de atreverse a pedir un favor o hablar con alguien que nos parece inabordable abre más oportunidades y proporciona sorpresas agradables de vez en cuando.
- **Optimismo.** El directivo que ve el vaso medio lleno se desanima mucho menos que los demás, y esto se nota en su forma de andar, en el tono de su voz y en la pasión con la que defiende sus planteamientos frente a contactos y colegas. Pero además no es sólo eso, sino que el optimismo y la fuerza frente a los retos pueden ser precisamente atractores de atención. Cuando las cosas se ponen difíciles, hay gente que aúna sus fuerzas para enfrentarse a ellas, y algunos los buscan para sentirse más fuertes a su lado.

4.5.3. *Lectura del contexto social*

- **Empatía.** Es la capacidad de sentir lo que está sintiendo otra persona. Se trata de una habilidad crítica para establecer un flujo de comunicación ya en las primeras conversaciones, pero también para intuir cuándo conviene contactar a la persona de nuevo y cómo hacerlo a lo largo de todo el desarrollo del vínculo. También contribuye a tener la percepción de qué es lo que preocupa a los contactos, lo cual permite serles de más ayuda.

- **Orientación hacia el servicio.** Esta competencia habla por sí sola. Saber anticipar y reconocer las necesidades y las preocupaciones de los contactos es el núcleo de una buena gestión de contactos.
- **Búsqueda de la diversidad.** Esta cuestión ya se ha debatido en el capítulo 2, al analizar lo ventajoso que es para una red incorporar a personas diferentes. La búsqueda de la diversidad supone también una mejor adaptación a los protocolos y las costumbres de diferentes países o empresas, y es fundamental para el éxito de las interacciones.
- **Lectura de las emociones del contexto.** El buen gestor de contactos se caracteriza por tener una imagen completa de las redes que lo rodean. Sabe quién se lleva bien con quién y por qué, y conoce qué tecla hay que tocar para influir en los resultados de los debates y las tomas de decisión. Uno aprende a interpretar un contexto social a través de lo que le cuentan los demás, y mediante su propia observación, pudiendo después adaptar sus propias gestiones y su elección de los aliados a las oportunidades que le ofrece dicho contexto.

4.5.4. Gestión del contexto social

Todas las habilidades anteriores forman parte de las competencias de la gestión social, por lo que este apartado relacionado con el marco de competencias de la inteligencia emocional está integrado por las habilidades más claramente relacionadas con el *networking*.

Aquí se incluyen la influencia, la comunicación, la capacidad de liderazgo, la gestión del cambio, la gestión del conflicto, la construcción de vínculos, la colaboración y cooperación y el trabajo en equipo.

De estas competencias o habilidades se trata exhaustivamente a lo largo del libro, por lo que no merece la pena darles más vueltas en este apartado, salvo en lo que respecta al liderazgo y el trabajo en equipo.

El liderazgo se refiere a la capacidad del directivo para inspirar a otros y hacerse seguir por ellos, y aunque ser fuente de inspiración no está al alcance de todos, transmitir confianza y consolidar a personas diversas alrededor de un esfuerzo común sí es un objetivo de *networking* frecuente y muy valioso.

Por otro lado, el trabajo en equipo puede considerarse como el desarrollo de una red de contactos pequeña y estrecha que no puede crecer. En este caso el desarrollo sólo puede centrarse en generar los máximos niveles de confianza posibles.

4.6. Diagnóstico y gestión de la inteligencia emocional

El cuadro de competencias incorporado al contexto específico del *networking* le permite hacerse una idea de cómo está usted en cada momento y enfocar una parte de su plan a desarrollar entre una y tres competencias específicas que mejoren su gestión de contactos.

Para ello se incluye el cuadro de la página siguiente, en el que se han recogido todas las competencias descritas, y donde debe rellenar dos columnas. En la primera se ha de puntuar usted entre 1 y 5, siendo 5 el nivel de máximo rendimiento y 1 el de mínima capacidad.

En la otra columna debe usted pensar en los objetivos actuales de su gestión de contactos, y seleccionar las competencias que tienen mayor peso en la consecución de estos objetivos. Para ello se le recomienda elegir las cinco que le parezcan más importantes, y asignarles un puesto en un ránking de A a E.

Su cuadro debe mostrar una relevancia máxima para la competencia que reciba la A, luego la competencia B, y así hasta E.

Nombre	Competencias de Inteligencia Emocional	Nivel	Relevancia
Auto conocimiento	Auto conocimiento		
	Auto diagnóstico		
	Auto confianza		
Gestión y motivación de uno mismo	Auto control		
	Confiabilidad		
	Responsabilización		
	Adaptabilidad		
	Innovación		
	Perseverancia en los objetivos		
	Compromiso		
	Iniciativa		
	Optimismo		
Lectura del contexto social	Empatía		
	Orientación al servicio		
	Búsqueda de la diversidad		
	Lectura de las emociones del contexto		
Gestión del contexto social	Influencia		
	Comunicación		
	Liderazgo		
	Gestión del cambio		
	Gestión del conflicto		
	Construcción de vínculos		
	Colaboracón y cooperación		
	Trabajo en equipo		

Después, mirando exclusivamente las competencias que han sido marcadas con una letra en el ránking de relevancia frente a sus objetivos, y constatando el nivel actual de rendimiento que tiene usted, escoja las tres competencias que debe desarrollar en prioridad.

Conviene que haga este ejercicio cada tres meses, puesto que en la evolución de su red, los resultados que se desprendan de sus gestiones impondrán mayor relevancia en unas competencias y quitarán importancia a otras, por lo que conviene que adapte su plan de desarrollo de competencias emocionales a los cambiantes objetivos estratégicos de su gestión de contactos.

Entrevista con Javier Loizaga, presidente de Mercapital

Creada en 1986, Mercapital es una de las firmas más respetadas en la industria española del llamado *private equity*, o, en español, capital inversión. En los últimos veinte años ha invertido más de 1.400 millones de euros de capital en operaciones de *buyout* en el *mid-market*, aplicando su particular gestión «activa» a empresas presentes en la mente de todos: Barón de Ley, COPE, Parques Reunidos, García Baquero, Bodegas LAN, Occidental Hoteles, KA Internacional o Record Go son sólo algunas de las marcas que la entidad ha seleccionado, potenciado económicamente y gestionado hasta la optimización de sus activos.

Apasionado por el arte de exprimir el máximo valor de cada activo empresarial, Javier Loizaga explica la evolución de la gestión de relaciones personales en un negocio en el que conocer a la persona indicada en el momento adecuado puede representar la llave del éxito.

«Históricamente, el llamado *proprietary deal flow* ha sido la palanca crítica de poder de este negocio», empieza el inversor. El modelo de inversión en *private equity* exigía que sus socios tuviesen amigos distribuidos entre múltiples empresas del tejido industrial, de modo que el primero en sentarse a negociar con cada una de ellas era el que se llevaba el gato al agua.

El flujo de oportunidades de inversión era literalmente la *propiedad* del fondo cuyos socios mejor se movían en los campos de golf, más risas arrancaban en cacerías, y más percebes se comían con los decisores de grupos familiares y los propietarios de empresas apetecibles.

Loizaga explica que lo primero que hacía un fondo cuando se interesaba por una posible empresa era activar los vínculos personales de su red para conseguir una especie de «exclusiva» del estudio, es decir, ser el único que hacía la valoración y la negociación de la operación final. La ausencia de competidores garantizaba que el fondo podría conseguir mejores condiciones al cierre de la inversión.

Lejos de ser un fenómeno puramente español, este modelo de relación fue el soporte principal del nacimiento y maduración del capital inversión a nivel global, aunque España haya seguido funcionando de esta manera algún tiempo más que el resto de Europa.

Sin embargo, el presidente de Mercapital es tajante cuando afirma: «Esto se ha acabado. Llevamos cinco años diciéndolo, y cada vez está más claro. La estrategia de *networking* de los fondos de *private equity* tiene que enfocarse de otro modo.».

La maduración del mercado económico español, así como la sofisticación del sector del capital riesgo, han tenido cierto peso en el cambio, pero para Loizaga, «ha habido un cambio generacional determinante», puesto que «los que están ahora en posiciones de poder empresarial hablan idiomas, han vivido fuera, y han sido educados con la visión de que las compañías son activos a maximizar. No tienen nada que ver con la generación anterior».

Mercapital destacó en las deácdas de 1980 y 1990 por ser el fondo con más oportunidades de inversión, o el mejor *deal-flow*, puesto que su padre, José María Loizaga, había propulsado una actividad frenética de *networking* y actividad comercial a nivel nacional. Javier recuerda que «decíamos que había que saber dónde estaba Huelva para hacer *private equity* en España, y nosotros llevábamos años recorriéndonos todos los rincones del país».

Eran el fondo con el mejor acceso de la industria, y esto era suficiente para enterarse de todo, recibir todas las oportunidades interesantes antes que los demás y, por supuesto, negociar con la ventaja de ser el único en el lado inversor de la mesa.

Sin embargo, la nueva generación de *managers* españoles prefiere vender un activo que no se sienta con ganas o capacidades para optimizar que perder tiempo o dinero en hacer las cosas a medias, y, puestos a vender, también pretende maximizar sus resultados en la operación de venta.

Loizaga insiste en que «hoy, conocer a fulanito de una cacería ya no es una ventaja. Te puede servir para sentarte a la mesa de negociación, pero la élite directiva de hoy quiere buscar, comparar y encontrar al mejor comprador..., sea amigo de toda la vida o no».

«Ahora el *networking* social de tomarse gambas juntos ya no vale. Tienes que ser el mejor comprador, y el mejor comprador es siempre el que más sabe sobre lo que está comprando», afirma.

Por ello, el *networking* de captación de oportunidades del modelo de *private equity* ha pasado de capitalizar simplemente relaciones sociales que ya se tenían por familia o posición, y se ha reorientado a una gestión mucho más transaccional o que busca conseguir información de calidad por encima de todo.

«Si antes lo primero que hacías al considerar un *deal* era llamar al amigo que tenías en esa empresa, ahora es lo último que haces. Necesitas saber todo lo que puedas antes de hacer la primera llamada, porque seguro que no serás el único ofertando un precio», razona el directivo.

Pero ¿de donde sale la información? ¿Está disponible en las webs y otros documentos, o hay que buscarla en otra parte? Ante esto, Loizaga no se deja engatusar: «Vivimos inundados por información, pero los detalles relevantes no están *off the shelf*», en alusión a la expresión anglosajona que indica la venta por autoservicio.

Dichos detalles relevantes son esenciales para poder calcular el valor real de una empresa y medir el riesgo de la operación. «El que no tiene información puede subestimar el riesgo o equivocarse en la valoración del activo, condenando la operación al fracaso antes de empezar», explica el inversor.

La fijación del precio que el inversor está dispuesto a pagar depende de lo que él vea en los estados financieros del activo, pero también de lo que se sabe en la calle sobre la empresa ofertada o de lo que se cuchichea entre la plantilla sobre el estado real de una máquina supuestamente nueva y lo optimistas o pesimistas que son las previsiones de ventas preparadas para retocar a la bella en venta.

Quiénes son los competidores relevantes en un sector poco transparente, o cómo se defiende uno contra las crisis y las amenazas particulares de ese contexto, es el conocimiento acumulado que circula de boca en boca cuando se está dentro de un sector, pero que rara vez se pone por escrito.

Según explica Loizaga, «en el precio estás descontando muchas cosas, pero sobre todo el riesgo que percibes: cómo lo vives y cómo lo factorizas se refleja en el precio que pones, incluso cuando no compras. No comprar es poner precio cero».

«No se trata de pagar lo menos posible, sino de pagar lo que tu *business* plan y tus recursos de talento, conocimiento y financiación te permiten hacer», puntualiza.

Loizaga afirma que la información verdaderamente significativa «la tienen los buenos gestores; y no la regalan», lo cual justifica que él mismo dedique hasta el 20 o 30 % de su tiempo a conocer gestores de los sectores que interesan a Mercapital.

El mercado de inversión en capital riesgo empieza a premiar la especialización, a lo cual el fondo ha respondido con la consolidación del sector de *healthcare*, en primera prioridad, y con especial enfoque a la alimentación y distribución familiar con marca que ya le ha proporcionado éxitos en el pasado. Esto no hace sino acentuar la importancia de hacer *networking*, puesto que, en boca del director, «hay que peinar» estos sectores de modo proactivo, independientemente de que luego surjan oportunidades diversas en otras áreas.

Eso sí, «es un *networking* completamente distinto. Ya no se trata tanto de pasar tiempo menos significativo con abogados, banqueros y asesores en *cocktail parties*, sino que debes construir relaciones de confianza bilaterales. Para que un gestor te cuente algo delicado, tiene que percibir que está ganando algo también», explica el inversor.

Ahora bien, la pregunta del millón es cómo hace uno para identificar a los «buenos» gestores, y aquí Loizaga aplica su experiencia personal y el instinto de negocio desarrollado a lo largo de los años para personalizar su concepto de «bueno»: «Creo que un buen gestor es aquel que, además de tener éxito, tiene un poco de emprendedor, y ve en nosotros una posible ventana de oportunidad para lanzarse a una aventura más arriesgada.»

«Personalmente, considero que la comodidad con la que vivimos el riesgo es lo más importante en un gestor. Más que lo intelectual o la inteligencia emocional; todo esto es secundario. Lo que te diferencia es el carácter de tu voluntad, si eres un hombre de acción, o más bien de reflexión, o si estás mejor cuando estás en una lucha casi imposible de ganar... Entender cómo el gestor vive el riesgo es clave para filtrar y dar con la visión de la industria que más encaja con tu filosofía de inversión, conseguir la información más valiosa, y, por supuesto, para encontrar el talento que puedes necesitar en caso de cerrar una operación futura.»

Loizaga confiesa que encontrar a buenos gestores es como ir al cine, que obliga a uno a ver muchas películas para encontrar una realmente emocionante, pero que una vez que ha identificado a un gestor «bueno», y no olvidemos que «bueno» para Loizaga no tiene por qué coincidir con lo que los demás entendemos por el término, entonces coge el teléfono y dice: «Soy Javier Loizaga; trabajo en *private equity*, y me encantaría hablar contigo sobre tu industria.»

En efecto, el inversor no hace más que aplicar una vieja táctica de sobra conocida en el arte de hacer negocios, o de hacer la guerra, según se mire el escenario económico. Encontrar a los gestores cuya visión es la más afín con la del inversor y sus objetivos es determinante para conectarse a la red de rumores, favores e informaciones delicadas que circulan a través de los canales invisibles y accesibles sólo para los pesos pesados de cada empresa, cada industria, cada región.

Y, ciertamente, conseguir esta conexión tiene un precio que el experto en capital riesgo está dispuesto a pagar «para que confíen en mí; que establezcan una relación distinta conmigo, en la que ellos también tengan algo que ganar», aclara el *networker*.

Obviamente la información es sólo el principio de un complejo proceso de análisis, aproximación, negociación y decisión de compra. Javier explica que «las decisiones de inversión siempre se toman en un comité de inversión, en el que se busca un cierto consenso. El socio que propone y cierra la operación sigue siendo responsable a lo largo de toda la vida del proyecto, reportando a este comité».

Loizaga explica que lo más difícil de transmitir a sus propios equipos es «cómo juzgar a los gestores, no sólo antes de la operación, sino también durante toda la inversión. Las motivaciones de cada uno son muy diferentes y cambian con el tiempo, pero el factor individual que más afecta a un gestor es su motivación...; es todo un mundo aparte».

Resulta curioso escuchar de boca de un inversor, cuya profesión se tacha desde fuera como un mundo frío y numérico, que «creemos que las emociones sólo influyen en la vida personal, pero en los negocios también determinan muchísimo». El directivo afirma que las emociones juegan en el día a día de las decisiones, las reuniones de los comités de inversión, y la implantación de cambios estratégicos en empresas adquiridas, más cuanto menor es la información disponible.

«¡Es que a veces ni te enteras de lo que está sintiendo el director de la empresa en la que has invertido! Y sin embargo, tu trabajo es no sólo saberlo, sino intentar influir en ello para lograr maximizar el valor de la compañía», detalla el experimentado gestor de gestores.

Loizaga termina por retarnos con una particular reflexión social: «¿Quién merece ser dueño de una compañía? –pregunta, a la vez que ofrece su respuesta personal–: Las compañías infragestionadas son un pecado social, tanto para la sociedad como para el tejido industrial. El dueño de la compañía debe ser el que esté dispuesto a sacarle más valor, aunque tenga que dejarse la piel en el intento.»

Así concluye la visión del presidente de Mercapital, verdadero catalizador del mundo empresarial, cuyo *networking* cazador de información es sólo la semilla para cultivar relaciones de confianza con gestores expertos, y que selecciona activos empresariales para abonarlos con el talento y la financiación adecuados, con el fin de que puedan llegar a ser las más potentes fuentes de valor para su sociedad.

5

Lo que nos limita para ponernos a **redear**

5.1. Saberlo no basta

Todos sabemos que los contactos son importantes. Y todos escuchamos a gente que «presume de tener muchos contactos», o envidiamos la facilidad con la que los directivos de más éxito reciben promociones, ofertas envidiables de trabajo, invitaciones a fiestas y reuniones exclusivas a través de «sus contactos», pero no logramos dar con la diferencia entre sus contactos y los nuestros.

¿Se ha preguntado alguna vez qué parte de su éxito personal y profesional se debe a su inteligencia o sus conocimientos teóricos, y qué parte proviene de su red de contactos? ¿Cuál es la relación entre lo que ha conseguido en su carrera profesional y la gente a la que conoce? O dicho de otro modo, ¿cuál es la conexión entre lo que no ha conseguido y la gente que «no ha tenido la suerte» de conocer?

Aunque en los últimos sesenta años se ha escrito mucho sobre las redes de contactos y cómo explican el mundo, sigue sin haber un estudio científico exacto que nos demuestre con toda seguridad, y más allá de cualquier duda, la relación exacta entre el éxito profesional y una red de contactos adecuados.

Lo cierto es que es imposible demostrarlo científicamente, razón por la que necesita un estudio científico. La ciencia moderna se ha desarrollado sobre la premisa de aislar una serie de variables en un entorno cerrado, y jugar con ellas para ver lo que pasa dentro del mismo entorno. En su forma más sencilla, se estudia lo que pasa con una variable para sacar conclusiones. Es cierto que la informática nos permite jugar con cada vez más variables a la vez, pero esto supera con creces lo que nuestro cerebro es capaz de comprender.

Cualquier estudio sociológico o estadístico que pretendiese explicar las causas del éxito de unos y el no éxito de otros tendría que identificar y aislar tantas variables, que si esto fuese posible, tal vez no fuésemos capaces de sacar conclusiones.

Así que no. No existe una demostración irrefutable de que una buena gestión de contactos impulsa al directivo hacia sus objetivos y le acerca al éxito. Pero sí se puede decir que la amplia mayoría de los líderes y hombres de negocios de éxito que destacan en nuestra sociedad son excelentes gestores de contactos y cuentan con una red rica en talento, poder y potencial. Incluso hay dichos populares en todos los idiomas que lo afirman, como el castellano «el dinero llama al dinero».

Podríamos dedicar horas y horas a discutir sobre esta cuestión y no llegaríamos a nada demasiado convincente. Pero tenga cuidado. Las cuestiones sin respuesta son excelentes excusas para dejar los esfuerzos incómodos para mañana. Los «tengo que» se convierten en «debería» y luego se diluyen entre discusiones racionales a favor y en contra que nos agotan hasta el aburrimiento y que acabamos acallando mediante un desvío hacia otro problema más inmediato.

Tal vez por eso sigue usted leyendo este libro. Para ver si leyéndolo se acerca un poco más a un «debería» que no acaba de cuajar en acciones ni en resultados. Para ver si este libro le desvela un secreto mágico del conocimiento gurú que le impulse por fin a actuar.

Pero ningún conocimiento le va a movilizar a la acción. Los conocimientos y los secretos alimentan nuestra reflexión, pero no hacen que nos movamos por sí solos. Saber que nuestros contactos pueden ayudarnos a conseguir nuestros objetivos no basta. Imaginar que fulanito tiene más éxito profesional porque tuvo la suerte de nacer en tal círculo social, o soñar secretamente con lo divertido que sería ganarnos la vida haciendo lo que nos gusta mientras contamos los minutos que pasan hasta llegar al final de una jornada laboral que no nos satisface, no conducen a ningún cambio.

Es probable que haya usted acudido a algún seminario en el que se lo pasó de miedo, y descubrió grandes verdades sobre sí mismo aunque en realidad no le contaron nada nuevo. Pero al día siguiente le pareció menos difícil y más importante hacer un cambio en su rutina diaria. La misma decisión lógica a favor o en contra que se había planteado cientos de veces en el pasado sobre hacer algo de modo diferente se apoyó en una distribución emocional completamente diferente.

Los argumentos a favor del cambio eran más creíbles, tenían más ejemplos de éxito asociados y estaban más conectados con el incierto éxito que antes, mientras que los argumentos en contra se redujeron a críticas livianas y excusas sin sentido que ya no le convencían.

Es justamente en el terreno emocional donde se libra la batalla antes de llegar al cerebro lógico. Por ello muchos de ustedes, sabiendo que les convendría ocuparse un poco más de sus redes de contactos no han hecho nada hasta ahora. Porque la batalla se libra antes de que usted se haya dado cuenta. Engranajes de creencias heredadas pero inconscientes interactúan con asociaciones emocionales «de toda la vida» y con sus actitudes hacia sí mismo y hacia su futuro para teñir cualquier razonamiento consciente de emociones que configuran la respuesta final de la discusión lógica por la fuerza de arrastre que tienen.

De modo que saberlo no basta. Hay que sentirlo también. Cuestionarse las verdades absolutas que usted nunca ha dudado y provocarse a sí mismo para probar cosas nuevas que le aporten nuevas sensaciones.

Existen una serie de obstáculos que se repiten entre los directivos que no dedican suficiente tiempo a sus redes. Mientras lea sobre ellos, pregúntese a sí mismo de qué modo le afectan a usted, cuánto se las cree o en quién y dónde las ha observado. Puede que se sorprenda con lo que averigüe, y probablemente sienta más ganas todavía de seguir leyendo este libro.

5.2. Ya tenemos redes, aunque sean cómodas

Para quienes se dedican a labores comerciales, las redes de contactos son una clara prioridad en sus vidas, casi una necesidad absorbente que se come sus horas o sus días con voracidad, puesto que el objetivo primordial de vender más les obliga no sólo a estar pendientes de los clientes existentes, sino a dedicar esfuerzo, imaginación y mucha energía a visitar a prospectos e intentar convertirlos en clientes.

Los demás parecemos vivir en una nube de comodidad afectiva que nos protege de tener que exponernos a desconocidos demasiado a menudo, y que no nos enfrenta a silencios incómodos durante nuestras fiestas ni nos pone nerviosos planificando gestiones complejas de intereses ajenos.

Algunos incluso no recordamos la última vez que tuvimos que obligarnos a establecer nuevas relaciones porque nunca nos hemos mudado de ciudad, o porque fuimos siempre al mismo colegio y seguimos quedando a cenar con los mismos amigos que teníamos hace veinte años, y porque ya tenemos tantos compromisos con los familiares y los amigos que ya tenemos, que prácticamente deseamos que nos «despresenten» a gente. Ni se nos pasa por la cabeza dedicarle tiempo a un extraño.

Esto no sería un problema si los «no comerciales» no tuviésemos ningún objetivo ni necesidad en la vida. Pero la realidad es bien distinta.

Aclaremos dos cosas:

- Todos gestionamos contactos desde niños. El simple hecho de establecer amistades, de comentar el tiempo con el panadero o de elegir pareja son actividades cotidianas que hacemos de forma intuitiva porque es lo que hacen todos los demás, y porque vivimos en familias, pueblos, ciudades y países rodeados de gente, de modo que relacionarse con los demás forma parte de la vida, nos guste o no.
- Son raros los momentos en los que no aspiramos a nada más de lo que tenemos o somos. Pasamos de esforzarnos por aprobar y encajar entre los amigos del colegio a elegir la carrera universitaria que satisfaga a nuestros padres y buscar a la pareja que encaje con nuestra madre. Luego vienen niños, perros, hipotecas y otras complicaciones, y antes de que nos dé tiempo a analizar lo que está pasando tenemos un montón de compromisos de los que nos gustaría escaparnos de vez en cuando, y hay muchas otras cosas que empiezan a parecernos más interesantes que antes. Somos seres «deseantes». Deseamos una cosa hasta que la tenemos, y luego pasamos a soñar con otra nueva.

Pero la mayoría de nosotros hemos recibido a los contactos importantes de nuestra vida sin ningún esfuerzo. Han aparecido a nuestro alrededor hermanos, primos, compañeros del colegio, amigos que a su vez son hijos de los amigos de nuestros padres, y más personas que parecen haber aparecido en nuestras vidas por casualidad y que se han quedado porque estábamos cómodos con ellas.

Tal vez sí recordemos algunos esfuerzos, en especial en lo que se refiere a los primeros escarceos amorosos. Es el mejor ejemplo de gestión de contactos que aparece en la vida de prácticamente todo el mundo en los años adolescentes, puesto que en la adolescencia uno tiene que encontrar a una persona del sexo opuesto –lo cual supone un riesgo máximo a esa edad– con la que se sienta bien.

Las salidas nocturnas, los escarceos en clase y las cañas universitarias han sido los escenarios en el que todos nos hemos esforzado por caer bien a alguien, hemos sufrido rechazos por meter la pata o simplemente por no ser más altos o guapos o graciosos. Y hemos ido probando con unos y con otros –aunque algunos prueban mucho más que otros–, llevándonos alegrías y disgustos, hasta encontrar a alguien con quien no teníamos que hacer esfuerzos.

Haber perdido la costumbre de hacer esfuerzos por entrar en contacto con gente nueva es uno de los mayores obstáculos que limitan a los directivos hoy en día. Observe la diferencia entre los amigos que no se han cambiado de ciudad ni de amistades ni de nada más en toda su vida y compárelos con los amigos que sí han vivido fuera, o han ido de colegio en colegio siguiendo a sus padres por el mundo, o han cambiado de trabajo muchas veces. Los segundos suelen ser más abiertos a los desconocidos, tienen menos dificultad para hablar con extraños, tienen varios amigos y facetas vitales que no conocemos y que varían con el tiempo.

Poseen un músculo de gestión de contactos bien ejercitado, y lo usan a menudo. Los que no han tenido que salir nunca de su círculo social, en cambio, han perdido ese músculo y carecen de reflejos para ejercer la gestión de contactos, por lo que se les hace mucho más cuesta arriba cualquier acción de desarrollo de vínculos personales que no les venga regalada.

Un ejemplo algo extremo de este fenómeno, pero familiar para casi todos a través de amigos o incluso por haberlo sufrido personalmente, es lo que pasa después de una separación o un divorcio. Dicha circunstancia se está convirtiendo en un clásico momento en la vida adulta que exige volver a la difícil gestión de contactos amorosa, y precisamente porque lo que se busca es tan íntimo y comprometido, los riesgos asociados son mayores y los fracasos se viven con especial sufrimiento.

Algunos deciden volver con su pareja para no tener que lidiar con la nueva soledad y con tanto esfuerzo para encontrar buena compañía, y otros aguantan hasta que les resulta menos lastimoso presentarse solos en una fiesta de desconocidos, o se acostumbran a entablar conversación y proponer una salida a los compañeros del gimnasio. Y poco a poco, a medida que vuelven a entrenar su músculo gestor de contactos, les va resultando menos incómodo, y por ello más fácil.

Este obstáculo se supera con tesón, con una estrategia clara como motivación fuerte y con paciencia. El mal de amores sirve para ilustrar con exagerada claridad la dificultad que limita a la mayoría de directivos para cambiar o comenzar su gestión de contactos, pero es aplicable, con menor intensidad, a cualquiera de las aplicaciones de gestión de contactos que se han expuesto en la introducción. Como todo músculo, al empezar a usarlo irá notando que se pone en forma, y se preguntará cómo podía vivir a gusto estando tan acomodado en su viejo mundo.

5.3. Obstáculos invisibles

Una vez que ha llegado hasta esta página del libro, y se ha dado cuenta de que está en peor forma de lo que creía, ha superado obstáculos iniciales muy duros, pero aún le quedan algunos más. Es como poner en marcha el coche. Ha metido primera y ha consumido bastante gasolina en empezar a andar, pero ahora tiene que seguir moviéndose e incluso aumentar un poco la velocidad para subir una cuesta que le va a parecer un poco empinada.

Esta cuesta empinada se compone de una serie de obstáculos invisibles que intervienen sin que usted se dé cuenta en cada decisión que toma sobre ir a un club deportivo a conocer a gente, o acerca de cómo hacer una pregunta en voz alta durante una conferencia. Desde que se le ocurre la idea de lo que «debería» hacer para poner en práctica su nueva gestión de contactos hasta que lo hace o lo deja para otro día, se suceden toda una serie de razonamientos y deducciones en su cerebro de los que usted no es consciente.

Es parecido a lo que sucede cuando cuando usted le pide al ordenador que le abra un documento y resulta que le salen cuadros de colores en la pantalla antes de proporcionarle lo que pidió. En estos procesos, que desgraciadamente son «transparentes para el usuario», como dicen los informáticos, puesto que nadie le pone cuadritos de colores explicativos delante, es donde aparecen importantes obstáculos que pueden drenar su energía y quitarle velocidad hasta detenerlo, o incluso hacerle ir marcha atrás.

Se trata de creencias profundas sobre cómo funciona la vida, o sobre quiénes somos y lo que podemos esperar del futuro, que nos limitan para actuar.

Las aceptamos como nuestras en un momento que no recordamos, y las sustentamos con miles de ejemplos, comentarios de amigos y pruebas experimentadas con nuestros propios ojos y oídos. Seguramente han sido claves para los razonamientos y las decisiones que hemos tomado a lo largo de todos estos años, y que son, en parte, responsables de lo que hemos conseguido.

También existen reacciones emocionales preprogramadas, asociadas a los datos e interpretaciones que hacemos. Si hay alguna canción que le pone triste cada vez que la escucha, o ciertos olores que le trasladan a momentos especiales de su infancia, comprobará que usted también tiene algunas reacciones emocionales prefijadas en su organismo desde hace mucho tiempo. Las emociones despertadas llaman a su vez a otras creencias y pensamientos que encajen con ellas, y así se repite una cadena de creencias, emociones y deducciones que da una respuesta: «mejor lo dejo para mañana» o un lanzamiento a la acción que incluso a usted le deja asombrado.

Sin embargo, algunas de estas creencias y respuestas emocionales pueden estarnos limitando de modo imperceptible, provocando emociones de cansancio o pereza cuando nos proponemos llevar a cabo un cambio de hábitos que teníamos programado hacer.

Lo más preocupante de estas creencias es que usted no sea consciente de ellas. Porque entonces entran y salen de sus decisiones y sus acciones con total libertad, sin ser cuestionadas o detenidas en ningún momento por usted.

Un buen ejemplo es la historia de Jorge, un experto en procesos y operaciones logísticas con una larga trayectoria en el mundo del lujo. Tras trabajar en el extranjero para dos de las principales marcas de lujo europeas se trasladó a España para entrar en un grupo familiar que quería profesionalizar su gestión y competir en la primera liga del lujo.

Jorge entró en el proyecto hace tres años, con toda la ilusión del directivo joven al que se le da la oportunidad de crecer más rápido, y se entregó a fondo. Sin embargo, las tensiones de la familia propietaria, y la inercia a seguir operando de un modo bastante informal seguía pesando de modo importante sobre las decisiones de todo tipo.

El joven directivo empezó a convencerse de que tenía que buscar otros horizontes, porque se estaba dejando la piel en un proyecto que no acababa de arrancar a pesar de todo lo que estaba sacrificando por él, y se arriesgaba a quedarse atrapado en el entuerto otros cinco años más sin darse cuenta si no se movía cuanto antes. Entonces fue cuando tuvo una motivación clara para revivir sus redes de contactos.

Tras unas semanas iniciales en las que analizó su red, examinó su persona y formuló una estrategia de búsqueda de un nuevo trabajo que aprovechase todo lo que había aprendido en el grupo familiar, tuvo una conversación con su *coach*, en la que le contó sus progresos (y no progresos) del mes.

«Mira, no pude hacer las cinco llamadas a ex compañeros que me había propuesto. No sé cómo lo hago, pero el tiempo me desaparece de las manos visto y no visto.

»Y la última vez que me preparé la agenda para usar mi media hora del café en hacer llamadas, me puse nervioso y al final me dediqué a hacer otra cosa. Tampoco es que me pusiera histérico. ¡No me mires con esa cara de sorpresa! Es que... según iba mirando la hora en el reloj, empecé a pensar que era un súpercorte. Que no había dado señales de vida en tanto tiempo y de repente llamar así como así... no

me sale natural, tendría que forzarme, y creo que se me notaría que estoy agobiado.»

Cuando se le preguntó por el desayuno que había hecho con su ex jefe italiano que había sido ascendido y visitaba Madrid, respondió lo siguiente:

«Lo pasamos muy bien, pero no saqué mi tema. No me pareció el momento. Hacía tiempo que no nos veíamos y él estaba más interesado en hablar de tías, ya sabes.

»El caso es que me preguntó por el trabajo, si estaba a gusto o no, pero cuando empecé a contarle que las cosas no iban bien, se le torció el gesto y sacó un cigarro como si se estuviera aburriendo o estresando y necesitara desconectar. No sé...; le hubiese contado las cosas chulas que habíamos hecho en operaciones, pero de repente ya no me apeteció hablar de mí. Me entró un mal rollo que te mueres y cambié el tema para volver a las tías y lo locas que están.»

Jorge estaba perdiendo velocidad en su proceso de desarrollo. Primero se dejaba vencer por la excusa de no tener tiempo cuando lo que realmente le pasaba es que le ponía nervioso llamar de repente a alguien que no veía desde hacía tiempo. Resultó obvio que había que investigar ese nerviosismo y sus raíces, para poder identificar modos de vencerlo.

Luego el encuentro con su ex jefe ilustró otra decisión parecida, puesto que el gesto torcido y el cigarro que describió como indicadores de que «su tema» estaba fuera de lugar podían significar muchas cosas distintas, pero Jorge lo interpretó de tal modo que decidió no aprovechar la ocasión que se le presentaba para describirse a sí mismo, sus logros y sus nuevas ambiciones.

Si hubiésemos podido observar el cerebro de Jorge durante estos eventos mediante una pantalla imaginaria de ordenador, habríamos visto miles de líneas de programación que saltaban a la velocidad de la luz (bueno, muy rápido). Pero habría una que veríamos repetirse de vez en cuando, una línea que diría algo así como «no creo que los demás estén interesados en mi trabajo», y esa línea llamaría a programitas de anécdotas negativas o sucesos de su vida que subrayaban la verdad de esa afirmación.

Dicho de otro modo, el obstáculo invisible que estaba frenando a Jorge en su desarrollo de redes era una pérdida de confianza en su propio trabajo, que se había producido después de muchos años de trabajar tanto sin ver resultados porque la empresa familiar no podía producirlos. Pero Jorge había sido siempre tan ambicioso y confiado que no se imaginaba que aquello pudiese ocurrirle a él.

Los obstáculos invisibles más frecuentes que encuentran los directivos en su desarrollo de redes de contactos afectan a la confianza en sí mismos –y en su trabajo–, la confianza en el entorno, la confusión ética, la ceguera autocomplaciente y la falta de estrategia, como se verá en este capítulo.

Pero nadie lo admitiría si le hiciésemos la pregunta. De hecho, si preguntásemos a varios directivos por qué no gestionaban más y mejor sus contactos, casi todos contestarían que no tenían tiempo. Es la excusa perfecta y políticamente correcta hoy día, pero es una respuesta que pone la responsabilidad en manos de la incertidumbre y que por ello no tiene solución.

No se quede tranquilo si a usted le sale la misma respuesta. Siga pensando y pregúntese por qué no tiene tiempo. Es posible que surja alguna otra razón menos visible, pero más manejable.

5.3.1. Techos de cristal

Existe un techo de cristal difícil de dibujar o retratar que separa a los *networkers* de los demás. Mientras para unos el *networking* es una ciencia estudiada, protocolizada y pregonada como habilidad esencial en libros, seminarios de alta dirección y escuelas de negocios, para otros es un mensaje políticamente incorrecto.

Los segundos acogen el *networking* con nerviosidad y recelo, evocando la imagen de «trepas» y personas «interesadas» de nuestro entorno a quienes consideramos poco recomendables, a menos que sean «comerciales», en cuyo caso tienen una buena excusa para gestionar contactos en su horario laboral, siempre que nos dejen tranquilos fuera del trabajo.

Aunque todos hablamos de «tener un contacto» para esto o para lo otro, e idealmente tenemos «contactos» en plural de los que alardear delante de nuestros amigos, muchos tendemos a dejar que los contactos se generen solos o por suerte.

El que tiene «buenos» contactos es porque nació en una familia privilegiada, o porque es más atractivo y cuenta más chistes que nosotros y por ello le invitan a más fiestas, o porque es «íntimo» del superjefe y gracias a él ha podido establecer una red privilegiada que nos gustaría tener porque nos resolvería muchos problemas, pero que no parece estar a nuestro alcance.

La mayoría de libros de gestión escritos sobre la gestión de contactos están en inglés y provienen de Estados Unidos, lo cual hace pensar que el pueblo estadounidense, descendiente precisamente de todos los europeos que partieron al Nuevo Mundo porque en Europa «no habían tenido suerte», lo ve de otra manera.

En la tierra del sueño americano, los europeos recién llegados quisieron forjarse un entorno radicalmente opuesto al que habían conocido en la vieja y tradicional Europa: no habría cotos cerrados ni clases sociales inaccesibles, sino que cualquiera podría llegar a ser lo quisiese en la vida si se lo trabajaba lo suficiente.

Esta creencia de fondo es la que hace del *networking* algo natural y esencial en los negocios estadounidenses, al tiempo que pretencioso y oportunista para los europeos más clásicos.

Posicionarse en la respuesta conservadora a la pregunta sobre qué esperamos de nuestra carrera profesional nos condena a fabricarnos todo un mosaico de razonamientos lógicos que se anclan en el determinismo de no haber nacido en el lugar adecuado, por lo que no tiene sentido esforzarse demasiado en desarrollar nuestra red.

Permite que nos refugiemos en la excusa superficial de «no tener tiempo», y que nos pasemos cinco, diez o quince años en un limbo profesional o una inmovilidad vital confusa, preguntándonos por qué no nos ha ido mejor en la vida y etiquetando negativamente a aquellos que parecen estar siempre pendientes del quién es quién, que casualmente «se lo montan de cine», porque no son fieles al mismo principio vital pasivo y sumiso que nosotros.

Hay un principio de la filosofía zen que dice que lo que nos ocurre en esta vida es un producto de nuestro interior. Así, el techo de cristal que impide seguir subiendo a los directivos representantes de las minorías en ciertas organizaciones lo habrían fabricado ellos mismos. La minoría más representativa de este fenómeno es el de las mujeres directivas, el cual ha dado lugar a estudios y estadísticas cuyos resultados acaban reflejando curiosamente lo que creen sus autores.

No es que hayan puesto un ladrillo detrás de otro hasta cerrarse las puertas a futuros ascensos, es que su propio miedo de no ser aceptados por ser diferentes les lleva a repudiar su diferencia, precisamente la que los hace ser especiales, y por ello pierden su esencia y, lo que es más importante, pierden las ganas de luchar por demostrar que todo es posible.

Si uno se atreve a situarse en la respuesta que daría un inmigrante recién llegado de un país en guerra o inmerso en la miseria, que lo ha dejado todo por lo que pueda llegar a conseguir en una tierra completamente desconocida, ya ha ganado mucho. Aunque se muera de miedo.

Creer y sentir que uno puede conseguir todo aquello que se proponga es la actitud existencial que empuja a los *networkers* a dedicar tiempo, esfuerzo y sagacidad a la búsqueda de personas con las que crear nuevos vínculos duraderos de mutua ayuda. Su creencia optimista sobre sus nuevas posibilidades se convierte en parte del magnetismo que atrae a otros hacia él, y alimenta las emociones de conquista, orientación hacia el reto y satisfacción con el propio esfuerzo.

Un interesante estudio intentó demostrar qué era lo que determinaba el potencial de éxito en una muestra de personas que provenían de dos clases sociales diferentes. La investigación mostró que los hijos de las familias adineradas desarrollaban efectivamente carreras profesionales más prósperas, aunque el factor determinante no era la disponibilidad de recursos o el acceso a círculos privilegiados de influencia, los cuales, siendo evidentemente importantes, no bastaban para explicar las diferencias entre las trayectorias profesionales.

El factor determinante del potencial de éxito de los individuos estudiados en la muestra era mucho más sutil y poderoso que las circunstancias materiales en las que crecieron. Era precisamente su creencia en sí mismos.

Los hijos de familias pudientes habían escuchado de sus padres que «podrían ser lo que quisieran siempre que se esforzasen lo suficiente». Por su parte, los hijos de las familias más modestas habían recibido un mensaje completamente opuesto a lo largo de su infancia, a través de comentarios como «la vida es injusta», «el dinero llama al dinero», «nunca te tomarán en serio», y una larga retahíla de conclusiones victimistas, repetidas hasta la saciedad por padres que habían escuchado lo mismo de sus progenitores, y que por ello se habían dejado vencer por la primera señal de la vida que confirmó lo que sus padres les habían anunciado durante años.

Esta visión de la vida como una serie de opciones acotadas previamente por el lugar donde hemos nacido es el principal techo de cristal que condena a unos a la mediocridad mientras impulsa a otros al estrellato. Este techo es invisible porque la mayoría de nosotros estamos seguros de hallarnos por encima de él, aunque los resultados no lo demuestren...; y sin embargo, en alguna parte escondida de nuestra lógica, salen a relucir algunas expresiones heredadas de amigos o padres que justifican por qué no estamos donde queremos estar.

5.3.2. Vacíos internos

Otra barrera invisible en su sutileza, pero muy habitual, tiene que ver con la cultura del servicio a los demás, por encima del servicio hacia uno mismo.

La barrera no se halla tanto en el concepto de poner las necesidades de los demás por encima de las propias como en el exceso de no considerar las últimas en ningún momento.

Las mujeres de generaciones anteriores, que fueron educadas para desempeñar un papel de cuidadoras de sus maridos, de sus hijos, de sus enfermos y de sus padres, suelen tener esta orientación hacia la ausencia de autoservicio.

Y si es cierto que en los modelos societarios de los que venimos este papel de servicio femenino era imprescindible para que funcionasen los engranajes, el modelo actual de igualdad entre géneros enfrenta a ambos sexos al mismo tipo de retos profesionales, pero con una diferencia. Mientras que muchos hombres creen que lo correcto es perseguir lo que quieren, unos pocos hombres y unas cuantas mujeres no se sienten cómodos con la idea de querer algo para sí mismos.

No existen estudios rigurosos que puedan demostrar si son más las mujeres o los hombres quienes caen en este error, y tampoco es nuestro objetivo contribuir a la creación de estereotipos generalistas, pero la siguiente anécdota ilustra un tipo de historia que ha sido bastante común entre hombres y mujeres en la cuarentena o cincuentena, para quienes ha representado un auténtico talón de Aquiles.

Laura había sido la directora de sistemas de una empresa de ingeniería que había experimentado un crecimiento de más del 20 % anual en los últimos diez años. Cuando ella entró, no eran más que un pequeño grupo de ingenieros con ganas de trabajar hasta que la empresa llegó a contar con cientos de empleados dedicados a proyectos diversos.

Laura había dedicado su vida a este proyecto, y a sus cincuenta años era como la madre de todos en la empresa. Era la única mujer del comité de dirección, con más del 60 % de la plantilla a su cargo, y con una larga lista de éxitos a sus espaldas. Ella había rediseñado los procesos de servicio al cliente que tanta falta hicieron el año anterior y que habían supuesto la mayor fuente de crecimiento en ventas desde entonces. Fue la que salvó la catástrofe de la implantación informática cinco años antes y también mantenía relaciones fuertes con los principales clientes de la organización.

Pero Laura no sentía que se le diese el reconocimiento debido, y sus sospechas quedaron confirmadas cuando el director general decidió ponerle un jefe de treinta y cinco años, que la dejó fuera del comité de dirección.

Laura dejó la empresa por la incredulidad y la indignación que le supuso este cambio, pero se sintió enormemente traicionada, tanto a nivel profesional como a nivel personal por el que hasta entonces había sido su jefe, y por el conjunto del comité de dirección, en el que la mayoría había entrado al mismo tiempo que ella.

¿Cómo podía haberle ocurrido aquello? ¿Qué había hecho mal? Si había trabajado tanto por todos ellos, ¿cómo era posible que no sólo no le hubiesen compensado debidamente en el pasado, sino que hubieran terminado por destronarla de aquel modo?

La respuesta a estas preguntas es precisamente esta orientación hacia los demás que tanta energía acaparó de Laura, y que no dejó ni un poquito para ella ni para sus necesidades personales. Había sido educada para ser caritativa y para hacer la vida más fácil a los demás sin pedir nada a cambio.

A Laura le parecía que la gente que pedía algo a cambio de su trabajo era demasiado interesada y poco generosa, y en consecuencia nunca se quejó de que no se le remunerase en proporción a lo que ella aportaba a la organización, y no reaccionó cuando su departamento fue quedándose pequeño, ni cuando otros compañeros del comité recibían sueldos variables sobre ventas que había conseguido ella en persona.

Laura ponía tanto esmero y cariño en que el trabajo se hiciese lo mejor posible, que nunca encontraba tiempo para publicitarlo o hacérselo saber a los demás. Y si alguien hacía un comentario halagador sobre su valía, se sentía incómoda e intentaba achacar los méritos a los demás.

La red personal de Laura estaba llena de «chupópteros». No había socio, amigo o familiar que la necesitase a toda costa para resolver un problema urgente.

Laura era maravillosamente generosa. Sí, pero tanto que no sólo no tenía tiempo para gestionar contactos que le aportasen algo a ella, sino que cuando conocía a gente nueva tendía a sentirse a gusto con las personas que la necesitaban para algo y que no se sentían en deuda con ella por su ayuda.

Se sentía culpable si alguien a su alrededor necesitaba algo y ella no dejaba todo lo que estaba haciendo para atenderle. Y juzgaba como egoístas a todos los que no hiciesen lo mismo. Por ello, solía tener encontronazos enseguida con los directivos ambiciosos.

Este vacío interno se encuentra en la actitud profesional de muchos hombres y mujeres de hoy, que se sorprenden de ver que cuando pasan los años nadie recuerda todo lo que aportaron ni lo valora como ellos.

Se trata de una violación del principio de reciprocidad que impone el propio directivo, porque se siente incómodo con el reconocimiento y con el éxito. De modo que su gestión de contactos es siempre pura generosidad altruista, y la amarga sorpresa aparece cuando son los egoístas quienes reciben las promociones.

La historia de Laura puede parecerle exagerada, aunque se trata de un caso real, y probablemente no se produzca de modo tan explícito y abrumador en su vida. Pero si tiene dificultades para presentarles su trabajo a los demás con orgullo, y si suele dejar que otros se queden con la mejor parte de las negociaciones porque no le compensa seguir batallando hasta conseguir un equilibrio más justo, es posible que este vacío interno esté influyendo de algún modo en su vida y en su gestión de contactos.

5.3.3. Armaduras que tapan las heridas

Todos nos cubrimos con armaduras. Tenemos máscaras para salir a la calle, máscaras para volver a casa por la noche a cenar en familia, máscaras para ir al gimnasio y máscaras para hablar con nuestro jefe.

La máscara o armadura es un protector que nos hace sentir cómodos y que impide que los demás vean lo que nos duele o nos preocupa. Un empresario preocupado por la inminente quiebra de su negocio se pone la máscara del éxito y la confianza para ir a negociar con nuevos compradores. Ligar en las discotecas se vuelve un ejercicio más ocultista y enmascarado con el paso de los años y el aumento de los secretos personales que cada uno quiere esconder.

Las armaduras son importantísimas para lograr objetivos de cualquier tipo y para evitar sorpresas o ataques. Pero a veces son precisamente esas máscaras las que impiden la conexión con los demás.

Por cada complejo o inseguridad que uno acumula, y por cada herida dolorida del pasado, hay una máscara o armadura que protege al directivo en la batalla diaria de los negocios. Cuanto más profunda o sensible es la herida, más dura y resistente es la armadura correspondiente, de modo que uno acaba pareciendo un GEO, con varias capas de tecnología moderna protegiendo cada sección del cuerpo, con una rigidez y resistencia proporcional a la vulnerabilidad de la zona.

Sin embargo, la armadura impone una distancia con el de enfrente. Y mientras que los GEO al final se acostumbran a todas sus capas de protección y acaban intimando entre sí como si ya no llevasen disfraces multidimensionales encima, las armaduras del directivo son infranqueables. No se puede entrar si el directivo no baja la guardia.

La confianza y la amistad son como gases espontáneos que fluyen hasta que se les pone un cristal delante; y si usted lleva armaduras encima, puede estar limitando el avance de estos gases tan benéficos para el ánimo y para el futuro profesional.

Los directivos encerrados en armaduras independientes y autosuficientes suelen encajar sólo con otras personas también medio autómatas y reacias a mostrarse tal y como son. O con «chupópteros» que acepten mucho y no pidan nada, ni se preocupen por mirar si hace falta algo detrás de la máscara de su desconocido salvador.

Analice sus máscaras y armaduras antes de salir a *redear*. Una tirita o una escayola puede ser muy beneficiosa durante un tiempo, pero está hecha para tirarse cuando la herida o el problema se resuelvan. Las máscaras que uno desarrolla para protegerse no deben convertirse en pesos eternos, sino que idealmente han de tener fecha de caducidad.

Si usted reconoce máscaras y armaduras en su forma de conectar con los demás, piense acerca de ellas. Cuáles son nuevas y cuáles llevan siempre ahí y, sobre todo, cuáles son las que lo mantienen aislado de los demás. La pareja suele ser la mejor detectora y denunciadora de máscaras; tal vez tenga algo de razón en algunas de las peleas.

Pero si identifica una máscara que decide que quiere quitarse, asegúrese primero de poner remedio a la vulnerabilidad o la herida que está debajo.

5.3.4. La confusión ética

La ética es un concepto lleno de emociones profundamente enraizadas, que incita a muchos al recelo cuando oyen hablar de la gestión de contactos.

Creo que no ha habido un solo seminario o curso en el que alguien no haya levantado la mano para preguntar sobre la ética que sustenta los principios y las técnicas de la gestión de contactos. Es un tema muy importante, y puede ser un gran motor de energía o un grandísimo obstáculo que le hunda en la inactividad.

De hecho, la ética es una preocupación que surge en todos los campos del *management*. Yo suelo preguntar a mis alumnos si pueden decirme cuál es la diferencia entre un buen líder y un excelente manipulador. Cuál es la característica o atributo que los distingue sin errores y nos permite por ello reconocer y evitar a los posibles manipuladores que podamos encontrar en nuestro camino.

Tras debatir un rato sobre las formas o los comportamientos típicos de un manipulador, suele haber alguien que lanza una respuesta muy intuitiva, pero definitivamente certera: el líder es aquel que busca la mejora para todos, mientras que el manipulador es el que busca su propia ganancia, aun a costa del bienestar del resto de los implicados.

Ambos emplean las mismas técnicas y ambos gestionan emociones propias y ajenas, hasta el punto de difuminar la línea que separa lo ético de lo no ético incluso para sí mismos. Es extremadamente difícil juzgar desde fuera si el comportamiento de una persona es ético o no porque sólo la propia persona sabe lo que siente y lo que piensa, asumiendo el riesgo de equivocarse y de cargar con la culpa para siempre.

Las leyes y las costumbres recogidas en el saber popular de cada país definen unos límites mínimos, pero lo cierto es que aun habiendo hecho un esfuerzo enorme para delimitar lo bueno de lo malo, son miles los casos que caen en una línea gris o un agujero de la ley que da la razón a ambos lados y convierte el debate ético en pugnas insalvables por la certeza con la que cada lado defiende sus motivos.

Es cierto que en la gestión de contactos se plantea la misma duda, pero también es verdad que corresponde a cada uno establecer la filosofía y los principios que guíen sus esfuerzos. La gestión de contactos es una herramienta que ayuda tanto al que pretende aplicar una ética intachable como al ladrón de almas sin escrúpulos. Se trata de un conjunto de técnicas al servicio de todo tipo de motivaciones, por lo que abordaremos el filtrado de nuevos contactos más tarde como técnica clave para evitar caer en redes poco apropiadas.

Corresponde a cada lector formular sus principios éticos y sus valores morales, de forma que su estilo de gestionar redes, sus prácticas personales y su perfeccionamiento de las técnicas que describiré más adelante sean un producto parlante de dicha elección vital. También le corresponde interpretar las prácticas y los comportamientos de los demás para seleccionar a aquellos cuyos valores morales estén dentro de lo que llama ético antes de incorporarlos en su red.

Un error frecuente es confundir la ética con la frialdad de un planteamiento estratégico. La gestión estratégica de redes aporta ciertamente un planteamiento de búsqueda de los objetivos personales en primera prioridad, pero la necesidad de pensar en uno mismo está directamente relacionada con la escasez de recursos.

En el desarrollo de habilidades directivas hay un momento para ser estratégico y otro momento para ser auténtico. La escasez de tiempo, de dinero para hacer obsequios o para introducirse en determinados círculos sociales que le resulten claves le obliga a priorizar y escoger dónde y cómo emplea lo que tiene. Dedicar espacios de reflexión a analizar lo que está haciendo le permite mejorar esa dedicación.

Pero luego le toca actuar en directo. Subirse al escenario de la vida y forjar amistades, sembrar confianza y hacer aliados. En este momento el cálculo premeditado y la falta de naturalidad se huele. Es casi imposible disimularlos, y aunque uno lo consiga durante unos minutos o unos días, el hecho de vivir en una comunidad social que intercambia información sobre usted hace que antes o después se descubran comportamientos poco éticos, motivaciones poco sinceras o una personalidad fingida.

Una de las razones por las que la mayoría de la literatura estadounidense sobre gestión de contactos no es exportable a Europa es porque los protocolos culturales de lo que inspira confianza en los demás cambian muchísimo de un país a otro.

Tanto es así que en las culturas latinas, por ejemplo, tendemos a ser muy demostrativos, generosos en los gestos de cariño e incluso hablamos más alto y más cerca que otros. Estamos mucho más orientados a las relaciones humanas como centro de prioridades que otras culturas, y por ello cuestionamos poco la cantidad de reacciones de acercamiento personal que tenemos.

Algunas personas creen que la gestión de contactos es algo «malo» porque parece premeditado, y porque cuestiona precisamente las reacciones que tenemos ante las personas que están a nuestro alrededor. Introduce una capa adicional de reflexión en nuestra forma de conectar con unos o con otros que incita a sembrar la desconfianza en aquellos que más disfrutan con la interacción personal.

Éste es otro obstáculo invisible que se ampara en la creencia errónea de que uno deja de ser espontáneo porque empieza a pensar antes de invitar a cafés, tener detalles o expresar cariño y confianza. Y de nuevo esta cuestión es difícil de responder y muy personal.

Desde el punto de vista que defenderemos a lo largo de este libro, la gestión de contactos ayuda al directivo a seleccionar con quién puede permitirse ser espontáneo sin arriesgarse a ser perjudicado o traicionado en su confianza, y con quién no. No deja de ser espontáneo, pero sí elige con quién, y esto le permite, por un lado, protegerse de las decepciones y, por otro, dedicar su espontaneidad a aquellos que sí van a apreciarla y honrarla con el mismo nivel de fiabilidad y honestidad.

Al final de este capítulo se incluye otro ejercicio para analizar su posicionamiento personal respeto a la naturalidad o la frialdad de sus gestiones afectivas, y cómo puede usted hacer evolucionar esta perspectiva de modo que favorezca su gestión de contactos.

5.3.5. *Navegación sin rumbo*

El mayor punto débil que yo he detectado en la literatura disponible sobre la gestión de contactos o *networking* es que se trata esta habilidad como una solución en sí misma, cuando, en realidad, no es más que una herramienta al servicio del directivo.

Más de un comité de dirección me ha pedido formación en gestión estratégica de contactos, y cuando les he preguntado para qué querían gestionar mejor sus contactos no han sabido responderme.

Definir claramente cuál es el objetivo y la estrategia de fondo de nuestros esfuerzos relacionales es crítico para distribuir bien nuestros recursos, en especial el tiempo y la energía de los que disponemos, los cuales son inevitablemente limitados.

Pero además es una forma de poner toda la teoría y las tácticas en un contexto relevante con personajes y problemas concretos. Recuerdo a un cliente que quiso formar a sus jóvenes empleados de alto potencial en *networking*, pero que al mismo tiempo fue sustituido como CEO por otra persona, ya que la empresa estaba pasando por una crisis económica importante.

La mayor barrera al desarrollo de las redes de los participantes no era la falta de técnica o una habilidad conversacional poco ejercitada. No les había dado tiempo a llegar a esos planteamientos porque el 90% de los directivos que yo tenía delante en la sala no sabían si querían quedarse en la empresa y contribuir a levantarla, obteniendo por ello oportunidades extraordinarias de liderazgo personal, o si querían minimizar sus pérdidas porque no creían en el nuevo CEO y salir de un barco que se estaba hundiendo.

No tener claro esto hace que los mensajes que uno comunica no tengan efecto porque son vagos y cambian de tono de una interacción a la siguiente, que los aliados que uno elija no sean coherentes con ninguna alternativa, puesto que no tenemos clara ninguna de las dos, y que los esfuerzos que dediquemos a hacer gestiones políticas constituyan un desperdicio.

Es posible que en un momento dado su «para qué» sea precisamente recoger información para tomar una decisión compleja, pero esta situación se presenta pocas veces en una trayectoria profesional, por lo que le recomiendo que tome su decisión antes de salir a marear a sus vecinos con charlas y peticiones poco claras.

Como veremos en detalle más adelante, la gestión de contactos es un esfuerzo que da resultados a medio plazo, por lo que plantear objetivos inmediatos no nos sirve. Muchas personas empiezan a gestionar sus contactos cuando quieren cambiar de trabajo, por ejemplo. Empiezan a llamar a todos aquellos compañeros del MBA o ex colegas de trabajo con los que no han hablado en varios meses, o envían directamente un e-mail masivo a todos sus conocidos pidiendo información sobre posibles vacantes.

Esto no es gestión de contactos. Y este «para qué» es tan inmediato y tan obvio que lo podríamos llamar casi una transacción comercial. Además de que no suele funcionar. El nivel de respuesta que reciben estos directivos a la petición publicada en su red es directamente proporcional al esfuerzo y dedicación que han dedicado a su red en el pasado.

5.4. Analice sus obstáculos invisibles

Divida una hoja de papel en dos con una línea vertical, escriba a la izquierda todas las razones por las que no ha obtenido más éxito en su vida personal y profesional, y anote a la derecha todas las razones por las que ha conseguido lo que ahora tiene y valora.

No se contente con dedicar cinco minutos a poner dos o tres cositas de cada lado y luego pasar página. Una pregunta como ésta despierta todo tipo de reflejos y de recuerdos en nuestro cerebro, de modo que dos o tres días más tarde pueden aparecer más ideas o ejemplos que poner de un lado y de otro.

Y tampoco se oculte nada a sí mismo. Escriba todo lo que se le ocurra por inverosímil que parezca. Es un ejercicio privado que sólo va a leer usted, y cuantas más respuestas enumere en ambas columnas más jugo le sacará a este ejercicio.

Una vez que se dé por satisfecho con sus respuestas en ambas columnas, recorra la lista clasificando mediante colores u otros símbolos cada frase en una de estas tres categorías:

- 1. Subraya o apoya la idea de que lo que busco está fuera de mi alcance.
- 2. Subraya o apoya la idea de que puedo conseguir todo lo que me proponga.
- 3. No tiene nada que ver con este debate o no encuentro relación con ninguna de de las dos ideas anteriores.

Si salen muchas frases en la categoría 3, le sugiero que reformule la respuesta o la detalle un poco más hasta llegar a ideas que entren en las categorías opuestas, 1 o 2.

No se deje condicionar por la columna en la que se encuentre cada respuesta. Ambas categorías pueden aparecer en las dos columnas. De nuevo, intente ser objetivo con esta clasificación, como si se tratase de otra persona, o puede incluso cederle la lista de respuestas a un tercero para pedirle que las clasifique él sin explicarle qué significan esas respuestas ni confiarle para qué necesita hacer esta reflexión.

Si al final del ejercicio concluye que hay una amplia mayoría de respuestas de la categoría 1, es posible que esté usted empezando a desenmascarar la presencia más o menos pronunciada de este obstáculo invisible en su psique.

Esto no es bueno ni malo en sí mismo. Lo interesante es que ahora lo tiene usted más presente y más claro, y por ello puede hacer algo al respecto.

De hecho, a partir de ahora puede anotar mentalmente o apuntar en una libreta el número de veces que le viene este pensamiento a la cabeza. Éste es el primer paso para poder enfrentarse al obstáculo, puesto que mientras es invisible actúa a sus anchas, pero una vez que ha sido despojado de su disfraz subconsciente, usted podrá desarrollar la capacidad de cuestionarlo.

Entrevista con María Moreno, presidenta de la Fundación Ciudad de la Esperanza y la Alegría

Mary Busy, o en español María Ocupada, era el amistoso apodo que se ganó María Moreno en su etapa en Nueva York, en la que compaginó su trabajo en E. F. Hutton, firma especializada en bolsa, con una frenética actividad de *networking* para promover lo español en América y colaborar en campañas de caridad.

Hoy María dirige con éxito la Fundación Ciudad de la Esperanza y la Alegría, nombre inspirado en la famosa novela de Dominique Lapierre. Basada según los principios de la Madre Teresa de Calcuta tras un terrible monzón que había arrasado la zona del delta del Ganges, la ONG consigue financiar proyectos en países como India, Sri Lanka, Irán, Nepal o Guinea a base de trabajo exclusivamente voluntario.

«La gente no creía que se podía montar una fundación sólo con voluntarios, y todos me insistían en que era necesario profesionalizar la organización, pero año tras año yo misma me sorprendo de lo que conseguimos hacer», declara la presidenta. Éste es el especial talento que hace a María ser María: es capaz de reunir a todo tipo de personas alrededor de una idea para convertirla en un brillante proyecto con resultados.

María admite que a veces «me pongo muy pesada», pero confía en que «involucrar a la gente hasta donde puede cada uno» es el secreto de su labor, considerando que «lo que no se da, se pierde».

Por sexto año consecutivo, la cena anual que organiza la Fundación en el Club de Campo de Madrid ha sido, una vez más, un auténtico milagro de *networking* que reúne a más de seiscientas personas al más puro estilo americano para financiar proyectos humanitarios, reuniendo los fondos en esta ocasión para equipar el hospital de Kameswaram.

Y es que esta cena, convertida ya en tradición de la escena social madrileña, se realiza única y exclusivamente con las aportaciones de empresas de la talla del Club de Campo, Caja Madrid, el grupo Arturo Cantoblanco, Bacardí, Bodegas Valduero, Seguriber, Prada o el Corte Inglés, entre otras. Esto, unido al trabajo voluntario de decenas de colaboradores, permite que la recaudación de cada cena llegue íntegramente a los proyectos de la fundación.

¿Y cómo se hace esto? Pues es obvio que con mucho trabajo, y con un bien afilado talento interpersonal. Hija y nieta única, María pasaba los veranos de la niñez en internados en Suiza y Francia porque su madre quería que aprendiese idiomas, por lo que «me tenía que hacer amiga de las piedras», explica, lo cual la entrenó en el arte del *networking* con tan sólo siete años.

Recuerda que con dos hermanos varones «estaba rodeada de chicos y tuve que aprender a buscar mi espacio». Su familia se extrañaba de que se llevase bien con todos, a lo que ella contestaba que «el raro más raro tiene algo positivo también», posiblemente la particular filosofía de vida que la ha llevado a generar la materia prima tan crítica para los resultados de la fundación.

Para Moreno, «todos somos partes de un rompecabezas, y todos podemos hacer algo, estemos donde estemos», y por ello ha decidido dedicar su vida y su talento para cultivar redes al servicio a los demás. «Yo tiro de todos mis amigos, de mi familia y de mis contactos empresariales para crear algo para los demás. Creo que uno debe intentar ser lo mejor que puede y darse a los demás. Y yo me siento mucho mejor cuando doy.»

En materia de contactos, esta *networker* nos incita a «hablar con la verdad. Decir lo que se siente y lo que se piensa», pero sobre todo a «valorar la parte positiva de cada persona, y mantenerse en contacto con esta parte buena, olvidando los roces inevitables, producto de circunstancias y desencuentros fortuitos».

«Mantener una actitud abierta y constructiva» es, en definitiva, el secreto del éxito de esta mujer, que resuelve un obstáculo tras otro en su lucha por hacer de nuestro mundo un lugar lleno de esperanza y alegría, incluso para los más desfavorecidos.

6

El primer paso hacia el éxito: analice su DAFO

Michael Porter sigue siendo la máxima referencia en estrategia a nivel mundial. Su modelo de las cinco fuerzas se enseña en todas las escuelas de negocios, y seguramente es un viejo conocido para usted.

Sin embargo, lo más sorprendente de los directivos que deciden invertir en su carrera profesional con costosos cursos o MBA, y que dedican innumerables horas de su día a día a comprender y en algunos casos, también a configurar la estrategia de sus negocios, es que la mayoría nunca se ha planteado hacerlo para sí mismo.

En otras palabras, que si pudiésemos seleccionar a todos los directivos de más de cinco años de experiencia que acaban de gastarse varias decenas de miles de euros en la mejora de su capital intelectual, y les hiciésemos una encuesta online pidiéndoles que nos digan si han puesto por escrito su plan estratégico personal, la inmensa mayoría nos contestaría que no.

¿Lo ha hecho usted? Ya se ha gastado el dinero necesario para comprar este libro, y seguramente algunos otros que le ayuden a mejorar su situación profesional. ¿Y no tiene un plan de negocio formalizado que explique cómo estos gastos, en realidad, son inversiones?

6.1. La estrategia empieza por uno mismo.

¿Está usted de acuerdo? Lea la frase anterior una vez más. Si a todo directivo con una experiencia razonable en el mundo empresarial le escandalizaría descubrir que la empresa en la que trabaja no tiene un plan estratégico a cinco años, ¿por qué no le preocupa que su propio plan estratégico de carrera no sea más que un conjunto de castillos en el aire e ideas dispersas que no se han integrado en un plan de negocio formalizado?

Si al leer estas líneas usted se sonríe porque ya tiene un cuaderno dedicado, o una carpeta con ideas y una serie de informes o papeles que ponen por escrito lo que quiere hacer por su vida, felicítese a sí mismo. Es usted una excepción. Y lo que es más, los ejemplos de éxito profesional que usted conoce también lo tienen formalizado desde hace tiempo.

Las empresas que no tienen un plan estratégico claro y bien adaptado a su mercado acaban desapareciendo, no sin antes de perder mucho dinero por el camino en proyectos sin sentido y en costes mal gestionados. A medio plazo, las fuerzas competitivas de sus mercados de referencia las penalizarán económicamente hasta que dejen de ser rentables. Los directivos sin un plan estratégico no captan señales tan claras de su alrededor porque no son unidades de negocio autónomas, sino que reciben un sueldo más o menos fijo y una regañina o un desencuentro laboral que pueden interpretar como culpa del entorno o de su jefe. Pero los directivos que no tienen un plan acaban trabajando para aquellos que sí lo tienen.

De modo que si usted quiere realmente triunfar en los negocios, lo primero que debe hacer es articular su misión en la vida. ¿Quién quiere ser de mayor? ¿Dónde quiere estar dentro de cinco o diez años?

Responder a estar preguntas en un ejercicio formalizado y exhaustivo no le garantiza que lo vaya a conseguir, pero sí le cualifica para competir con los demás capitanes de barco que navegan en el mismo mar de talento ejecutivo que usted.

Este capítulo lo llevará de la mano de una serie de preguntas y reflexiones valiosas para completar su plan estratégico personal. Una vez que lo haya completado, guárdelo en un lugar especial con la fecha en la que lo completó. Tendrá que revisarlo de nuevo dentro de un tiempo. Y de nuevo, y de nuevo, y una vez más.

Porque igual que el marino en alta mar, una vez estudiada su carta de navegación, analizadas las condiciones climáticas y estimados sus tiempos de viaje, cada día estará lleno de brisas no previstas, desvíos ocasionados por despistes o por el mal estado del mar. Y si no visita periódicamente su carta, corre el riesgo de perderse o de llegar a un destino equivocado.

6.2. Su misión

Los comités de dirección de las grandes empresas europeas han dedicado recursos importantes a formular su misión. Algunas de ellas llevaban muchos años funcionando sin disponer de una misión escrita, pero algún consultor les convenció de que hoy en día una empresa sin su *mission statement* debería enrojecer de vergüenza.

Modas y opiniones aparte, la misión es, o debería ser, una forma sencilla de explicar quién es una empresa, y qué la hace diferente de las demás. La misión expresa la razón de existencia de la compañía.

Es un ejercicio de síntesis difícil que a menudo requiere poner de acuerdo a muchas personas, pero si se hace bien, aporta una coherencia existencial a todos los razonamientos posteriores sobre los mercados en los que compite, el tipo de personas que contrata, la estrategia con la que ataca sus mercados, y el conjunto de procesos, personas y sistemas de información que implantan dicha misión en cada tarea que desempeñan.

Ya esté usted vendiéndose a sí mismo en el mercado laboral, o promocionando un producto o servicio determinado, un proyecto, una empresa o a un amigo artista, si no tiene una frase breve y clara que explique qué es lo que lo hace especial, es poco probable que establezca usted una estrategia coherente sin flecos sueltos. Es como un subtítulo que acompaña el nombre del producto o persona cada vez que es presentado a los demás.

La misión personal también es un buen punto de comienzo. Fíjese en los consultores. Uno de los aprendizajes más importantes del sector de consultoría es que cada consultor aprende a comportarse como una empresa unipersonal, que ofrece sus servicios al mercado, compuesto por gerentes de proyecto y socios de su propia empresa, los cuales reclutan a los consultores más interesantes para sus proyectos con cliente.

De este modo, cuando un gerente vende un proyecto en un cliente, vuelve a la oficina y busca una lista de los consultores disponibles que podrían componer su equipo de proyecto. El gerente naturalmente quiere un equipo lo más cualificado y trabajador posible, y por ello buscará en la lista de decenas de consultores de diversos niveles de experiencia para seleccionar a los más apropiados. Se convierte en cliente exigente en busca de las empresas más apropiadas para proporcionarle el conjunto de conocimiento y talento que requiere para completar su proyecto y dejar a su propio cliente contento.

Como la lista de nombres a menudo contiene un montón de apellidos que no le dicen nada, probablemente se asome a la puerta de un compañero y le pregunte: «¿Quién es Margarita Pérez Pérez?» La respuesta que le dé su compañero será una aproximación a la misión de Margarita, que será más acertada cuanto mejor haya hecho Margarita sus deberes de *networking*.

O sea que los consultores que han definido claramente lo que quieren aprender y aportar a la empresa, y que *redean* a conciencia, consiguen puestos en proyectos bien adaptados a sus expectativas profesionales, y por tanto cumplen su plan estratégico. Los demás tienen que conformarse con lo que les toca, aunque no les aporte nada interesante, porque quedarse ocioso no es una alternativa en este tipo de negocio.

El máximo rendimiento profesional se da en personas que aman lo que hacen y que hacen muy bien lo que aman. Además, necesitan ganar el dinero suficiente para no estar agobiados económicamente. Construir y formular su misión personal pasa por responder a tres preguntas fundamentales.

- ¿Qué le apasiona hacer? Haga una lista de todas las cosas que disfruta enormemente y que siempre le han cautivado. Aquellas actividades que le invitan a esforzarse y practicar más, de modo que a menudo pierde la noción del tiempo cuando las realiza. Escriba todo lo que se le ocurra en una hoja.
- ¿Qué hace usted mucho mejor que los demás? En otra hoja escriba o dibuje o pegue fotos de todas aquellas actividades y temas que se le den especialmente bien. Cuanto más completa sea la lista, mejor. Se trata de identificar las cosas más sencillas y aparentemente no relacionadas, como cocinar tartas de chocolate, o jugar con los hijos de su hermana, o ganar concursos de cuentos cortos.
- ¿Qué le aporta (o aportaría) recursos económicos? Escriba en esta tercera hoja lo que puede vender a cambio de ingresos económicos. Ya sea porque sale usted a algún mercado o página web a venderlo directamente, o porque le vende su tiempo a una empresa que le paga un salario. Si es directivo, es probable que su única fuente de ingresos sea su salario actual, pero plantéese si hay otras actividades que podría hacer para ganar un dinero extra de modo compatible con su trabajo.

Una vez completadas las hojas de modo separado, busque los temas recurrentes en las tres. Haga una lista de posibles actividades y trayectorias profesionales que puedan responder de modo satisfactorio a las tres preguntas.

Esta lista no le aparecerá enseguida como si fuese una sopa de letras del periódico. Va a requerir mucha concentración, y la consideración de alternativas que ahora mismo le parecen completamente ridículas o ilusorias. Pero no pierde nada por escribirlas en una cuarta hoja y darle una vuelta a la lista cada día, o consultarla con amigos y compañeros.

Si logra dar con una frase sencilla que dé respuesta a su pasión, su talento y sus necesidades económicas, habrá encontrado una misión que lo lleve al éxito. Es un primer paso valiosísimo.

Suponga que Margarita Pérez Pérez, después de cinco años trabajando en una gran auditora internacional, acumulando proyectos de análisis para adquisiciones en el sector energético, se da cuenta de que aún ganando un buen sueldo, no le gusta lo que hace, y decide realizar este ejercicio.

¿Qué pasa si Margarita define una misión que se aparta completamente de lo que está haciendo ahora? Si resulta que su verdadera pasión es el submarinismo y en especial los delfines, aunque ha destacado en su carrera de consultora por su trabajo en equipo y su capacidad para formar a sus compañeros más inexpertos. Si no se imagina a sí misma en una trayectoria profesional que relacione el mundo de los delfines con la excelencia en la formación sin morirse de hambre.

Lo primero que pasa es que Margarita se va a sentir bastante frustrada, o va a llegar a la conclusión de que este ejercicio es inútil. Pero si se atreve a explorarlo, y aplica una gestión de contactos efectiva, podrá dar un giro profesional progresivo que la conduzca a una versión más satisfactoria de sí misma.

En las décadas de la treintena y la cuarentena hay un elevado número de directivos que deciden romper con sus trayectorias pasadas y que logran dar un giro profesional de 180°. Suelen tardar entre tres y cinco años, y los que consiguen alcanzar una nueva identidad laboral rentable, apasionante y exitosa, demuestran dos habilidades fundamentales: han sabido gestionar sus contactos para concretar y hacer evolucionar su sueño laboral hacia algo factible mediante escenarios de transición, y se han atrevido a arriesgarse. Este fenómeno se halla especialmente bien ilustrado en el trabajo de la doctora Herminia Ibarra, profesora de comportamiento organizacional del INSEAD después de trabajar durante trece años en Harvard, y autora del libro *Estrategias poco convencionales para reinventar su carrera profesional*.

6.3. Su contexto competitivo

Para hacer su análisis DAFO personal, debe empezar por su contexto competitivo. Dependiendo del objetivo que usted persiga con las herramientas de *networking*, el contexto a definir es diferente.

En el caso de una empresa, su contexto es su mercado. Para una compañía de telefonía su contexto es el conjunto de hogares y oficinas que contratan servicios telefónicos. Para una empresa de catering aéreo su mercado son todas las líneas aéreas que contratan servicios de catering para sus aviones. Pero en su caso definir el mercado es un pelín más complejo.

El modelo de capital social nos puede ayudar. Este modelo distingue el capital humano del capital social de una persona del modo siguiente. Su capital humano es el conjunto de conocimientos, habilidades y experiencia que una persona puede aportar en un momento dado. Esto incluye los idiomas que habla, la habilidad para escribir a máquina que aprendió por casualidad en un colegio extranjero y la simpatía personal que le proporciona muchas oportunidades de negocio.

Su capital social, en contraste, es el conjunto de personas que pueden solicitar su ayuda, dándole la oportunidad de demostrar y rentabilizar su capital humano. Esto incluye a todos aquellos contactos que le conozcan, tengan confianza en usted y estén dispuestos a intercambiar favores o información, ayudándole a conseguir sus objetivos. Amigos, familiares, compañeros de trabajo, colegas del gimnasio, y un largo etcétera de conocidos sin los cuales usted no podría sacar partido a los años de inversión dedicados al cultivo de su capital humano.

Pues bien, su contexto de referencia es el conjunto de personas susceptibles de enriquecer su capital social. Como el mercado de clientes que podrían requerir los servicios de una empresa dada, usted tiene a su alrededor cientos y tal vez miles de personas que podrían ser «compradoras» de su capital humano o que, por lo menos, pueden recomendarle.

Ahora bien, igual que una empresa puede competir en varios mercados a la vez, usted seguramente está presente en varios contextos estratégicos. En tal caso puede hacer su análisis DAFO para cada uno de dichos contextos o mercados.

Definir bien el contexto de referencia es una de los pasos más difíciles pero más críticos en el diseño de su estrategia personal. Veamos algunos ejemplos para hacernos una idea.

Margarita Pérez Pérez, por ejemplo. Uno de sus contextos, el que es inmediatamente relevante para ella, está formado por los empleados de todos los niveles de la empresa de consultoría en la que trabaja. Es solicitada para trabajar en un proyecto si los otros consultores o gerentes la recomiendan y/o la buscan para ello.

Sin embargo, como sabemos que Margarita no está satisfecha con su trabajo actual, no sólo tiene que cuidar su día a día, sino que también está analizando su plan de carrera a medio plazo. Su trabajo como consultora le exige llevar a cabo jornadas maratonianas imposibles de compatibilizar con la gestión de su giro profesional, por lo que ha decidido que su primer paso debe ser cambiarse a una empresa cliente que tenga ritmos de trabajo menos imprevisibles.

De modo que Margarita también va a analizar su DAFO con respecto al conjunto de empresas que reclutan consultores internamente, dispuestas a pagar un sueldo comparable al que ella tiene ahora, y cuya sede esté en Madrid, puesto que no quiere mudarse. Una vez seleccionadas las empresas que cumplen estos requisitos, las personas relevantes del contexto de Margarita son los directivos y jefes de estas empresas que necesitan reclutar consultores. Considerando con quiénes tratan estos directivos, a quién piden recomendaciones y en qué tipo de asociaciones y eventos se mueven, Margarita puede definir un segundo contexto de análisis: jefes de informática, estrategia y organización en empresas de más de mil trabajadores, radicadas en Madrid, que tienen previsto hacer adquisiciones en el mercado (recordemos que esto es lo que sabe hacer María, y por ello sólo la van a requerir las empresas que tengan un problema de este tipo sobre la mesa).

Otro ejemplo es el caso de Rodrigo Rodríguez Rodríguez, o R3 para sus amigos. R3 es el nuevo director de la oficina de Barcelona de un laboratorio farmacéutico importante. Proviene de una multinacional estadounidense, donde ha trabajado los últimos diez años, y ha asumido un reto crucial de la mano de la empresa de capital riesgo que compró el laboratorio hace un año y busca relanzarlo comercialmente.

Rodrigo tiene que analizar dos contextos cruciales para su éxito: por un lado, está la organización de quinientas personas a quienes debe dirigir en la oficina de Barcelona. Estos quinientos empleados, con una antigüedad media de quince años y fuertemente opuestos a los nuevos dueños capitalistas, pueden ser las ruedas del coche de Rodrigo, o los frenos. Es decir, si deciden confiar en R3, escucharle, aliarse con él, pueden ayudarle a implantar las acciones necesarias para relanzar el negocio en la región. Pero si no entran en su capital social, le pueden hacer la vida imposible.

El otro contexto relevante para Rodrigo es el conjunto de directivos de igual o mayor rango que él en la empresa, junto con los consejeros y representantes de la sociedad de capital riesgo que se implican en la gestión del laboratorio. Si estas personas se forman una buena opinión de él en los próximos meses, serán más proclives a contarle secretos de política interna, y a darle una oportunidad si mete la pata. Generar credibilidad y confianza entre la cúpula directiva del laboratorio situada en Madrid, París y Londres es clave par que R3 pueda defender los intereses de sus quinientos subordinados y para que pueda ganar mayor influencia en la toma de decisiones estratégicas del grupo.

Una vez definido el contexto, vamos a listar las oportunidades y amenazas que ofrece. De nuevo, la correcta identificación de dichas oportunidades y amenazas es clave para que la estrategia resultante sea exitosa. Cuando se dice que la visión de negocio es importante, se trata precisamente de que sea certero en su lectura del contexto competitivo en el que participa, y sepa ver lo que los demás no ven.

Existen tres dimensiones a considerar cuando se hace el análisis DAFO. Los primeros dos niveles son como dos mitades del capital humano, mientras que el tercer nivel de análisis trata precisamente el capital social:

1) Nivel técnico, concreto, intelectual, objetivo. Se refiere al producto, al conocimiento o capacidad intelectual, y que acostumbramos a llamar «no subjetivo».
2) Nivel emocional, subjetivo, habilidades directivas, valores, sensaciones. Se refiere a las emociones que transmite un perfume, o los valores de trabajo que exhibe un directivo, o las características que la gente asocia a su personalidad.
3) Nivel social. Se refiere a la estructura y los modos de funcionamiento de las redes sociales.

Le recomiendo intentar colocar cada fortaleza y cada debilidad personal, así como cada oportunidad y amenaza de su contexto, en uno de los tres niveles anteriores. Debería quedarle una tabla con seis casillas para el contexto y otra con seis casillas para usted o su producto. O si quiere utilizar la representación clásica estratégica, que sitúa todo el DAFO en cuatro casillas, elabore un gráfico DAFO para cada nivel o dimensión de análisis.

Diferenciar estos niveles obedece al interés de lograr un mejor nivel de detalle, pero sobre todo interesa porque las tácticas de desarrollo de cada dimensión tienen plazos de realización diferentes y tocan niveles distintos de su persona.

Si una oportunidad técnica del mercado de contratación informático es que hay escasez de conocimiento experto en una tecnología muy demandada, usted puede aprovechar esta oportunidad a partir de la fecha en la que haya incorporado el conocimiento necesario.

La táctica a seguir incluirá libros, cursos y exposición a problemas concretos.

Si, por el contrario, resulta que en su empresa se prefiere los perfiles muy extrovertidos y competitivos, mientras que usted es más bien callado y poco conversador, el plan de desarrollo de este *gap* es más complejo y tal vez no sea viable.

Finalmente, el nivel social es como el embalaje y el póster de la modelo que acompañan a un cosmético. En muchos perfumes y cremas el tarro puede llegar a costar más que el contenido, y dependiendo del caché de la modelo o actriz retratada, el coste de la imagen y comunicación del producto puede ser más elevado todavía.

Su red social, analizada desde múltiples aspecto en el capítulo 2, es en sí una fuente de ventajas o de debilidades que le posiciona en su contexto con unos puntos de partida. La forma típica de intercambiar información o favores que emplean los actores de su contexto, sus requisitos mínimos para establecer confianza y su disposición al cambio son las restricciones del juego que determinan el nivel de dificultad en el que está usted ahora.

Su análisis DAFO debe considerar las tres variables, tanto por separado como en conjunto, porque los objetivos que usted decida perseguir y el camino estratégico que elija para alcanzarlos deberán asignar un peso relativo a cada uno de estos tipos de capital o valor añadido.

6.4. Oportunidades y amenazas del contexto

Si estuviésemos vendiendo un producto en el mercado, tendríamos que preguntarnos por todos aquellos factores que influyen en la decisión de compra de un cliente dado. Si buscamos financiación para un fondo o una ONG, averiguaremos qué tipo de inversores o fundaciones buscan proyectos como el nuestro. Trasladando esto a la problemática de comercializar nuestro capital humano, también nos interesa saber lo que impacta la decisión de un posible candidato a incorporarse a nuestro capital social.

Y es que, aunque nosotros queramos aumentar nuestro capital social, y después de leer este libro y otros muchos más pongamos en marcha un plan infalible sobre papel, la realidad nos devuelve un resultado que depende también de la voluntad y los intereses de aquellos a quienes queremos conquistar. Recuerde que en gestión de contactos, como en casi cualquier habilidad directiva, hay un momento para ser estratégico, como el tiempo que dedica usted ahora a este capítulo, y un momento para ser auténtico y aceptar las reacciones que su persona provoque en los demás.

A continuación se le plantean una serie de preguntas que pueden resultarle útiles para definir las oportunidades y amenazas de su contexto. No pretende ser una lista exhaustiva ni exclusiva, sino que está creada para que cada uno seleccione y conteste a las preguntas que le resulten útiles, o a versiones propias de cuestiones inspiradas en esta lista. Se le sugiere contestar con detalle y darse varias oportunidades para volver a estas preguntas y añadir o quitar cosas. No se trata de un ejercicio de rapidez en responder, sino de acertar con las respuestas.

- ¿Quiénes buscan sus servicios, conocimientos y otros componentes de su capital humano? Haga una lista de los perfiles tipo, o incluso de personas concretas con nombres y apellidos.
- ¿Qué características o habilidades suyas son valoradas hasta el punto de seleccionarlo a usted por encima de otro? Tenga en cuenta rasgos técnicos y de *expertise* técnico, pero considere también estereotipos de éxito preferidos, habilidades directivas especialmente valoradas, y la necesidad de estar conectado con alguien o ser parte de algún círculo especial para ser considerado.
- ¿Qué rasgos demuestran los «clientes» que prefieren su estilo de trabajo o su producto por encima del que ofrecen otros competidores?

- ¿Quiénes influyen a los demás con sus actos o sus opiniones al respecto de usted (o de otros oferentes)? Si una empresa presenta un proyecto para la construcción de un parque eólico, existe una figura con fuerte conocimiento técnico que trabaja para el político a cargo de la decisión. No es quien toma la decisión, pero sí tiene el poder de vetarla por considerarla no apta técnicamente.
- ¿Qué tipo de intermediarios o prescriptores juegan en su contexto? Los médicos recomiendan ciertos medicamentos a sus pacientes, los cazatalentos seleccionan directivos para sus clientes, y la alta dirección o RRHH pide su recomendación a sus superiores cuando hay que seleccionar perfiles de alto potencial.
- ¿Cuán largo es el ciclo de compra o decisión de cambio de proveedor? En el caso del mercado laboral debería considerar el periodo medio de permanencia en el puesto que le interesa, y el periodo medio que pasa entre que alguien dimite y alguien empieza en ese puesto.
- ¿Qué nivel de visibilidad tiene usted en los diferentes grupos de clientes o buscadores de sus habilidades?; ¿saben que existe?; ¿pueden citar su nombre y asociarlo con su cara?; ¿pueden opinar con conocimiento?
- ¿Qué porcentaje de los actores relevantes está al corriente de lo que usted ofrece en este momento?; ¿qué porcentaje de ellos ha oído algo acerca de los éxitos o fracasos que ha tenido usted en el pasado?
- ¿Qué circunstancias económicas, sociales y culturales influyen el nivel de demanda de su producto o servicio específico? Para el vendedor de helados está claro que el calor importa, pero para el directivo ambicioso que trabaja en una multinacional extranjera, es importante comprobar cuántos directivos nacionales son promocionados en esa multinacional, y qué acreditaciones o estrellitas en la solapa se requieren para ser considerados como candidatos.
- ¿Qué acceso tiene usted a los canales de comunicación que alimentan a los actores objetivo de su contexto? Si es fácil publicar

un artículo en la revista sectorial que leen todos los actores del mercado en el que usted opera, esto es una oportunidad. Si, por el contrario, hay mucha competencia por salir en ese medio, o es imposible estar en los eventos y reuniones en los que se encuentran sus *targets*, su capacidad de comunicación y de influencia sobre ellos es limitada.

Por otro lado, un contexto de crisis económica como el que toca a las puertas del mercado español desde hace algunos meses influye no sólo en las ventas de las empresas, sino también en sus proyectos de inversión, su contratación de servicios externos, su estándar de rendimiento y su nivel de exigencia sobre ciertas funciones como el control presupuestario.

Tenga cuidado con la definición y la formulación de estos factores como debilidades personales o como amenazas del contexto. Las amenazas del contexto no son consecuencia de quién es usted, sino que están ahí antes y después de que se sitúe antes del contexto. Representar un fondo de inversión con criterios más restrictivos puede ser interpretado como una debilidad de su producto, pero dado que esto seguramente no es algo fácilmente cambiable, es más útil interpretarlo como una amenaza del contexto: escasez de oportunidades de inversión.

Al final del capítulo encontrará varias tablas que pueden ayudarle a analizar el contexto social existente a su alrededor.

6.5. Sus fortalezas y debilidades

La segunda parte de su análisis DAFO está relacionada con usted, de nuevo en los tres niveles: técnico, emocional y social. El estudio del contexto y la definición de oportunidades y amenazas seguramente ya le ha indicado las fortalezas y debilidades correspondientes en cada área.

Pero puede recurrir a sus amigos y compañeros para pedirles *feedback* sobre su persona, pidiéndoles que describan lo que más valoran o aprecian en usted, y lo que consideran que podría mejorar. Cuanto más diversa sea la muestra de opinión, más rica y variada será la información. Seleccione tanto a amigos que no tengan nada que ver con trabajo, como a familiares que convivan con usted y compañeros de oficina que sólo lo conozcan con traje de chaqueta. Y luego, prepárese para sonrojarse de gusto ante los piropos y de vergüenza o para sentir frustración ante las verdades difíciles que tal vez no le hayan dicho nunca porque no lo había preguntado.

El marco de habilidades emocionales descrito en el capítulo 5 también le puede servir si se autoevalúa con una puntuación entre 1 y 10 para cada habilidad, como muestra el ejercicio incluido al final de este capítulo.

Finalmente, el análisis realizado durante el capítulo 2 de su red le ayudará a completar la dimensión social de su análisis DAFO.

6.6. Su estrategia y sus objetivos

Ahora está usted preparado para dar el importantísimo paso que separa a los soñadores de los ejecutores de alto rendimiento; formulará ahora su plan estratégico a uno, dos o cinco años, según el plazo que tenga sentido para su situación concreta.

La formulación de su misión o de la razón de ser de su actividad actual fue el primer paso que definió una trayectoria concreta, ya sea laboral, comercial, financiera o de otra naturaleza. Pero una vez definida esa trayectoria, es preciso planificar en qué se concreta en el futuro próximo.

Para ello ha hecho un análisis DAFO en tres dimensiones, que le ha mostrado los *gaps* existentes entre lo que usted aporta a su contexto y lo que éste busca, valora, y por lo cual está dispuesto a pagar un coste más o menos tangible.

El liderazgo es una palabra repetida miles y millones de veces en el mundo cada día, referida tanto a personas concretas del mundo empresarial, social o político como a empresas, científicos, y todo aquello que marque una punta de avance más rápido con respecto al resto.

Por ello las definiciones de liderazgo abundan, se repiten y se vuelven a definir. Pero hay algo que distingue inevitablemente al líder, y es su velocidad de adaptación, e incluso su capacidad de anticipar las oportunidades y amenazas de su contexto. El que antes ve lo que viene, y antes se prepara para sacarle partido, es el que lidera. Y los demás no.

Por ello el análisis DAFO es la herramienta por excelencia para alimentar la creación de un plan estratégico, puesto que señala los *gaps* o faltas de adaptación, permitiendo a la empresa o al directivo escoger el camino que minimiza dichas carencias en el menor plazo posible. O en ciertos casos, aconseja orientarse hacia otro contexto menos difícil.

Una de las lecciones más útiles del tratado sobre estrategia bélica desarrollado por Sun Tzu hace miles de años, y tan apreciado entre las estrategas de todos los ámbitos, es la recomendación de escoger las batallas que uno emprende.

Escoger una batalla demasiado difícil de ganar es posiblemente el error más frecuente que cometen directivos y empresas a la hora de definir sus estrategias, y el más inconsciente de todos, puesto que una vez dentro de la lucha es muy difícil pararse para tomar perspectiva y más duro aún renunciar a todo lo que ya se ha invertido y gastado en la batalla.

Fue el caso de Mónica, que después de hacer un MBA de dos años que puso a prueba su matrimonio, y de cinco años de dejarse la piel para compensar su pasado de economista en un bufete de abogados en el que ejercer la abogacía era requisito imprescindible para promocionar, se sentó desesperada delante del fundador de la firma y le preguntó qué rayos estaba haciendo mal. La demoledora respuesta fue breve: «No estás haciendo nada mal...; es que te has equivocado de tiesto.»

No es que Mónica no se hubiese planteado cambiar de empresa más de una vez en los últimos siete años, y no es que no supiera que ser economista jugaba en su contra. Es que no quiso renunciar a todo lo que ya había invertido en esta batalla, e infravaloró el esfuerzo, tanto en intensidad como en plazo, que supondría no ser abogada. Lo único que hizo mal fue invertir siete años de su vida en una batalla que no podía ganar, y constatar esto *a posteriori* es un golpe duro de verdad.

No basta con dar vueltas a estas cuestiones de modo caótico en el atasco de tráfico rumbo al trabajo y en conversaciones de descarga de tensión con amigos comprensivos. Es preciso dedicarle tiempo oficial, y escribir documentos y testimonios formales para completar el análisis necesario de principio a fin. E incluso entonces, sólo unos pocos llegan a liderar a los demás.

Aquí encontrará algunas preguntas que le ayuden a definir su estrategia a dos niveles: el objetivo global e integral a conseguir en el plazo estimado, y los subobjetivos que se derivan de ahí en cada una de sus tres dimensiones de desarrollo: técnica, emocional y social.

- ¿Qué desearía usted haber conseguido dentro de X meses (mínimo doce meses)? Si se visualiza a sí mismo en ese momento, ¿cómo se describiría? Incluya todos los detalles que se le ocurran, desde su ritmo de trabajo hasta las cosas que hace, el lugar en el que trabaja, el tipo de personas con las que se relaciona y la clase de retos de futuro que le apasionan.
- ¿Qué conocimientos y experiencias, tanto técnicos como emocionales, deberá haber acumulado entonces?
- ¿Cómo será su red de contactos? Puede recurrir al modelo de POTENCIA para ser riguroso. ¿Qué perfil de personas aparece en su red del futuro?
- ¿Qué nivel de visibilidad tendrá en su empresa, en su mercado y en los entornos sociales relevantes para usted?

- ¿Qué reputación tendrá?
- ¿Qué tipo de anécdotas o rasgos se repitirán acerca de usted en los rumores que circulen a su alrededor?
- ¿Cómo se sentirá y cómo será su vida personal?

Y la pregunta más importante:

- ¿En qué fecha y a qué hora volverá usted a revisar esta formulación de sus objetivos estratégicos?

Después de contestar con rigor y con detenimiento, e incluso de forma repetitiva, a todas estas preguntas, escriba su objetivo y los objetivos secundarios que de él se derivan, y hágales la prueba de los objetivos LISTOS, o *smart*, como los llaman en inglés.

rea L ista
med I ble
e S pecífico
T iempo-relevante
c O nseguible

Si no cumplen alguna de estas condiciones, reformúlelos.

Añada la fecha y todo aquello que complete su compromiso estratégico consigo mismo. Ponga el texto correspondiente en un lugar especial para usted. Tan especial y tan importante como pueda suponer lograr el éxito profesional en su vida. Si después de leer todo esto, no lo pone por escrito o lo inmortaliza de alguna manera, tendremos que llegar a la conclusión de que el éxito profesional no es una de sus prioridades.

6.7. Presupuestación

Su estrategia no estará completa si no la acompaña de un presupuesto. Aunque ya ha decidido qué es lo que quiere conseguir y para cuándo, aún no ha dejado claro lo que está dispuesto a gastar para conseguirlo.

Y sin embargo, el presupuesto disponible será clave a la hora de definir las tácticas y pasos concretos de su plan de acción. Este apartado puede ser muy fácil o muy complicado, pero sin aportar una respuesta clara a estas preguntas, no se producirán cambios en su gestión de contactos.

A estas alturas del libro deberían haber quedado muy claras dos cosas sobre el arte y la ciencia de *redear*, o de gestionar contactos:

- Hacer apuestas previas de confianza e invertir con actos de generosidad para generar valor a su alrededor, siguiendo una combinación de criterios de selección y de casualidades fortuitas.
- Mantener siempre un ritmo o frecuencia mínimos. NO VALEN LOS ATRACONES.

Por tanto, tiene que presupuestar un plan para ganar una maratón, y no un conjunto de carreras aisladas de 100 metros lisos. Su presupuesto debe estimar la cantidad teórica de consumo que realizará en cada periodo (semanas, meses, años) para que su plan produzca resultados a medio plazo.

La cantidad teórica será ya en sí misma un indicador de rendimiento que le permitirá controlar si su desempeño real se corresponde con el plan o no, antes de desaprovechar gran cosa. Le bastará con comprobar en cada periodo el nivel de gasto que ha realizado en cada categoría de recurso.

Esta comprobación puede ser todo lo rigurosa o lo «rápida y sucia» que se quiera, pero se puede garantizar que si ha establecido un nivel teórico, al cabo de poco tiempo usted sentirá y sabrá automáticamente cuando se está apartando de su plan, de igual modo que intuye cuándo se está pasando con sus gastos en ocio o cuando se merece un capricho porque ha ahorrado el mes anterior.

No se trata de ponerse una soga al cuello y maltratarse frente al espejo cada mañana, sino de hacer un seguimiento del cumplimiento de su presupuesto. Si comprueba que se aparta bastante del nivel teórico de forma repetida y continuada, entonces sabrá que 1) se ha puesto un nivel teórico poco realista o 2) existe otra barrera o limitación que debe resolver antes de poderse dedicar a desarrollar sus redes.

6.7.1. El tiempo

El recurso por excelencia es su tiempo. No hay nada más limitado que las horas y los minutos del día, especialmente para alguien que persigue un reto con ilusión. Y aquí está la primera pregunta clave:

- ¿Qué porcentaje de su tiempo debe dedicar en cada periodo a la gestión de sus contactos?

El periodo depende de lo que tenga sentido para usted. La semana es la medida de tiempo más frecuente, pero según su situación puede ser el mes o la quincena. Si se siente tentado a usar el día como estándar temporal, es posible que se esté planteando un objetivo tan urgente que no se pueda conseguir mediante *networking*.

Este porcentaje se traducirá en un número de horas concreto. De usted depende que esas horas formen parte de jornada laboral o que integren también su tiempo libre, pero de cara a conciliar su vida personal, y de reponerse de energía creativa y magnética, se sugiere que las actividades de gestión de redes con objetivos profesionales se mantengan dentro del horario laboral. Una persona con los ojos rojos, la corbata torcida y el gesto agobiado no invita precisamente a desarrollar una relación y no transmite nada atractivo, ni tranquilidad, ni armonía, ni confianza, ni eficiencia.

Una vez contestada esta pregunta clave con un nivel teórico realista, cómodo, y coherente con su plan estratégico, responda de forma detallada a las siguientes preguntas para reducir al máximo el riesgo de no cumplimiento:

- ¿Qué días de la semana y qué horas dedicará concretamente?
- Del total de horas que va a dedicar al mes, ¿cuántas horas serán para evaluar y adaptar sus esfuerzos de *networking*?, ¿en qué momento del mes realizará esta labor?
- ¿Qué porcentaje o número de horas semanales debe dedicar a generar nuevos contactos?
- ¿Qué porcentaje o número de horas semanales debe dedicar a cada clase de contactos? (consulte el capítulo 8 para ver las clases de contactos).

Ejercicio de análisis de la agenda

Este ejercicio le ayudará a comprobar cómo dedica ahora su tiempo en relación a la gestión de contactos, y le permitirá establecer respuestas razonables a las preguntas anteriores.

Escoja una semana en su agenda de los últimos meses que sea representativa, es decir, que no sea atípica, sino que refleje lo que ocurre la mayoría de sus semanas. Transcriba al cuadro de la página siguiente las citas y gestiones principales que realizó durante la semana. También puede optar por hacer el análisis sobre la semana pasada, que tendrá más fresca en la memoria.

Intente rellenar cada media hora disponible con lo que hizo, en especial con el objetivo de lo que estaba haciendo. Si hizo llamadas telefónicas, indique si fueron gestiones administrativas o fueron llamadas con contactos para trabajar la relación o la comunicación.

Aunque habrá muchas gestiones que le cueste clasificar de uno u otro modo, no lo piense demasiado. Asigne un objetivo y siga, para que el ejercicio no se vuelva eterno.

Si luego resulta que el ejercicio no refleja resultados fiables para usted, espere a la semana próxima y vuelva a realizarlo.

	Lunes	Martes	Miércoles	Jueves	Viernes	Sábado	Domingo
9h00							
9h30							
10h00							
10h30							
11h00							
11h30							
12h00							
12h30							
13h00							
13h30							
14h00							
14h30							
15h00							
15h30							
16h00							
16h30							
17h00							
17h30							
18h00							
18h30							
19h00							
19h30							
20h00							
20h30							
21h00							
21h30							

• A) Una vez completadas las actividades de la semana, coja un lápiz o rotulador negro y tache todos los espacios ocupados por gestiones que no pueden asociarse al *networking* o gestión de contactos.

Escriba cuántas horas de su semana se dedicaron a trabajar, cuántas horas a gestión de contactos y cuántas a su vida personal (incluyendo comer, dormir, deporte, etc.).

- B) Ahora clasifique sus contactos en tres niveles, en función de la importancia que tienen para usted y sus objetivos actuales. Puede llamarlos contactos clase A si son los más cruciales, clase B si son los siguientes en importancia y clase C si son los menos relevantes.

  Coja tres lápices o rotuladores de colores diferentes y repase el calendario rellenando los espacios que se corresponden con gestiones hacia contactos de cada clase.

  Escriba ahora cuántas horas de su semana se dedicaron a gestiones de clase A, cuántas a gestiones de clase B y cuántas a gestiones de clase C.
- C) Coloree en un cuarto color las horas que dedicó a conocer a contactos nuevos, ya sea haciendo una visita expresa o acudiendo a conferencias y eventos que le facilitarían conocer a gente nueva.

  Escriba el total de horas que dedicó a la captación de nuevos contactos.
- D) Por último, coja un nuevo color para colorear los espacios que dedicó a reflexionar sobre su red, planificar nuevas acciones de *networking* y analizar sus contactos.

Escriba el total de horas invertido en esta actividad, y traslade los resultados de los puntos A, B, C y D a estas tablas.

Note que el número de horas de *networking* en la tabla superior debe coincidir con el total sumado de la tabla inferior.

Calcule los porcentajes resultantes de este análisis y considere cuánto se acercan o se alejan de lo que le parece mejor teóricamente.

	Nº horas	%
Personal		
Trabajo		
Networking		
TOTAL		**100**

	Nº horas	%
Clase A		
Clase B		
Clase C		
Captación		
Análisis		
TOTAL		**100**

Para que exista cierta probabilidad de cumplimento de su plan de gestión de contactos, es preciso que los porcentajes objetivo que designe para cada apartado sean realizables sin demasiado esfuerzo. Es decir, que no deberían alejarse enormemente de lo que está haciendo ahora.

6.7.2. Otros recursos

Pero el tiempo no es su único recurso. El siguiente recurso a presupuestar es el dinero que va usted a invertir en cuotas para asociaciones, obsequios, viajes, comidas y cafés, y todo aquello que vaya a realizar como parte de sus aportaciones de valor en su gestión de contactos.

Este parámetro también se presta a calibración o definición de estándares teóricos según las preguntas anteriores.

Por último, merece la pena considerar el resto de recursos que tiene usted a su alcance para invertir en el cultivo de confianza propio de vínculos nuevos y no nuevos. Hay muchas formas de aportar valor a otra persona sin desembolsar dinero, y empleando una cantidad reducida de tiempo.

Los mejores gestores de contactos son eficientes porque sacan el máximo partido a los recursos que invierten, y como el tiempo es el recurso más escaso, el ejercicio siguiente puede aportarle importantes ahorros de tiempo en el futuro.

Se trata de construir un inventario de recursos disponibles, una lista de todo aquello que está a su alcance y que usted puede poner a disposición de un contacto dado para ayudarlo con sus retos.

A continuación encontrará una tabla que clasifica los tipos de recursos que uno puede tener. Rellene la columna de recursos concretos, especifique si son recursos de acceso directo o si tiene que recurrir a un tercero para conseguirlos, y asigne una dificultad de acceso o de preparación a cada recurso.

Esta tabla le permite tener presente el coste de ofrecer cada favor o ayuda concreto, para que luego pueda asociar con mayor rapidez uno de los recursos a la prioridad e interés particular que presente cada encuentro social.

En este inventario de recursos conviene citar aquello de que se dispone en abundancia. Se asume que, puestos a buscar (y a gastar), podría usted conseguir cualquier recurso que se propusiera, pero son los que puede ofrecer sin demasiado esfuerzo los que interesa tener fichados.

La tabla 6.1 describe una lista sugerida de tipos de recurso, pero es usted libre de añadir o de quitar las categorías que considere relevantes en su caso.

- Información privilegiada:
  - Artículos de prensa e informes que usted coleccione.
  - Chismes políticamente delicados o confidenciales difíciles de conseguir por otros medios.

  - Información específica sobre un sector, un producto, una tecnología (ejemplos: resolverle los problemas informáticos a los amigos, ayudar con la declaración de la renta, enviar las direcciones web de buenos proveedores de cerámica).
- Contacto con terceros:
  - Proporcionar datos de contacto de un amigo o compañero de trabajo.
  - Reenviar un documento de venta o un currículum a un tercero.
  - Organizar una comida o una cena para introducir a un tercero.
- Acceso privilegiado:
  - Directores generales o personalidades exclusivas que sean amigos o familiares suyos.
  - Invitaciones a eventos exclusivos, como el palco del Real Madrid o el Barcelona, o incorporación a una asociación muy selectiva de la que usted es miembro.
- Promoción de sus intereses:
  - Hacer recomendaciones a sus contactos sobre la persona o sus servicios.
  - Puesta a disposición de sus oficinas o eventos para la promoción o presentación.
- Obsequios y detalles:
  - Libros que usted considere interesantes.
  - Objetos de valor variable que pueda regalar sin que parezcan demasiado personales, pero que digan algo sobre quién es usted (los regalos corporativos no cuentan a menos que sean difíciles de conseguir o especialmente valiosos).
  - Cartas o tarjetas de felicitación manuscritas en papel especial.
  - Llamadas personales por eventos especiales.
  - Favores concretos.
  - Invitaciones a eventos apreciados o especialmente predilectos de la persona: la ópera, visitas guiadas a museos, invitaciones a un *spa* de moda, etc.

TABLA 6.1

Tabla de recursos disponibles para la generación de valor en mis vínculos

Tipo de recurso	Recursos disponibles	Acceso (directo o a través de un tercero)	Dificultad de acceso: (A) alta, (M) media, (B) baja
Información privilegiada			
Contacto con terceros			
Acceso privilegiado			
Promoción de sus intereses			
Obsequios y detalles			
Acompañamiento e intercambio en deportes y aficiones			
Hospitalidad casera			
Apoyo emocional y ayuda en problemas privados de cierta importancia			

Entrevista con Francisco Belil, consejero delegado de Siemens España y de la Región Suroeste de Europa

Prudente a la vez que provocador conversador, Francisco Belil es responsable de Siemens España y de la región Suroeste de Europa, la cual comprende catorce países. Este cargo es el resultado de una exitosa trayectoria internacional que comenzó con una antesala educativa tan diversa como lo ha sido después su carrera profesional: educado en Barcelona, continuó sus estudios en Estados Unidos y culminó su preparación en el laureado INSEAD de Fontaineblau, Francia.

Buscando un hilo conductor en un currículum que se reparte entre México, Estados Unidos, España y Alemania, la cultura alemana y las multinacionales se vislumbran claramente en el trasfondo de la sucesión de puestos de responsabilidad que lo han llevado hasta la dirección de Siemens.

Pero como ilustra la siguiente entrevista, los ingredientes clave de su éxito han sido, sin lugar a dudas, el disfrute y el funcionamiento *en red*: «Sólo disfrutando del trabajo soy capaz de dar buenos resultados, y quizás por eso, lo que busco en la gente es que sepa sonreír», comienza el consejero delegado.

Belil explica que desde que empezó a trabajar se encontró en entornos organizacionales grandes y complejos, en los que había mucho talento, pero estaba distribuido entre países, departamentos y niveles jerárquicos. Encontrarlo no era tarea fácil. Añade que «también tenías que intentar alinear tus objetivos con los objetivos de la organización, lo cual era imposible sin interacciones frecuentes e intercambios de información valiosa con actores de diferentes áreas de la empresa».

Aún hoy confiesa que «las redes son parte esencial de mi trabajo. Paso más del 50 % de mi tiempo escuchando a colegas y oyendo opiniones antes de tomar decisiones», una cultura de trabajo que ha encajado a la perfección con el modelo de excelencia e innovación de Siemens.

El directivo describe a la empresa como «una red de conocimiento presente en 191 países, lo cual aporta una diversidad privilegiada a nuestras reflexiones, proyectos internos y esfuerzos de innovación». Pero las redes de Siemens no se quedan ahí, sino que, en opinión de Belil, «integran también a clientes, universidades y empresas de investigación. Buscamos el talento donde quiera que esté, y si no lo tenemos internamente, encontramos a los mejores de cada campo».

Belil ilustra esto con un ejemplo: «Tenemos la mejor turbina de gas del mundo, y para ello hemos necesitado trabajar con especialistas en materiales y recubrimientos de altas prestaciones. Hemos recurrido a ecuaciones y modelos matemáticos altamente sofisticados, que analizan la dinámica de fluidos, y para algunos de esos cálculos se precisan computadores muy potentes que no necesariamente tenemos en la casa...; ¡incluso los ordenadores más potentes del mundo trabajan en red!», exclama.

El consejero delegado afirma que en Siemens «impulsamos el trabajo en red porque es la única manera de conseguir la excelencia que perseguimos, empezando incluso por las preguntas que nos planteamos».

Y es que el proceso de innovación tecnológica de la organización empieza por seleccionar cuidadosamente los interrogantes a los que se quiere responder: «Miramos a nivel mundial en qué dirección se mueven las cosas, qué está ocurriendo que no sea una moda pasajera, y qué tendencias impactarán de modo importante en la sociedad y sus necesidades», afirma el directivo internacional.

«La población mundial pasará de 6.300 millones de personas a 8.000 en los próximos veinte años –detalla, y añade–: En 2007, por primera vez, fue mayor el número de personas que viven en grandes ciudades que las que viven en el campo. El porcentaje de mayores de 65 años, que hoy roza el 8 % en el mundo, se duplicará en la siguiente generación. ¿Qué implica todo esto para las infraestructuras, el suministro de agua potable y electricidad, o para la movilidad de los millones de personas que entrarán y saldrán de estas megaciudades a diario?», se cuestiona.

«Esto fue exactamente lo que hizo el fundador de Siemens hace 161 años: plantear preguntas muy relevantes para la calidad de vida de la sociedad, como, por ejemplo, ¿por qué no hay una forma más rápida de enviar un mensaje a América y recibir respuesta antes de cuatro meses?», cita el dirigente, aludiendo a la inquietud que llevó a Siemens a inventar el primer telégrafo.

La preocupación del fundador por tener luz en las calles al llegar a su casa de noche permitió la aparición de la bombilla Osram, que hoy ha sido sustituida por la tecnología LED, la cual produce menos calor y, por ello, desperdicia menos energía y dura mucho más tiempo.

Hoy la estrategia de Siemens prioriza la búsqueda de respuestas en el sector industrial, en energía y en salud, según especifica Belil. «Dentro de estas áreas estamos trabajando muy intensamente en campos tan importantes como la automatización de procesos industriales, la movilidad, el agua, el diagnóstico precoz o la eficiencia energética, con un enfoque clarísimo hacia la protección del medio ambiente.»

Incluso la evolución de las relaciones interpersonales está creando nuevas necesidades en el terreno de la seguridad. Belil explica que la vida en pequeños pueblos permitía tales niveles de confianza entre familias vecinas que no hacía falta cerrar las puertas con llave al salir a trabajar. Unas familias cuidaban de las casas de otras, gracias a relaciones de confianza cultivadas a lo largo de varias generaciones.

Pero «en las grandes ciudades es distinto. Yo tuve la fortuna de vivir en la capital de México durante seis años, y ahí el número de personas a las que conoces es tan ínfimo comparado con los millones de ciudadanos que te rodean, que la seguridad se convierte en una necesidad muy importante», recuerda el directivo.

El estudio estratégico de tendencias y prioridades da lugar a líneas de investigación apoyadas por equipos dispersos geográficamente, permanentemente conectados entre sí por e-mail, teléfono, reuniones presenciales, videoconferencias y otros formatos hechos posibles con la tecnología actual de comunicación.

«Aunque detrás de todo esto están las personas. Encontrar a alguien que sabe de un tema específico entre 400.000 empleados a nivel mundial, y cultivar esa relación en el tiempo es una habilidad crítica para nuestros investigadores –aclara, ilustrándolo con la metáfora de una orquesta–: El jefe de investigación es una especie de director de orquesta que encarrila a su equipo, y al tiempo va buscando las piezas que le faltan. Si no encuentra un violín específico internamente, lo busca en el exterior, sea en el MIT, en Max Planck, o en cualquier otra organización u organismo especializado.»

Belil afirma que «llevamos la innovación en nuestro ADN», aunque el modo de hacerlo evolucione rápidamente. «En el siglo XIX el que innovaba era un sabio con una idea genial, que como mucho le pedía ayuda en la ejecución a un taller. Hoy en día, las grandes cosas se hacen a través de redes interpersonales, cada vez más sofisticadas debido a los avances tecnológicos».

La enorme malla interpersonal de Siemens parece incluso albergar subredes de todo tipo y variedad, integrándolas para producir las respuestas que busca con tanto ahínco: «Los equipos de investigación están en contacto permanente con los clientes. Por un lado, la fuerza comercial habla con los usuarios y, por otro, nuestros propios técnicos discuten con los técnicos de nuestros clientes para comprobar que lo que estamos haciendo responde a lo que ellos buscan».

El directivo afirma que todos ganan en el intercambio: «Buscamos que la información fluya, beneficiando a todos los que participan en una red. Yo creo que toda reunión entre personas con un mínimo de interés y conocimiento en diferentes áreas es enriquecedor para todos los presentes. Siempre permite aprender, como está ocurriendo ahora mismo...; ¡yo estoy aprendiendo mucho de esta conversación!», exclama, con su amplia y amigable sonrisa.

«Es obvio que todo esto depende de las personas. Cualquier organización es la suma de todas las personas que la integran, y por ello es tan importante la actitud positiva en nuestra gente...; que sepan disfrutar de su trabajo y hacer disfrutar a los demás –explica, añadiendo que a la hora de seleccionar a nuevos colaboradores–: sabemos que transmitir un conocimiento técnico es mucho más fácil que transmitir una actitud.»

Francisco Belil concluye la entrevista con un sugerente comentario sobre el cultivo de las relaciones humanas, proclamando que «hay que tomarse un kilo de sal con una persona para llegar a conocerla, y un kilo de sal ¡hay que dosificarlo!». Riéndose, nos conduce cordialmente hasta el ascensor antes de partir hacia la siguiente reunión de redes innovadoras de Siemens.

7

Nuevos vínculos

Ningún plan de acción para mejorar su red estará completo sin un apartado dedicado a la construcción de vínculos nuevos. El peso de las actividades de reflexión, planificación y ejecución de tareas para la búsqueda y captación de nuevos contactos dependerá de su plan estratégico, y, en principio, vendrá fijada por sus respuestas al apartado de presupuestación del capítulo anterior.

Al mismo tiempo, ésta es quizás una de las labores más olvidadas por los directivos y más frustrantes de recordar, puesto que uno suele tener la sensación de que está perdiendo el tiempo. Es la labor que menos resultados parece proporcionar por cada minuto invertido, pero representa el principio de todo. Sin nuevos vínculos no existe rotación en su red, y no pueden aparecer candidatos a clientes, inversores, jefes o cualquier otro puesto en su vida.

Es crucial determinar el número de horas a dedicar a crear nuevas relaciones porque aun pasando todas las horas objetivadas, volverá a casa con las manos vacías varias veces. O regresará con grandes expectativas sobre un nuevo conocido, que demostrará en el siguiente encuentro no ser en absoluto prometedor o tener cero interés en usted.

Es la primera depuración de su entorno social, y por ello una gran parte de lo que seleccione ahora se desperdiciará más adelante. Pero no debe olvidar que lo que hace que un minuto invertido en un contacto de hace seis meses dé un resultado increíblemente ventajoso es precisamente la suma de todos los minutos que usted pasó calibrando y estudiando con quién ponerse a hablar, cómo captar su interés y cuánto seguir invirtiendo en la cimentación de un vínculo que pueda proporcionarles a ambos buenos ratos y excelentes sorpresas en el futuro.

Imagínese que es usted uno de los jurados de uno de esos programas televisivos que seleccionan a jóvenes desconocidos para ser estrellas musicales en una casa sin rincones privados. Estos jurados no empiezan a trabajar el primer día del programa en la gala de presentación de los invitados a la casa mágica, sino que han tenido que ver a miles y miles de candidatos de todos los tipos y colores, haciendo cribas sucesivas para llegar a tener una lista de veinte o menos candidatos interesantes.

Este capítulo está dedicado a la primera convocatoria o *casting* de candidatos a formar parte de su vida, al estudio de dónde ir para conocerlos, a preparar estos encuentros y a pasar muchos ratos incómodos en conversaciones monosilábicas muy aburridas como precio para conseguir unos pocos encuentros interesantes, emocionantes y llenos de potencial futuro.

Y no olvide que, a diferencia del jurado del programa musical, usted es a la vez juez y candidato sujeto a los juicios y preferencias de sus nuevos encuentros. Tendrá que prepararse para recibir decepciones de candidato y satisfacciones de juez.

7.1. Dónde captar nuevos contactos

Para conocer a gente nueva existen muchos procedimientos posibles a seguir:

- Conocer a los amigos de sus contactos actuales, lo cual ocurre de uno en uno, y está dimensionado e incluso, a veces, limitado por las características de su red actual.

- A través de cenas, fiestas y eventos de ocio con sus amigos, familiares y compañeros de trabajo. Aquí se puede conocer a varias personas en el mismo tiempo dedicado a una introducción unipersonal, pero a menudo acaban siendo siempre los mismos invitados que se ven de ocasión en ocasión.
- Mediante el roce propio de vivir en un vecindario, ir a buscar a los niños al colegio, asistir a misa los domingos o hacer deporte en el gimnasio o club deportivo local. Aquí de nuevo aumenta la potencial rentabilidad del tiempo que usted invierte, porque es tiempo que tenía que usar de todas formas y porque puede ir entablando varias relaciones simultáneamente sin mucho esfuerzo. Sin embargo, la gran mayoría de estas relaciones tendrán poco o nada que ver con sus inquietudes profesionales.
- Gracias al roce del trabajo cotidiano, sobre todo si está usted en un puesto expuesto a clientes, proveedores y otras personas externas a la empresa. Este vehículo de introducciones garantiza la afinidad laboral porque se comparte el hecho de estar relacionado con la misma compañía o sector de actividad, pero surgen muchas limitaciones derivadas de intereses enfrentados tanto dentro como fuera de la empresa que, en ocasiones, sabotean toda posibilidad de relación real.
- Participando en asociaciones profesionales, eventos y conferencias o asistiendo a ferias sectoriales. Éste es el medio más eficiente para conocer a contactos que ya se han autoseleccionado por estar interesados en lo mismo que usted, y por hallarse interesados también en sembrar contactos.

Precisamente interesa dedicar una sección a la selección, evaluación y preparación de su participación en asociaciones, eventos y ferias, puesto que hay muchas formas de hacerlo, y aunque muchos directivos acuden porque intuitivamente les parece buena idea o porque es lo que hacen los demás, muchos lo hacen francamente mal.

De hecho, una vez que uno ha adquirido ojo crítico para evaluar el elevado número de eventos, conferencias y encuentros que se le proponen cada mes, se sorprende de constatar la enorme proporción de ellos que no están bien diseñados para facilitar el contacto con nuevas amistades, sino que, envueltos en la locura de encontrar ponentes, resolver problemas logísticos y financiarse con patrocinadores, abandonan al visitante a su propia suerte cuando llega.

De modo que resulta sorprendentemente frecuente salir de estos eventos con exactamente el mismo número de contactos que uno tenía antes de entrar. Y por el contrario, entablar conversación con alguien nuevo supone un esfuerzo de valentía para conquistar vacíos impersonales junto a la mesa del café, para aprovechar escasos minutos entre ponencias y un tesón inagotable para seguir intentando iniciar conversaciones con otros directivos igual de incómodos y menos motivados que usted.

7.1.1. Formule su estrategia de aproximación

Lo primero es lo primero. Si ya ha establecido su objetivo de horas y otros recursos a dedicar a la captación de nuevos contactos, ahora le queda traducir y adaptar su plan estratégico a la oferta existente de eventos, asociaciones, organizaciones de ocio y redes virtuales.

Una forma de hacer esto es hacer una lista de requisitos o una *checklist* que incluya los principios más generalistas de su plan, para después poner a prueba las oportunidades que se presenten.

Estos requisitos deben responder a las siguientes preguntas:

- ¿La razón de ser o misión de la asociación o evento es compatible y coherente con la suya?
- ¿El perfil típico de miembro o participante se corresponde con el tipo de contactos que usted quiere captar?; ¿qué proporción de miembros o participantes son más bien competidores suyos?

- ¿Cuál es la frecuencia de los encuentros y eventos; ¿hasta qué punto resulta fácil establecer nuevos contactos o cultivar contactos existentes en ellos?
- ¿Qué importancia y seguimiento real se da a la aportación de ideas nuevas?; ¿cuánto esfuerzo se dedica a seleccionar e incorporar a miembros y participantes dinámicos e interesantes?
- ¿Cuál es el balance de poder en la asociación o evento? Esto se puede comprobar en lo fácil o difícil que es protagonizar eventos futuros, participar en sus publicaciones o incorporarse en unidades de decisión y grupos de trabajo, por ejemplo.

Pero además hay un principio crítico que debe usted tener muy en cuenta a la hora de fijar el *mix* exacto de asociaciones y eventos en los que invierte sus recursos: todos ellos deben responder satisfactoriamente a dos criterios básicos.

- Reúnen el potencial necesario para aportar resultados a su plan estratégico.
- Son cómodos, agradables e interesantes porque encajan con usted y sus aficiones y características personales.

Debe usted estar seguro de que aunque no conozca a nadie interesante se lo pasa bien y está cómodo, aprende cosas que le interesan o practica aficiones reales, pero al mismo tiempo siente similitudes con el tipo de personas que le acompañan.

Si la asociación o evento cumple lo primero, pero no lo segundo, se le va a poner gesto de tiburón a la caza del contacto débil, y se alejará usted bastante de los principios de confianza y reciprocidad que deben fundamentar toda gestión de contactos.

Y si cumple lo segundo pero no lo primero, sea consciente de que esto es un capricho, o un regalo que se hace usted a sí mismo, y que no espera conseguir ninguna aportación adicional a sus objetivos personales. En este caso usted está apostando por una afición personal que nada tiene que ver con sus objetivos vitales, o ha elegido precisamente regalar su tiempo y su talento porque tiene un objetivo vital de servicio a los demás. En cuyo caso sí está cumpliendo también el primer principio, porque su estrategia personal está fundamentalmente orientada a dar a los demás sin recibir.

7.1.2. La asociación o club de su vida

En muchos casos uno no encuentra la asociación o club que mejor representa su identidad e intereses personales y que reúna al tipo de personas con las que le gustaría relacionarse. En tal caso puede optar por intentar montar dicha asociación o club.

El movimiento asociacionista en España es menos activo que en otros países, aunque existen muchas oportunidades para crear grupos de trabajo, de reflexión o incluso de diversión que le permitan poner en práctica habilidades de gestión de contactos, pero también de gestión política y de liderazgo.

Lo primero que debe cumplir su asociación es que sea diferente a las que ya existen y que aporte algo nuevo e importante para su sector, su negocio o las personas como usted. Si se siente tentado de crear una asociación porque no le dejan mandar en la que ya está, no lo haga; ésa no es una buena razón.

Debe usted definir este objetivo lo más claramente posible, y hacer una inversión en su imagen, ya sea pasar unas horas creando documentos atractivos, o incluso creando una página web y un logo si puede financiarlo.

La segunda cuestión importante es que atraer gente a una asociación es muy difícil. Todo el mundo se interesa y se deja querer, pero son pocos los que realmente se comprometen. Es conveniente intentar ligar a pesos fuertes a la asociación cuanto antes. Personalidades, gente influyente, conectores y personas que estén interesadas por el proyecto y que puedan contribuir con su propia visibilidad.

Lo tercero es crear una estructura de liderazgo lo antes posible. Tiene que quedar muy claro quién toma las decisiones, y el liderazgo debe basarse en la disponibilidad para contribuir a la asociación, pero también en que la persona reúna las habilidades de liderazgo necesarias para atraer a otros miembros.

Crear una asociación es una experiencia de aprendizaje muy enriquecedora, puesto que uno no cuenta con ninguna autoridad para motivar ni influenciar a otros, y porque las pasiones se multiplican en un entorno en el que la gente acude a buscar a menudo el reconocimiento que no recibe en su empresa o en otros foros.

La ley más importante de funcionamiento de una asociación es la reciprocidad. Uno debe recibir compensaciones tangibles o intangibles por sus aportaciones, y hay que huir de la gente que se acerca a la asociación para sacar lo que puede sin aportar nada.

7.1.3. Claves de eficacia de eventos: las 6 Q

Lo primero que debe usted aprender es a seleccionar muy cuidadosamente los eventos a los que acude. Este método le permitirá decidir si ir a un evento o feria, o si quedarse en casa, y en caso de ir, con qué nivel de implicación (y de inversión).

El método de las 6 Q puede ayudarle a analizar cada oportunidad. Qué, Quién, *Qómo*, *Quánto* gano, *Quánto* pierdo y *Quánto* cuesta.

- Qué (¿qué espera conseguir?).
  - Encontrar prospectos comerciales, conocer a chicas guapas, dejarse ver, construir la visibilidad de su marca o empresa, ganar credibilidad entre sus competidores, conseguir financiación para su ONG...
- Quién (¿cuál es el público objetivo del evento?).
  - A quién se dirigen en anuncios, páginas web y otros materiales de marketing.

- Cuánto cuesta participar, y cuántos participantes esperan conseguir.
- Qué modalidades de participación existen (patrocinadores, expositores, visitantes, ponentes, etc.), cuál es el perfil del participante de cada modalidad y qué beneficios obtiene en cada nivel de participación.
- Cuál es el razonamiento estratégico que incita a acudir a los participantes. Qué espera conseguir.

• *Qómo* (¿qué posibilidades de interrelación ofrece el evento?).
- Cómo están organizados las comidas y los cócteles, si son de pie o sentados, se han asignado sitios en las mesas o no.
- Qué otras opciones para facilitar contactos existen, si hay mesas redondas o debates reducidos para subgrupos, o existen espacios para improvisar reuniones privadas.
- Cuánta ayuda se proporciona al participante para que pueda discriminar entre los participantes, si se entregan tarjetas con nombres y puestos de responsabilidad para que las porten los asistentes, hay listas de confirmados con nombres y puestos, hay azafatas o miembros de la organización especialmente dedicados a hacer introducciones entre personas que no se conocen, se hacen rondas iniciales de presentación para romper el hielo en los debates o mesas redondas más manejables.
- A cuáles de los participantes conoce ya de antes, y cuántos nuevos habrá.
- Qué historia de éxito tiene el evento. Cuántas veces se ha hecho antes, qué nivel de éxito ha tenido, según los organizadores, y según los participantes. Qué dicen sus amigos y contactos sobre la organización y la utilidad práctica de las convocatorias anteriores.

• *Quánto* gano (¿qué oportunidades claras de generación de valor puede usted ver antes de ir o pagar?).
- Quiénes son los ponentes y conferenciantes, cuánto tiempo se quedan en el evento (llegan, hablan y se van, o se quedan por lo

menos al café), qué posibilidades tiene usted de hacerles preguntas durante su ponencia, y qué posibilidad tiene de intercambiar opiniones con ellos en privado o en grupos reducidos antes o después de su ponencia.
  - Cuántos de los organizadores, espónsores y expositores son posibles objetivos para usted, y de qué calidad son, considerando como factor de calidad su capacidad de decisión dentro de su organización para realizar transacciones con usted.
- *Quánto* pierdo (¿cuál es su coste de oportunidad?, ¿qué labores tendrá que dejar sin hacer, y qué otras oportunidades de valor tendrá que dejar a un lado?).
  - ¿Cuánto tiempo de trabajo perderá?
  - ¿Qué desplazamiento requiere?
  - ¿Cuáles son los costes medios del desplazamiento completo sin contar la cuota de inscripción?
- *Quánto* cuesta (¿cuánto cuesta participar en el evento?).
  - Cuota de inscripción, inclusión o no de comidas, coste de poner un expositor o de esponsorizar el evento, en cada modalidad.

Si encuentra un evento o feria que responde de forma óptima a todas estas cuestiones, por favor, cuéntenoslo a los demás. Es raro y difícil de encontrar. Pero al menos si usted se ha planteado estas preguntas, sabe exactamente lo que puede esperar a cambio de su inversión, y no saldrá demasiado decepcionado del encuentro.

Le queda decidir a cuántos de estos eventos va y qué nivel de implicación asume en función de los potenciales beneficios en términos de visibilidad, reputación y captación de contactos de alto potencial.

Y si por casualidad es usted organizador de ferias y encuentros, por favor, aplíquese el cuento. Incrementará el éxito y el interés de su feria, y contribuirá verdaderamente a dinamizar los negocios de su sector en lugar de reducirse a cuatro fotos y apariciones en prensa.

7.2. Su red de redes: el mapa de esferas

Otro análisis interesante a realizar es un inventario más exhaustivo de su red. La mayor aportación de este estudio no es dar con el número exacto de contactos en su red, o con los nombres y apellidos de todos sus conocidos, sino comprender la estructura e interconexiones entre los mundos o esferas sociales que usted frecuenta.

Para ello se recomienda hacer el ejercicio de las esferas. Necesitará una hoja de papel bastante grande, un A3 o similar. Se recomienda que lo pegue en una pared o pizarra para que lo mire varias veces antes de darlo por terminado y prefijado hasta el próximo estudio panorámico.

Se trata de dibujar primero su esfera personal en el centro de la hoja, y luego de ir dibujando a su alrededor todas las esferas de su vida: la esfera del colegio, de los deportes que usted juega, de sus aficiones de fin de semana, la esfera familiar, la del trabajo, las esferas de trabajos anteriores, los vecinos, los padres de los amigos de sus hijos, la esfera de sus comunidades religiosas o espirituales, las esferas de amigos en el extranjero y todo lo demás que se le ocurra.

Intente seguir los siguientes criterios visuales al dibujar su esfera de esferas:

- Dibuje el tamaño de la esfera en proporción al número de personas que la componen.
- Sitúe las esferas a distancias proporcionales a la influencia que tienen ahora en su vida, y al impacto que tienen entre sí. Como si fuesen los planetas y las estrellas, entre los que hay atracciones o repulsiones gravitacionales
- Si hay esferas que presentan divisiones, puede pintar cada división como satélites.
- Intente escribir dentro de cada esfera el número de contactos que contiene, y si tiene ganas de trabajar, prepare una lista en otro documento (un Excel) de todos los nombres que están asociados a cada esfera.

Esta figura muestra un ejemplo de esfera de esferas.

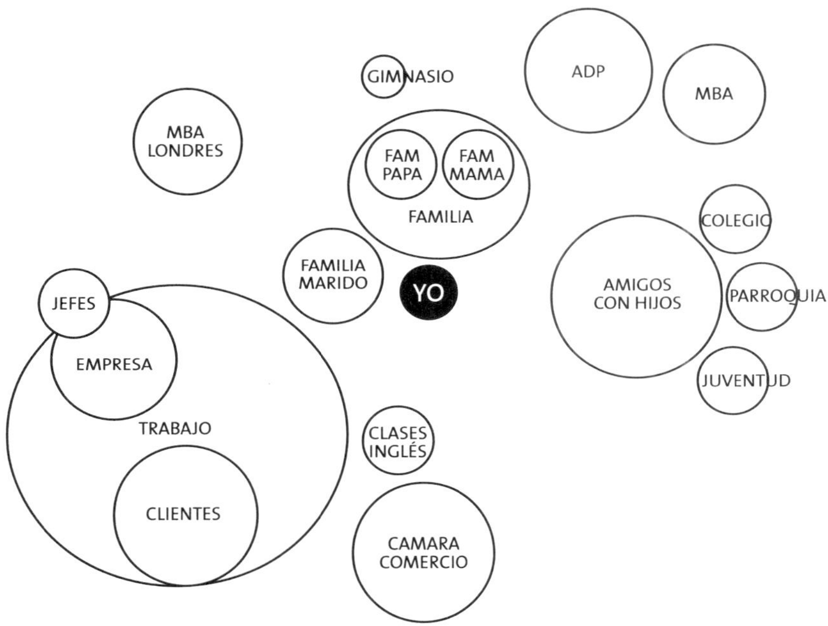

Cuando se dé por satisfecho con este diagrama, intente describir en un papel cómo explica este mapa de esferas quién es usted y quién quiere ser.

Habrá esferas que son del pasado, y otras que están más relacionadas con su presente y su futuro. Esta visión panorámica le permitirá comprender cómo debe dedicar sus recursos a cultivar unas esferas por encima de otras, y le puede dar ideas acerca de otras esferas que no están en su diagrama pero que deberían estar.

En concreto, puede crear esferas que necesite para entrar en contacto con determinados tipos de personas. Personas menos accesibles y que exigen un uso óptimo de su tiempo, de modo que es difícil seguir etapas más relajadas de primeros encuentros y desarrollos más naturales. Uno tiene que contactarlos con una propuesta valiosa a la primera.

Al final del capítulo 6 se le pedía que reflexionase sobre sus objetivos a medio plazo, pero también sobre el impacto inmediato en su red, en el tipo de gente que necesitaba conocer o las esferas que le interesaba penetrar.

7.2.1. *¿Qué esferas debe potenciar para conseguir sus objetivos?*

Cuando observe su diagrama de esferas, considere qué esferas sociales podría potenciar para acceder a personalidades esquivas o para coincidir con contactos de cierto tipo, y establezca una prioridad sobre estas esferas.

La prioridad supondrá que va usted a dedicar la mayoría de sus tardes disponibles para salidas a la o las esferas elegidas. También se traducirá en que invertirá activamente en el club o reunión seleccionado, buscando visibilidad, aportando valor a la red e involucrándose en sus proyectos.

Pero precisamente por esto deberá revisitar su diagrama de esferas dentro de seis meses o de un año. El efecto de sus gestiones sobre cada esfera priorizada no se ve más que a medio o largo plazo. Pero al mismo tiempo su vida evoluciona y las oportunidades que usted busca también, por lo que debería ir adaptando su priorización de esferas.

Tomemos el caso de un directivo que quiere cambiarse de sector después de hacer su MBA. Es director de la central de compras de una empresa constructora y quiere pasarse al sector de la energía, por lo que realiza su diagrama de esferas y decide fundar un club de antiguos alumnos de su escuela de negocios orientado al debate energético en España.

Los seis meses siguientes se entrega en cuerpo y alma a consolidar el club, aumentar el número de miembros y darle visibilidad, pero, a pesar de sus esfuerzos, las tensiones políticas internas de la asociación frustran su trabajo, y se encuentra seis meses más tarde agotado y con el mismo número de contactos en el sector energético que antes de empezar. Esto es una señal de que este vehículo no ha funcionado.

Sin embargo, al mismo tiempo ha empezado unas clases de árabe, y esto le pone en contacto con unos empresarios que están trabajando en grandes proyectos energéticos en varios países islámicos. A los pocos meses se le presenta la oportunidad de asistir a una conferencia internacional de países árabes que quieren construir estaciones de energías renovables.

Si este directivo no mantiene la visión panorámica de por qué se metió en el club energético, es posible que se sienta tan agotado por sus esfuerzos en el club, y tan falto de dinero, que no se plantee ir al congreso en Abu Dhabi, y que lo considere un bonito sueño para el año siguiente. Pero si está vigilando sus esferas y analizando cómo impactan en la generación de oportunidades en el mundo energético, verá clarísimo que tiene que reducir su dedicación al club y pedir dinero para hacer el viaje al congreso de energías renovables.

7.2.2. ¿Qué esferas faltan en su diagrama para ayudarle a cumplir sus fines?

Pueden aparecer dos tipos de esferas: esferas que ya existan y que usted conozca, pero a las que no tenga acceso, y esferas inexistentes. Estas últimas pueden existir si se puede crear un vehículo de aproximación, o una razón de existencia.

En otras palabras, para alcanzar sus objetivos a medio plazo, puede que ya existan un número de asociaciones, grupos de amistad o interés y equipos de proyecto que le ayuden a reducir distancias con dichas expectativas. Pero puede que no.

En este caso, puede intentar crear una esfera desde cero. Si se trata de una asociación profesional, eche un vistazo a la sección 1.2 de este capítulo. Pero puede haber otros vehículos que le ayuden a conocer a personas determinadas.

Por ejemplo, una fiesta. Si es capaz de organizar una fiesta lo suficientemente interesante y ambientada para atraer a ese tipo de personas, ya no les llamaría con las manos vacías, sino con un vehículo que les aporta un valor. En Harvard se describió un caso de negocio sobre una popular inversora de Silicon Valley que se hizo famosa por organizar fiestas en su casa con invitados del máximo nivel. Convirtió sus fiestas en un vehículo de reunión de gente determinada que aportaba valor a todos los involucrados.

Nótese que hay que dar muchas fiestas y trabajar muy duro para convertirse en una anfitriona reconocida en todo el valle de los microchips. Los vehículos no se crean de un día para otro.

Otro vehículo puede ser una asociación profesional, o un club de amigos con un interés común. Existen clubes o asociaciones que han conseguido generar una noción de poder y de estatus poco común, atrayendo así a personas cada vez de mayor envergadura. Construir un vehículo como éste es un trabajo duro y muy competitivo, puesto que muchos vehículos nunca llegan a nada.

Otros vehículos que usted puede considerar van desde la formación de un *taskforce*, o equipo de proyecto dentro de su empresa para resolver un problema de interés para la empresa, hasta montar una ONG con unos fines y una imagen claramente distinguibles de otros.

Otro caso de excelente gestor de contactos que triunfó precisamente gracias a la construcción de vehículos de valor es el de Lyndon B. Johnson, que llegó a convertirse en el trigésimo sexto presidente de Estados Unidos de América tras el asesinato de John F. Kennedy.

Precisamente Johnson mostró una genialidad excepcional para el manejo de redes desde muy joven, y potenció un vehículo de valor conocido como Little Congress, que significa «pequeño congreso». Se trataba de un grupo de empleados del congreso, en su mayoría recién graduados en la universidad, desde secretarias y ayudantes de los congresistas hasta ascensoristas, que se reunían en foros de discusión para practicar su capacidad oratoria y aprender el funcionamiento de la Cámara de los Representantes.

Robert Caro la describió en su biografía sobre Johnson como una «organización moribunda», fundada en 1919, que había degenerado hasta convertirse en un club social con reuniones esporádicas. Johnson logró hacerse con la presidencia del club y lo revitalizó, convocando reuniones todas las semanas y llevando a importantes personalidades a efectuar discursos.

Así fue como construyó el vehículo de valor que le permitió no sólo establecer relación con líderes poco asequibles, sino crear noticia y aumentar su visibilidad en los medios, hasta que los propios miembros del congreso empezaron a pedir que se debatiesen sus proyectos de ley en el Pequeño Congreso para darles publicidad antes de llevarlos a la votación real. Lyndon B. Johnson consiguió sobresalir de modo espectacular frente a todos los demás empleados en menos de un año.

Así que cada revisión panorámica de su red debería incluir un análisis de POTENCIA y un mapa de sus esferas actuales. Ambas visiones le permitirán seleccionar una o dos esferas sociales a construir desde cero mediante un vehículo de valor, o reconstruir y reorientar, o sencillamente le llevarán a desarrollar una esfera existente a la que no ha prestado suficiente atención.

Cada revisión panorámica será una buena ocasión para comprobar si sus esfuerzos siguen encajando con sus objetivos personales a medio plazo, o si se está dejando perder en los entresijos y dificultades de una esfera particular que ya no aporta gran cosa a su plan, o que no le permitirá conseguir nada porque es demasiado complicada.

Más vale anticiparse que darse cuenta –después de haberlo dado todo por el camino– que ya no le hace tanta ilusión como antes o que dejó de tener sentido hace tiempo.

7.3. Primeras conversaciones

El principio de los principios de toda relación humana es un intercambio a menudo incómodo, y para muchos una auténtica tortura, sobre todo cuando uno lleva tiempo sin salir de su cómodo círculo cercano.

Hablemos del antes, del durante y del después.

7.3.1. El antes

Hay muchas cosas que se pueden hacer para mejorar las posibilidades de éxito de sus primeros encuentros. En este contexto, éxito significa una conversación cómoda e incluso agradable, que deje la puerta abierta para otras oportunidades. NO ES NADA MÁS.

Si tiene usted mucha suerte, y un solo encuentro basta para resolver todos sus problemas, será muy afortunado, pero esto no representa el éxito en su gestión de contactos: esto es ganar a la lotería, y no debe ser ése su objetivo. Los directivos que pretenden que les toque la lotería en un solo encuentro suelen resultar excesivos, entrometidos y antipáticos. El resultado más frecuente es que no salga su número en la lotería y además perder la oportunidad de llegar a conocer al contacto implicado.

La materia prima

La materia prima es usted, y a diferencia de de casi toda la literatura que encontrará en Internet y la mayoría de libros de *management*, aquí no le vamos a recomendar que se vista de rojo ni que asista a un centro de bronceado o se pase el día forzando sonrisas o saludos preprogramados.

Se dice que gestionar contactos es un arte porque no hay una sola forma de conseguir el éxito a través de la red personal. Si fuese así, todos los grandes líderes del mundo serían clones, y no resultaría tan fácil caracterizarlos para imitadores, guiñoles y otros cómicos.

Un arte requiere conocer las técnicas y las herramientas disponibles, pero esto es sólo el calificador para empezar a jugar. Si quiere diferenciarse, tendrá que adaptar estas herramientas a su personalidad, desgastar sus cuchillos en puntos que diferencien sus cortes de los que hacen otros, y poco a poco reunir sus técnicas favoritas y personales sin las que salir de casa. Un poco como hace un buen cocinero con sus cuchillos de cocina, que lleva a todas partes en un estuche, o como hacen los peluqueros de renombre.

¿Conoce su materia prima en lo que a primeras conversaciones se refiere?

Piense en tres primeros encuentros que a su juicio salieron muy, pero que muy bien, y en tres que no. Conteste ahora a las siguientes preguntas para cada uno de ellos:

- ¿Por qué salió como salió? ¿Cuáles fueron los factores positivos?
- Si pudiese repetirlos, ¿qué haría de modo diferente?
- ¿Cómo se sintió durante ese encuentro? Intente describir los diferentes intervalos: un poco nervioso en los primeros diez minutos, luego muy interesado durante el siguiente rato, etc. Como siempre, la riqueza de adjetivos y calificativos, que es lo que más ayuda, requiere que reflexione un rato.
- ¿De dónde venía usted antes del encuentro y qué le había pasado ese día? ¿Qué nivel de energía y receptividad mostraba hacia los demás en el momento de encontrarse con esa persona?
- ¿Qué temas se tocaron durante la conversación?
- ¿Qué gestos y expresiones no verbales le llamaron la atención de la otra persona? (sonrisas, tonos de voz, expresiones, otros).
- Y usted, ¿qué gestos o posturas empleó?
- ¿Qué rasgos tienen en común las personas con las que la conversación salió bien?; ¿y las personas con las que no se entendió se parecían en...?

Una vez analizados estos ejemplos de éxito y de fracaso, intente sacar unas pocas ideas que le sirvan para construir su propia «radiografía del éxito». Escriba en un cuadro como el siguiente los dos o tres consejos que se daría a sí mismo y los dos o tres anti-consejos, o errores que se autorrecomendaría evitar.

Consejos	**Anticonsejos**
1.	1.
2.	2.
3.	3.

El aspecto de la materia prima

Nos guste o no, las apariencias juegan un papel crucial en los primeros encuentros. Igual que el aspecto y los adornos de los primeros *Homo sapiens* indicaban la tribu de procedencia y eran claves para determinar si quedarse a charlar (o rascar) o salir corriendo, hoy seguimos basándonos en lo que percibimos para acercarnos o no a un extraño.

Recuerde que percibir no sólo es ver, sino también oír, oler e intuir. Aquí el principio guía es el mismo: sea la mejor versión posible de usted mismo.

Si es preciso, invierta un poco de dinero en un *personal shopper* o un asesor de imagen, pero en la mayoría de los casos se consiguen mejoras considerables sólo con prestar atención al propio aspecto y con pedir consejos a amigos y colegas.

La tabla 7.1 ofrece una lista de puntos típicamente olvidados por muchos directivos a la hora de establecer primeras impresiones. Con la excusa de las prisas, o del descuido, o de «tener mucho trabajo», es sorprendente constatar la cantidad de ejecutivos que descuidan los detalles destacados en el cuadro de más adelante.

Este *checklist* puede ser una herramienta de verificación a emplear para asegurarse de que no olvida nada importante cuando sale a impresionar al mundo, o incluso para hacer un autodiagnóstico en sus sesiones regulares de control y seguimiento, tal y como se detallará en el capítulo siguiente.

El cuadro está organizado por cuatro áreas, empezando por la más evidente y siguiendo hasta la más descuidada. Pero sorprendentemente son muchos los empresarios y ejecutivos que ignoran puntos importantes de higiene, como son las gafas sucias o que se rocían de colonias invasivas por ser excesivas. Definir un estilo personal que se exprese en el modo de vestir, los accesorios y el lenguaje no verbal no sólo transmite una impresión clara a los demás, sino que ayuda a aumentar la confianza en uno mismo y en la forma de ser.

La actitud de confianza, relajación y diversión es crítica para atraer a los demás. Los mejores gestores de contactos disfrutan enormemente del encuentro con los demás; y esto se nota en su sonrisa, en sus gestos y en que irradian esa comodidad a su alrededor.

La manía hoy tan extendida de consultar el móvil a todas horas es especialmente nefasta, puesto que da la impresión de que uno no está disponible para conocer o intercambiar con los presentes, o peor, que los considera poco interesantes en comparación con los imprevistos que puedan surgir por el teléfono.

Finalmente, los instrumentos de promoción son muy, pero MUY importantes. Siga leyendo para descubrir los riesgos de no llevar este apartado preparado.

TABLA 7.1

	Ítems importantes para primeros encuentros	¿Sí?
Higiene	Aliento agradable	
	Pelo presentable	
	¡Gafas limpias!	
	Ropa limpia, planchada, bien cuidada	
	Aromas agradables	
Estilo	Colores, modelos favorecedores y actuales	
	Accesorios para crear una impresión (tarjetero, reloj, maletín, etc.)	
	Defina su estilo: sepa qué le hace caer bien en primeras impresiones y refuércelo con expresiones, posturas y gestos	
Actitud	Relajación previa: cambio de chip y ejercicios que disuelvan tensiones	
	Móvil apagado o silenciado. Aprovechando «el poder del ahora»	
	Chuletas: preguntas típicas o listas de temas de actualidad para plantear y llevar conversaciones con fluidez	
Instrumentos de promoción	LLEVE SIEMPRE tarjetas de visita	
	Mensajes promocionales BREVES sobre usted y sus objetivos	
	Coherencia multicanal de su imagen: webs, documentos descriptivos de su empresa, servicios o proyecto, despacho y recepción, siguen la misma línea y ayudan a reforzar la impresión que usted quiere causar	

7.3.2. El durante

El durante es la parte más importante de la gestión de contactos. Es la parte donde juega la autenticidad, por encima de todo lo previo, y por mucho que hayamos planificado o preparado.

En el durante es donde entra el factor de imprevisión y de sorpresa, que, por un lado, nos decepciona porque a veces no conseguimos causar la impresión deseada en otra persona, pero que también nos ilusiona con giros inesperados y casualidades cuyas implicaciones no solemos comprender hasta mucho más tarde.

Aquí se pueden dar también unas líneas generales de actuación, manteniendo siempre en mente que la naturalidad es la reina. De nuevo se deja a cada lector la libertad de buscar trucos y recetas en Internet o en otros libros si es que realmente lo considera necesarios.

El acercamiento

En los eventos se observan dos estrategias de acercamiento.

- Hay gente que se muestra preocupada por hablar con el máximo número de personas posible. Debido a ello, tienden a forzar el comienzo de las conversaciones, y lo que es más grave, cortarlas por la necesidad de seguir moviéndose.
- Otros lo dejan todo a la casualidad o coincidencia, y se dejan querer en cada instante del evento sin intentar sacar un rendimiento especial a cada minuto. Aunque pueda parecer lo contrario, esta estrategia da mejores resultados a la larga porque, por un lado, no violenta a nadie y, por otro, deja más espacio al factor caótico y casual que hace aparecer imprevistos a menudo útiles y diferentes.

Para aquellos eventos en los que no parece haber nadie ayudando a la integración, en lugar de quedarse en una esquina intentando aparentar estar integrado con alguien a través del teléfono móvil, uno puede:

- Acercarse a la mesa de bebidas, donde es más fácil empezar una conversación con otro invitado que esté bebiendo.
- Acercarse a otras personas que también han ido solas y que seguramente están igual de incómodos que usted.
- Acudir al evento con un amigo o colega; esto facilita mucho estas situaciones, y permite jugar a las introducciones, en las que uno da paso al otro.

- Recuerde que el lenguaje no verbal habla antes que el verbal. Huir de posturas defensivas como brazos cruzados o mirada al suelo es un primer paso para lanzar un mensaje de receptividad, y recurrir a la sonrisa o a un breve «hola» o «qué tal» cuando cruce miradas con otra persona.

En el acercamiento hay otro factor muy importante a tener en cuenta, y es el protocolo aceptado o compartido de acercamientos en el foro visitado. Esto se aprende con sólo poner un poco de atención y ver cómo se saluda la gente.

En algunos foros un acercamiento directo puede ser interpretado como un gesto demasiado invasivo; puede haber buenos modales referidos a la forma de saludar, e incluso los gestos faciales pueden ser interpretados de modo diferente a lo que uno está acostumbrado.

Éste es el principal error que cometen los directivos al viajar a otros países y pretender establecer contactos del mismo modo que lo hacen en casa. Cada país y cada cultura tiene sus fórmulas sobre cómo comportarse en un primer encuentro para transmitir confianza, y cómo proseguir con la relación. Es muy importante pedir información al respecto si uno quiere encajar bien.

Las conversaciones

El arte de la conversación es otro elemento crítico en un primer encuentro. Además de mostrar naturalidad y honestidad, conviene recordar algunos principios de base.

La conversación es un proceso. Cuanto más formal, más se respeta al proceso, pero a veces uno se olvida de que no tiene tanta confianza como cree con los desconocidos y se salta los pasos de base.

El proceso de una conversación empieza con la introducción y lo que en inglés se llama *small talk*, o conversación pequeña. Luego se entra en materia, y finalmente se produce una despedida.

La introducción y la despedida son casi más importantes que el cuerpo central, puesto que la primera sirve para establecer el tono de la conversación y para romper el hielo. La despedida permite aludir a un encuentro siguiente, limar tensiones aparecidas en los minutos anteriores con un tema más superficial, y sobre todo dejar una impresión final cómoda y positiva.

La duración de cada etapa del proceso queda en manos de los dos conversadores, y debe adaptarse al tipo de encuentro, pero como regla general el conversador que busca señales en su contrario y se adapta a ellas es quien mejor lo hace.

En algunos libros sobre *networking* se habla sobre las transiciones en las conversaciones, refiriéndose al momento en el que uno deja de hacer conversación porque sí y lanza su mensaje o petición, llevando la atención al problema o desafío que le interesa.

Pero aquí de nuevo se aplica sobre todo el sentido común y la orientación al medio o largo plazo. El sentido común dice que pretender saltar a un interés propio en un primer encuentro es como mínimo brusco y, en general, poco aconsejable.

En conversaciones posteriores es donde uno puede vislumbrar las posibilidades de abordar un reto o tema concreto, y aquí hay dos estrategias:

- La táctica transparente de anunciar que se quiere tratar el tema. Aquí se recomienda dejar la puerta abierta a una reacción negativa para no arrinconar al contrario. Fórmulas como «me gustaría discutir eso cuando tengamos un momento», por ejemplo, plantan la pregunta sin obligar a satisfacerla de inmediato. O nuestro contacto contesta con un «cuando quieras» o un «por supuesto, a mí también», lo cual da pie para hacer la transición, o no contesta y sigue hablando de lo mismo que antes. Esto es una señal clara en sí misma, ya que no ha captado la indirecta porque no le parece importante o porque prefiere esquivarla. En ocasiones, el contrario necesitará un poco más de conversación «pequeña» para alcanzar el punto de confianza que le permita responder directamente a la petición. En este caso es aconsejable cambiar el tema de conversación hacia algo distraído, y esperar una ocasión más propicia en el futuro.

- La táctica del rodeo disimulado, gran favorita en las culturas latinas, y la más frecuente cuando se trata de asuntos difíciles. En este caso el conversador intenta proponer temas cercanos a aquello que le interesa, para ver si es el contrario quien entra primero en él. Es una táctica que requiere práctica y que puede resultar bastante transparente para el otro, sobre todo si ambas partes saben que hay algo importante que discutir. Pero es cierto que hay auténticos artistas del toreo conversacional que llegan a hacerlo con soltura, y hasta con gracia.

En cuestión de conversaciones cabe destacar otras dos ideas de guía a destacar: la importancia de los cuentos, anécdotas y expresiones coloridas, por un lado, y la claridad de los mensajes, por otro.

En el *checklist* de la sección anterior sobre cómo preparar sus encuentros se recomendaba la formulación clara de mensajes promocionales sobre usted mismo y sobre su objetivo. No se imagina hasta qué punto esto es importante y en qué medida es ignorado por muchos directivos.

Escribir en alguna parte las dos o tres características o cualidades destacables sobre usted y sobre su objetivo le obliga a reflexionar antes de hablar, y cuanto más reflexiona, más claro y fácil de entender resulta para los que le escuchan.

Si tiene que improvisar su autodescripción cada vez que abre la boca, lo más probable es que sus mensajes varíen de una conversación a otra, restándole coherencia y credibilidad. Pero además se le olvidará decir lo más importante por los nervios o por las distracciones del directo, o se pondrá a dar rodeos en explicaciones que marean al desconocido en cuestión, y en última instancia lo aburren.

El empleo de cuentos, anécdotas y expresiones coloridas es crucial para mantener la atención del oyente. Si recuerda lo leído sobre la rumorología en el capítulo 3, verá que todo aquello que haga sentir algo especial será recordado mejor, y tendrá mayores posibilidades de ser retransmitido. Los cuentos y las anécdotas imprimen emoción y dan cercanía a los datos, marcan una personalidad y un estilo, además de facilitar la comprensión por parte de los demás.

Lo peor de hablar con desconocidos es que aún no tienen la confianza como para decirle que no han entendido nada de lo que ha dicho. Facilíteselo con ejemplos y metáforas. Todo lo posible.

La comunicación no verbal

Recuerde que lo que dice es la parte más pequeña de lo que entiende la gente sobre usted. La impresión que le queda a la otra persona está mucho más influida por su aspecto, sus gestos, lo transmitido por su mirada, su tono de voz o la forma en que dio dos besos o estrechó la mano.

Cultivar la relajación y la confianza en uno mismo es la mejor forma de asegurar que el conjunto transmitido por todos estos mensajeros rebeldes e involuntarios sea coherente y tenga éxito.

También podrá encontrar toda clase de consejos superficiales en libros y en boca de charlatanes sobre cómo debe dar la mano de tal forma o poner los hombros de tal otra.

Empiece por observarse a sí mismo durante las conversaciones que mantiene en su día a día y tome nota de su tendencia a interrumpir o a quedarse callado, de cómo mantiene la espalda o de qué hace con los ojos. Escuche su propio tono de voz.

Escriba acerca de ello, reflexione y pida opiniones. Averigüe qué sensaciones y creencias le condicionan para comportarse así, y verá como va soltándose y adquiriendo un estilo no verbal coherente con lo que quiere decir, de forma que sus manos y sus ojos lleguen a enmarcar y subrayar su mensaje en lugar de distraer la atención de su oyente.

No hay trucos que valgan, y el que se tiene que concentrar sobre cómo controlar el sudor de sus manos o para sonreír cuando no le apetece ya no está escuchando a su interlocutor, ni pensando en cómo serle útil.

La tarjeta de visita

La tarjeta de visita es fundamental en esto del *networking*. Es la forma más cómoda de resumir los datos de contacto de un nuevo conocido, y una herramienta utilísima para todos aquellos que tienden a olvidar nombres o que se pierden en la saturación de información que reciben a lo largo del día.

Se podría decir que la principal razón para llevar tarjetas de visita es para facilitarle a sus nuevos contactos que le vuelvan a localizar. Si además usted tiene un nombre raro o muy corriente, o una combinación de datos difíciles de recordar, o está en el extranjero donde la jota y la erre no son frecuentes, la tarjeta de visita es una gran ayuda para sus interlocutores.

Por ello se recomienda hacer una inversión en este elemento de imagen. Si su tarjeta lleva el logo de una empresa conocida, usted se beneficiará directamente del esfuerzo invertido por su compañía en marketing, pero si es una tarjeta personal o está dirigida a contextos en los que su empleador no es relevante ni pertinente, es recomendable pedir opiniones e incluso considerar la contratación de un experto en imagen.

Aparte de todos los consejos superficiales que también pueblan el mundo de la información sobre *networking* y que buscan llamar la atención, hacer una tarjeta muy diferente, muy destacada, lo más importante es que aquélla hable de quién es usted. En sus colores, en su tipo de papel, en su forma de presentar la información. Y a efectos prácticos, salirse de los tamaños normales puede ser un error porque su tarjeta no quepa en los tarjeteros y resulte, pues, fácil de perder.

Sin embargo, también es cierto que la tarjeta se asocia al aspecto profesional, a la expresión de intenciones comerciales y al oportunismo, por lo que hay que prestar atención para saber cuándo ofrecerla y cómo.

El refrán «donde fueres haz lo que vieres» es la primera norma. Uno puede participar en un desayuno donde nadie hace el más mínimo intento por sacar o pedir una tarjeta de negocio porque se considera vulgar, y más tarde ir a un aperitivo en el que la gente lleva el nombre en grandes letras mayúsculas sobre una tarjeta colgada del cuello y en el que las tarjetas fluyen más que la bebida.

Más allá de estos factores contextuales, los casos particulares se deben regir por la alerta hacia las preferencias del otro y por la sutileza. Si se le pide la tarjeta, es obvio lo que hay que hacer; pero si no se la pide nadie, no está tan claro que usted tenga que dar la suya porque sí.

En general, es más aconsejable pedirle la tarjeta al de enfrente. De este modo se obtiene la excusa ideal para ofrecer la suya, aunque es de notar que cuanto más importante o deseable (en el sentido profesional, claro está) es la persona con la que se conversa, menos probable es que quiera intercambiar datos con usted.

Quizás uno de los principios más difíciles de aceptar por muchos gestores de contactos, pero más evidentes para aquellos que han alcanzado el éxito, es que cada uno decide quién le interesa y quién no, y que cuantos más conocidos interesantes se acumulan en la agenda de un directivo, más exigente es con su tiempo y su atención.

Suele ser el caso de los ponentes en los grandes eventos, los políticos o las grandes personalidades, que no pueden evitar sentirse como el filete en la guarida de los lobos. Hay mucha más gente que quiere llamar su atención y pedirles algo, y esto además se puede observar en las dinámicas forzadas que se transmiten como ondas alrededor del epicentro del suculento filete.

Si uno quiere realmente establecer una relación con una gran personalidad, debe elegir una ocasión en la que pueda destacar y hacerse recordar. Perseguir al ponente o político durante sus actos públicos y ofenderse si éste no da señales de reconocimiento o interés es francamente propio de aficionados y poco práctico.

Entablar relación con un Bill Gates o un Rafa Nadal es difícil. Punto. Si realmente es imprescindible para su futuro, tendrá usted que dedicar mucho tiempo y esfuerzo a reforzar su presencia entre los allegados de sus contactos objetivo o crear un servicio o ayuda único que atraiga su atención de *motu proprio*.

Crearse expectativas mágicas es divertido, pero resulta poco práctico. Sea realista y sáquele el mejor partido posible a las ventajas que sí tiene.

Para ayudarle en la reflexión e interiorización de esta lista de puntos o ideas que algunos calificarían de sentido común, y otros de ciencia compleja, se le sugiere tomar la tabla 7.2 como modelo. La idea es que pueda puntuar su propio nivel de rendimiento periódicamente, y completar esta evaluación numérica con comentarios y reflexiones al respecto.

TABLA 7.2

	NIVEL	ASPECTOS A MEJORAR
ACERCAMIENTO		Número de personas aproximadas por evento y calidad de los encuentros
		Ocasiones aprovechadas para abordar a posibles contactos
		Lenguaje no verbal antes y durante encuentro (mirada, postura, gestos, etc.)
		Conocimientos y adaptación a protocolos locales y culturales de networking
CONVERSACIÓN		Gestos y expresiones que transmiten mi estilo y personalidad
		Descripción del proceso de mis conversaciones. Duración etapas, sensaciones retiradas de cada etapa, etc...
		Transiciones. Estilo (transparente o no), fluidez, reacciones observadas, resultados conseguidos
AUTO PRESENTACIÓN		Efectividad de mensajes sobre mi y sobre mis proyectos (claridad, coherencia de mesajes, feedback recibido, dudas que genera)
		Empleo de cuentos, anécdotas, metáforas (cuantas, efecto producido, dificultades encontradas, sorpresas favorables)
		Gestos que delatan su estado emocinal. Nivel de confianza o de nerviosismo, gestos nerviosos a evitar, ejerciocios que han logrado aumentar confianza...
REMATES Y RESULTADOS		Tarjetas de visita: impresión causada, dudas recibidas, momento de intercambio, recepción de la tarjeta con sorpresa o con desagrado, prácticas a mejorar cuando se recibe la tarjeta del otro...
		Sensación generada en la otra persona y resultados de la conversación

7.3.3. El después

Esta etapa del encuentro es la que requiere desplegar más disciplina y organización, y posiblemente aquella en la que usted pueda notar mejoras más rápidas en poco tiempo.

El después es el momento en que hay que procesar toda la información recibida, priorizar las posibilidades derivadas, con el coste de oportunidad que ello supone, y poner en marcha acciones efectivas. Quizás es en la priorización de oportunidades donde se producen los mayores errores, puesto que los directivos tienden a olvidar que sus recursos son limitados, o a evitar despriorizar a nadie por si acaso.

El primer problema típico con que se encuentran muchos directivos es regresar a casa con un montón de tarjetas de visita sin saber qué cara asociar a cada una. Si se deja para más tarde la labor de organizarlas, es probable que la asociación sea aún más difícil.

Aquí lo aconsejable es almacenar la información y las impresiones recibidas lo antes posible. Algunos escriben sobre la propia tarjeta que recibe, otros escanean la tarjeta y escriben un párrafo en su base de datos. Cualquier proceso es válido si es práctico para su dueño y le ayuda a registrar los datos que necesita para tomar decisiones posteriores sobre priorización y acción.

Un sistema de clasificación de sus contactos le ayudará enormemente a economizar su tiempo y a acertar a la hora de decidir con qué nuevos contactos establece seguimiento y con cuáles no.

Aproveche, pues, esta ocasión para diseñar una primera clasificación, con la idea de adaptarla en su próximo repaso estratégico de su *networking* en función de cómo se haya adaptado a su entorno cotidiano.

Para que su sistema de clasificación de nuevos contactos funcione, es importante la simplicidad, prestar atención a la naturaleza emocional de la química y la confianza personal, y saber aplicar criterios estratégicos.

Por ello se recomienda establecer no más de tres grados o valores posibles en cada categoría. Veamos un ejemplo.

Jorge es un delegado comercial que trabaja en un gran laboratorio farmacéutico. Cuando acude a una feria, emplea el siguiente sistema para clasificar a sus nuevos contactos.

El primer criterio es profesional. Puesto que Jorge es comercial, su objetivo es encontrar nuevos clientes para el laboratorio, y por ello intenta asignar a cada tarjeta de visita una de las categorías que emplea el laboratorio.

El laboratorio ha clasificado su base de datos de clientes en prospecto, prescriptor, cliente primera vez, cliente regular y cliente VIP. Así, Jorge repasa las tarjetas asociando una de las categorías anteriores.

A continuación vuelve a revisarlas, pero esta vez asocia una puntuación que evoca la química y la afinidad personal que sintió con cada uno. Puntúa con un 1 a los que le parecieron realmente interesantes y divertidos, y con un 3 a los que le hicieron sentirse incómodo.

Con estos cinco minutos invertidos en repasar sus tarjetas, Jorge está asegurando el mejor aprovechamiento posible de sus energías personales y de sus recursos.

Las tarjetas que han quedado incluidas en categorías especialmente críticas para el laboratorio, y que además tienen un grado de afinidad óptimo, son obvias candidatas a una mayor inversión por parte de Jorge. Pero hay otras que no.

Por ejemplo, los contactos que son muy importantes para el laboratorio, y por lo tanto para la estrategia profesional de Jorge, pero con los que éste no se sintió cómodo ni a gusto. Aquí Jorge puede elegir no hacer nada, o sencillamente pasar el contacto a la base de datos del laboratorio, o forzarse por intentar cultivar la relación por el bien de su profesión. Es decisión suya, y cada uno debe establecer su criterio personal con respecto a ello.

Lo mismo ocurre con los contactos que le parecieron simpatiquísimos, pero que no pintan nada en su trabajo de comercial. Nada le impide a Jorge cultivar la relación con ellos por pura diversión o desarrollo personal. Cada fase vital impondrá el criterio a seguir, de modo que si Jorge está soltero y sin compromiso es probable que explore muchas oportunidades de amistad, y en cambio, si se siente agobiado por deberes familiares o por puntas de trabajo, seguramente no lo hará.

Lo importante es que uno reflexione sobre esta cuestión en lugar de tomársela sin pensar. Si Jorge ha hecho su clasificación, y en su última revisión de red se ha dado cuenta de que quiere tener más contactos externos al mundo farmacéutico, entonces sus impulsos de volver a quedar o no con nuevos contactos tendrán una componente intuitiva o impulsiva, pero también una cierta estrategia.

El refuerzo de raíz es el paso más olvidado en el cultivo de las relaciones, y sin embargo tiene un impacto fundamental en la capacidad del nuevo conocido para retenerle a usted en su memoria.

Este refuerzo consiste básicamente en un e-mail, una llamada o una visita inmediatamente posterior al primer encuentro, que cimente ese principio y proporcione a la otra parte una muestra de interés y deseos de seguir cultivando el vínculo.

Cuando el primer contacto ha sido apasionante, esto suele venir solo. Pero en todos los demás contactos menos impactantes los directivos tienden a olvidar este paso, y dejar que sea el destino o la casualidad quienes decidan si el vínculo se convierte en algo o se queda en un encuentro casual.

En función de la importancia que este nuevo contacto tenga para usted, ya sea por razones estratégicas o por razones afectivas, su refuerzo de raíz merecerá que realice un esfuerzo e inversión proporcional.

La mínima expresión es un correo breve de agradecimiento o que exprese lo interesante que fue el intercambio, con alguna fórmula sobre el futuro.

La máxima expresión es un obsequio. Unas flores, un libro, un detalle simbólico, como una lata de espárragos o una foto electrónica de algo que salió en la conversación.

A usted le corresponde decidir cuál es la medida más apropiada para cada contacto, siempre según la clasificación asignada.

A partir del refuerzo de raíz puede no ocurrir nada más durante varios meses o incluso años, puede empezar una relación profesional impulsada por un proyecto de interés mutuo o puede desarrollarse un vínculo afectivo mediante partidos semanales de pádel u otros hábitos compartidos. Después del refuerzo de raíz se entra en el desarrollo del vínculo.

Entrevista con Rosalind Gilmore, presidenta del IWF Leadership Foundation

Rosalind Gilmore se ganó su excelente reputación como presidenta ejecutiva de la Comisión de Sociedades de Crédito Hipotecario del Reino Unido a principios de la década de 1990, cuando el hundimiento del mercado de la vivienda llevó a la industria hipotecaria al caos. De ahí pasó a formar parte del principal consejo de administración de Zurich Financial Services, tras haber dedicado veintiséis años de servicio al Tesoro Público británico en diversos puestos de responsabilidad.

La lista de logros en su currículum es rica en inspiración, coraje y trabajo duro. En esta entrevista revela cómo las redes interpersonales han influido en su vida y su rendimiento profesional, y cómo «me acerqué a las redes estructuradas de mujeres con bastante escepticismo, pero con los años he visto que resultó ser uno de los aciertos más importantes de mi carrera».

«Hay un tipo de *networking* que hacemos todo el tiempo, y que damos por hecho, y luego hay mucho *networking* informal que rodea las transacciones de negocios, pero las redes estructuradas de mujeres que surgieron en el Reino Unido a comienzos de los años ochenta resultaron ser completamente distintas a lo que yo había vivido hasta entonces», menciona Rosalind como primer pensamiento.

«Ninguna carrera puede tener éxito sin *networking*. Y cuando eres siempre "la primera mujer" que hace esto o lo otro, ves rápidamente que los hombres ya lo han convertido en un refinado arte», describe. Gilmore argumenta que en esos años veía cómo sus colegas masculinos tenían contactos en todas las profesiones, habían ido al colegio juntos muchos de muchos, y esto facilitaba un nivel de confianza inicial para intercambiar conocimiento rápidamente frente a cualquier problema inmediato.

Gilmore recuerda que en los años setenta y principios de los ochenta la presencia de mujeres era muy escasa en puestos de alta dirección en el Reino Unido. «Tal vez éramos aún menos en las instituciones financieras, y el entorno de generación de políticas financieras internacionales y nacionales...; claro que yo hacía mi *networking* con colegas acerca de asuntos específicos, pero no era lo mismo», relata.

Rosalind cita a una buena amiga, conocida periodista y escritora que dice que «en esa época sólo había cincuenta mujeres de las que alguien hubiese oído hablar, y la mayoría de nosotras nos conocíamos de alguna forma». Fue entonces cuando varias de esas directivas de éxito fueron invitadas a conocer una red estructurada de mujeres líderes en Nueva York. Para todas resultó estimulante y novedoso.

Poco después reunieron en Londres el primer grupo de treinta y cinco mujeres profesionales procedentes de diferentes perfiles en medio de una sociedad que no conocía nada parecido. Empezaron a cenar juntas seis a siete veces al año, disfrutando de la novedad de discutir asuntos complejos con otras mujeres, pero también beneficiándose enormemente de la diversidad de profesiones reunida.

«Periodistas, altas ejecutivas de banca, doctoras, abogadas, deportistas, funcionarias...; nos ayudó tanto conocer otros entornos profesionales...; ¡eso era lo que no habíamos tenido antes!», exclama la presidenta, haciendo memoria.

Rosalind insiste en que el creciente foro de mujeres mantenía un listón alto que garantizase la enriquecedora diversidad de especialidades: «Siempre mantuvimos la ambición de atraer a mujeres de éxito en cualquier campo.»

Pero ¿por qué se unían las británicas destacadas a un movimiento tan poco convencional? Gilmore responde a esta pregunta con «no era tanto la sensación de aislamiento que nos había empujado al principio, sino que realmente incrementabas tu rapidez de acción».

El grupo de mujeres que se constituyó como el primer capítulo formal de la International Women's Forum (IWF) fuera de Estados Unidos, tuvo un impacto aún más significativo en la trayectoria de la británica.

Y es que el mercado de la vivienda británico se hundió a principios de la década de 1990, arrastrando a la industria hipotecaria al caos y poniendo en riesgo todo el sistema de ahorros. El mercado había estado dominado por las cajas de ahorros y las mutuas, una industria de 360 billones de libras que representaba el 75 % de las hipotecas residenciales y hasta la mitad del ahorro líquido privado.

Rosalind explica que se había preparado para esto, puesto que la crisis había atacado el mercado estadounidense unos años antes: «A través de IWF pude hacer una especie de curso acelerado en gestión de crisis hipotecaria. Es cierto que no era igual, pero sí pude entender la anatomía de la crisis americana en dos semanas muy intensas.»

Gilmore recuerda que había varias similitudes estructurales entre ambos mercados, lo cual le hizo pensar que podría aprender mucho de la crisis de los años ochenta en Estados Unidos. «Fue gracias a mis contactos femeninos en IWF que pude reunirme con los principales actores estadounidenses que gestionaron la crisis, como Dick Breedon, el entonces director de divisas de la Casa Blanca, y varios directivos al frente de bancos que estaban negociando fusiones y absorciones.»

Entonces al frente de la Comisión de Instituciones Hipotecarias, Gilmore convirtió en su primera prioridad la protección de los ahorradores, y después la búsqueda del bienestar de la industria hipotecaria. A medida que se desplomó el mercado de la vivienda, creció el desempleo y las tasas de interés subieron sin descanso.

Gilmore relata que la primera mitad de la década de 1980 vio la caída en picado de los precios de la vivienda, y el clima del sector se hizo mucho más hostil. Había mucha deuda hipotecaria que ejecutar, pero el papel de regulador de la comisión les había permitido construir una buena red de relaciones con la industria y, gracias a la anticipación de los problemas y la puesta en marcha temprana de medidas adecuadas, Gilmore afirma, sonriente, que «pudimos asegurarnos de que ningún ahorrador fuese perjudicado, ¡sin emplear ni un céntimo de dinero público!».

Con la embriagadora satisfacción de haber hecho bien su trabajo, Gilmore sintió la necesidad de honrar el principio de la reciprocidad, devolviendo algo a la red femenina que tanto la había ayudado en su desempeño profesional.

«Para entonces IWF ya era un proveedor fabuloso de conferencias y acceso global a personas que uno no encontraría fácilmente por otros medios –explica–. El foro británico tenía un programa local rico en actividades sociales y culturales especialmente diseñados para nosotras. Los desayunos permitían discutir temas de actualidad con ponentes conocidos, y podíamos acudir a los apasionantes congresos globales organizados desde la sede de IWF, en Washington DC.»

Con más de doscientos miembros, la rama del Reino Unido era un foro único para las líderes femeninas de la economía británica que querían conectarse con otras equivalentes y abrir puertas internacionales en su trayectoria profesional.

Pero como suele suceder en las redes y movimientos europeos, el *networking* explícito no acababa de convencer a sus miembros, y se empezó a discutir la necesidad de crear un proyecto o una misión. El mensaje, visto como legítimo y loable en Estados Unidos de unirse a la red para hacer *networking*, no encajaba con las expectativas culturales europeas.

Y así fue como a finales de los años noventa Gilmore se implicó de lleno en la concepción y puesta en funcionamiento de IWF Leadership Foundation. «La Fundación de Liderazgo pretendía ayudar a llegar a la siguiente generación de líderes femeninas», afirma Rosalind, añadiendo que lo veían como una forma de devolver parte de lo que ellas mismas habían recibido.

La Fundación de Liderazgo nació con un doble propósito: por un lado impulsar la investigación sobre el liderazgo de las mujeres y, por otro, proporcionar un programa integral de entrenamiento de jóvenes de alto potencial para «equiparlas con las habilidades y la caja de herramientas necesarias para cruzar el limbo que separa al *management* del liderazgo».

Gilmore asegura que «no puedes alcanzar un auténtico liderazgo sin conocer muy bien el oficio mismo, pero también necesitas otras habilidades que no todas las empresas te dan, como por ejemplo, la gestión de la prensa o la visión del trasfondo geopolítico que afecta a tu negocio».

Las mujeres minuciosamente seleccionadas para el programa no pueden ser miembros de IWF, y han de esperar al menos dos años antes de entrar a formar parte de ella. Sin embargo, una vez superado el exigente proceso de selección, se les muestra lo que significa la poderosa red de más de cuatro mil doscientos líderes femeninos a nivel global que integran IWF.

Como promotora y directora de IWF Leadership Foundation, Gilmore describe cómo estas mujeres pasan tres semanas muy intensas en un año con otras veintidós mujeres de perfiles diferentes: «Este año hay una china, dos mujeres africanas (no surafricanas), también una española, y una agente del FBI. Hubo una promoción en la que tuvimos a una teniente coronel del ejército de Estados Unidos,que ahora es general en las fuerzas aéreas», detalla.

El programa incluye una semana en Harvard y otra en Cambridge, con itinerarios diseñados específicamente para entrenar la resolución de problemas, la comunicación estratégica y la gestión política, el posicionamiento personal, y todas las habilidades necesarias para ascender y rendir al máximo. Rosalind pone como ejemplo un ejercicio en el que «una de ellas le explica a otra la situación más difícil que ha resuelto en el pasado y luego la segunda expone el caso al grupo, el cual critica y aporta *feedback*. Esto las ayuda a comprender cómo la comunicación puede jugar un papel determinante en su liderazgo».

Cada participante del programa tiene asignado un mentor, que, en boca de Gilmore, «es perfecto puesto que no pertenece a la misma empresa, lo que les permite discutir libremente sobre aspectos que normalmente no hablarían con personas de la compañía».

Pero también se produce un profundo efecto red derivado del tiempo que pasan juntas durante el programa, el cual imprime un fuerte espíritu de unidad. Gilmore asegura que la fundación proporciona un espacio de complicidad en el que las mujeres discuten asuntos que no pueden sacar en otros foros menos seguros, creando una dinámica de apoyo mutuo muy diferente a las típicas formas «patea-espinillas» de la multinacional.

Gilmore también destaca el impacto que se produce sobre su propia percepción de sí mismas y de lo que son capaces de hacer: «Lo que más me sorprende de las participantes es que vuelven a sus empresas con una imagen completamente distinta de quiénes son. El durísimo proceso de selección, las pruebas a las que las enfrentamos y que acaban superando les recuerda que hacen las cosas bastante bien –explica, y añade–: Cuando se encuentran con situaciones desconocidas en su trabajo, saben que cuentan con recursos y enfoques creativos para afrontarlas.»

«Y la mayor conciencia de su verdadera capacidad influye de modo considerable en el modo en que construyen sus redes personales, haciéndolo desde el conocimiento de sus fortalezas en lugar de enfocarse a ocultar sus debilidades», concluye Gilmore.

En la tarde soleada de un primaveral mes de mayo, desde el merecido descanso de una casita griega en una remota playa, Rosalind Gilmore aún encuentra tiempo y ganas para compartir su vivencia de las redes con nosotros, mientras subraya que «ahora estoy trabajando para posicionar Leadership Foundation como el legado de las mujeres de IWF a nuestra sociedad. Se podría creer que sólo estamos pasándolo bien juntas, pero tenemos el deber de devolver a la sociedad una parte de lo que hemos recibido».

8

Desarrollar vínculos existentes

El capítulo anterior se dedicó a una fase primordial en la gestión de contactos, tanto por su impacto en la generación de apertura y renovación de ideas y oportunidades en la red personal como por todo lo que se juega uno en cada primer encuentro.

Primeros encuentros

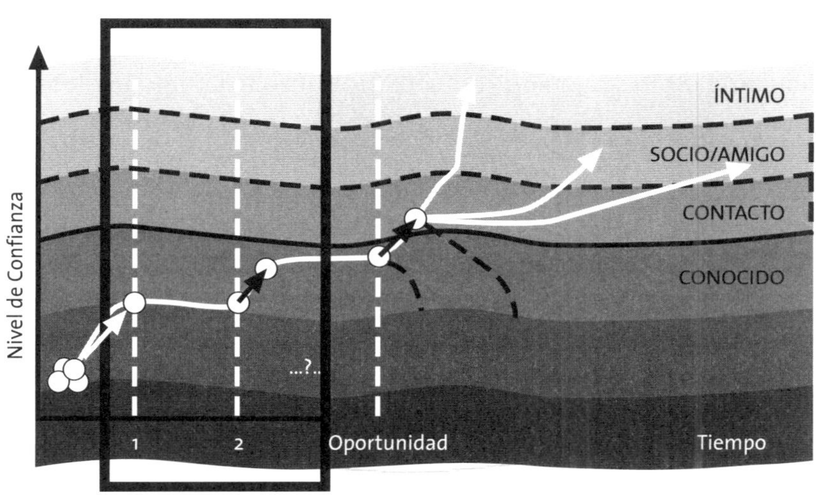

Sin embargo, aunque la primera conversación que se mantiene con un nuevo conocido en una fiesta o conferencia, y el posterior refuerzo de raíz se haga correctamente, esto sólo es el dudoso principio de una relación, cuyo destino no se puede predecir ni forzar.

El diagrama de la página anterior muestra que tras el primer encuentro (1) y el refuerzo de raíz (2), se sucede un intervalo de tiempo indeterminado durante el cual no se produce una nueva interacción si no existe una oportunidad de interés para ambas partes. Una vez aparecida esta oportunidad, y establecida la siguiente interacción, el resultado puede ser una mejora de la calidad del vínculo, o una rotura inmediata.

Cada interacción que usted mantiene con sus contactos cercanos y lejanos pone a prueba el vínculo que tiene usted con ellos. Ninguno de nosotros está exento de perder un íntimo amigo por un malentendido o un socio de confianza por un problema imprevisto o una transacción fallida.

Este primer contacto es una apuesta, en la que, como ya se explicó en el capítulo 4, se ha determinado un nivel de confianza y de expectativas respectivas, que el tiempo deberá aclarar y poner en su sitio. Esto hace que el desarrollo de los vínculos actuales sea en sí mismo una fuente de trabajo y de consumo de horas enorme.

Considere la siguiente variante del esquema anterior. En lugar de dibujar la evolución de un contacto específico a lo largo del tiempo, ahora se ilustrará la apariencia de la red en un momento dado. Esta ilustración muestra el estado en un momento dado de todos los contactos que se encuentran en la red de un directivo.

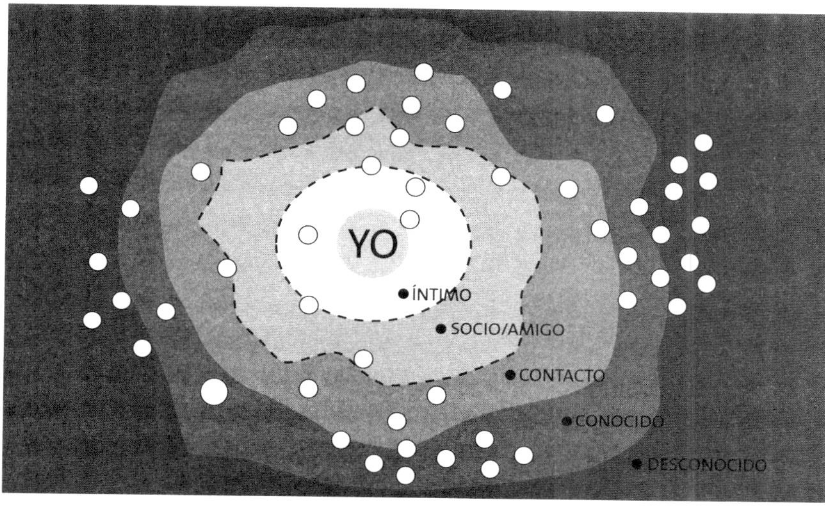

El diagrama transversal de arriba muestra de modo intuitivo en qué consiste el desarrollo de los vínculos: se trata precisamente de hacer avanzar a todos estos contactos hacia el interior del diagrama.

El desarrollo de los vínculos consiste en el ejercicio de acciones, interacciones, visitas y contactos telefónicos que ayude a que cada contacto establecido gane confianza en el directivo, demuestre su confiabilidad con hechos y muestras de reciprocidad, y, en consecuencia, vaya cimentando el vínculo mutuo.

Puesto que existen muchas variables no controlables por el directivo, en particular las preferencias personales y los filtros individuales de confianza de cada contacto, el desarrollo de vínculos se concreta en la planificación de las acciones que obtengan el mayor provecho de los recursos del directivo, y la rápida adaptación a los resultados de cada interacción.

8.1. La diferencia entre cultivar y perseguir

Los manuales de *networking* más populares, y algunos conferenciantes renombrados en la materia, aconsejan mantener un ritmo de contacto regular. Es decir, que si se han decidido dos meses, absolutamente todos los contactos de la red del directivo debían recibir algún tipo de contacto suyo al menos cada dos meses.

Una directiva estadounidense que se mudó hace unos años a Madrid había leído obviamente estos manuales, y demostró ser una alumna muy aplicada. Chica rubia, de bonitos ojos azules y espectacular figura, no tenía ningún problema para hacer nuevos contactos en fiestas y cócteles, después de lo cual se sentaba para alimentar su *software* de contactos de Outlook con gran diligencia.

Dedicaba un gran esfuerzo a rellenar campos cualitativos sobre sus contactos, especificando todos los detalles personales que había averiguado en la primera conversación, y *mapeando* a quiénes conocía de los amigos y contactos de cada nuevo conocido.

Según los libros al uso, esta directiva era sobresaliente. Pero según el criterio y filosofía que fundamentan este escrito, cometía algunos fallos fundamentales. La prueba del algodón es que abandonó Madrid hace unos meses, después de comprobar que sus aplicados esfuerzos de persecución no estaban dando el fruto deseado.

Había establecido un periodo límite para recontactar con cada nombre de sus base de datos en función de su clasificación. Al conocer a sus nuevos amigos los clasificaba como VIP, calidad y cantidad. A los VIP les concedía elevada prioridad, por lo que debía contactarlos una vez al mes. Los de calidad habían de ser contactados una vez cada dos meses y los contactos de cantidad recibían su atención cada trimestre.

El primer fallo en su clasificación es que no tenía en cuenta lo que opinaban estos contactos de ella ni de su política de «cultivo» de vínculos. Pero esto, lógicamente, ella ni lo veía ni lo intuía, porque además para los latinos es especialmente incómodo decirle a alguien que es molesto o incómodo. La mejor forma de decir que no es decir que sí, que encantado, que por supuesto, y luego desaparecer casualmente.

Bueno, es posible que esto último sea un poco exagerado, pero las historias coloridas y un pelín exageradas ayudan a transmitir una idea contundente, y de vez en cuando provocan una risa agradable. En fin, nuestra aplicada aprendiz aplicó con esmero sus normas y durante los primeros meses sus contactos se veían efectivamente obligados a responder a sus intentos de alguna forma.

Sin embargo, además de no estar percibiendo las sensaciones generadas en cada contacto, tampoco se mostraba preocupada por los intereses y las preocupaciones de los mismos, y tanto contacto sin contenido empezó a cansar a sus receptores.

La norma de contactar por contactar, para cultivar un vínculo, plantea ese problema: no cumple el principio de mutuo beneficio, tan importante para el *networking*. Las llamadas y los correos electrónicos que no añaden valor no cuentan y, a la larga, empiezan a resultar persecutorios.

Existe una diferencia enorme entre perseguir a un señor para que sea nuestro amigo y cultivar una amistad con él. El primer caso es lo que hizo la protagonista de este ejemplo, y acabó resultando pesada y hasta pelota. Ella consideraba que comenzar sus frases con «me encantaría verte para...» o «eres el único que puede aportarme ayuda con esto...» eran trucos efectivos para animar el ego de sus interlocutores y animarlos a confiar más en ella. Y es posible que en algún caso esto funcionara así.

Pero estas apelaciones, aunque halagadoras, no aportaban nada realmente útil, ni podían ser catalogadas como auténticas. Lo único que parece auténtico es lo que uno realmente siente y piensa, y lo único que siembra confianza, interés y curiosidad es una aportación de valor real.

En otras palabras, cultivar un vínculo sí requiere un cierto ritmo de interacción, pero la norma de oro es la de la aportación de un valor claro. Si no se tiene nada que aportar, no merece la pena contactar.

Un «qué tal» de vez en cuando puede ser aceptable cuando ya se ha creado una cierta relación, y ambas partes saben que están en un lapsus temporal entre encuentro y encuentro. Pero no es un recurso del que se pueda abusar.

La persecución rítmica plantea además el problema de que se puede programar tecnológicamente. Y porque se puede programar tecnológicamente, cualquiera puede copiarlo y aplicarlo. Es como las felicitaciones de cumpleaños que se han convertido en un instrumento de marketing, o los mensajitos de teléfono en serie que a muchos les gusta enviar la noche de fin de año.

Esto no aporta valor. Persigue el vínculo, pero no lo cultiva, y en ocasiones puede provocar el efecto contrario al deseado: el hartazgo. Si además uno comete el error de pretender alcanzar objetivos inmediatos a través de vínculos que aún no han podido madurar en el tiempo, la persecución se convierte en manipulación, trepismo y otras versiones deformadas del *networking* que tanta precaución y escepticismo han sembrado entre los directivos españoles.

8.2. La clasificación de los contactos

En el capítulo 7 se habló de la importancia de diseñar una clasificación que permitiese decidir cómo enfocar la relación con cada nuevo contacto establecido. Pero en ese momento uno se está basando en las impresiones recibidas durante un breve encuentro, y en el mejor de los casos, por los comentarios disponibles a través de amigos y colegas actuales sobre la reputación del contacto en cuestión.

Existe un indicador crítico que sólo se puede comprobar tras interactuar con la persona varias veces, y que sin embargo es clave para dimensionar adecuadamente el empleo de sus recursos disponibles: el nivel de transacción que devuelve la persona, o su índice de reciprocidad.

Cuando medimos la POTENCIA de su red personal, hace ya unos cuantos capítulos, nos centramos en la cantidad y la calidad de los intercambios que usted mantenía con los miembros de su red. La T de Transacción permitía ver el rendimiento aportado por cada vínculo al conjunto, y la C de Crédito ayudaba a estudiar el nivel de reciprocidad existente en cada relación.

Una de las barreras más extendidas al incremento del rendimiento del directivo en su calidad de *networker* se produce precisamente en este punto: en el complejo y tabú ético que supone reconocer que un miembro de la red del directivo no produce, y en algunos casos, consume enormemente.

Mientras que para un banquero una cuenta en números rojos es claramente un problema de negocio, y para un centro de llamadas una viejecita solitaria que llama para hablar del tiempo es un lastre que va en contra del negocio, es muy difícil para cualquiera reconocer que hay personas en su red que no sólo no le están aportando nada, sino que además pueden estarse aprovechando, consciente o inconscientemente de él.

Éste es otro territorio abonado donde los haya para alimentar debates éticos y dudas existenciales que bloquean la acción y prolongan situaciones poco equilibradas durante años. Y donde usted debe reflexionar y adoptar una posición clara, que le ayude a tomar decisiones complejas, y que sea coherente con su personalidad, sus valores y sus objetivos estratégicos.

Al comienzo de una relación, la clasificación que permite distinguir entre unos y otros se basa en dos variables: la afinidad emocional experimentada y la compatibilidad objetiva o estratégica. Sin embargo, con el tiempo, y después de algunas interacciones, ya no es tan importante distinguir entre ambas dimensiones. Se puede asumir que las relaciones que siguen dentro del espectro considerado han superado los mínimos de afinidad y compatibilidad estratégica.

De modo que la clasificación propuesta para los nuevos contactos se queda grande y resulta demasiado compleja para medir lo que está pasando con la construcción de puentes e intercambios entre ambos, mientras que, por otro lado, se queda corta para medir la reciprocidad real de la relación.

Tomemos un ejemplo alejado de la estrategia y de los negocios, pero dolorosamente frecuente y bien conocido por todos. Recuerde a ese príncipe azul o princesa maravillosa que conoció una vez, y que le pareció su auténtica alma gemela por lo mucho que tenían en común, y lo maravillosamente atractivo o atractiva que le resultaba.

Este flechazo platónico, que en ese momento parecía mutuo y prácticamente anunciado por los astros, hubiese recibido los máximos honores en la clasificación de cualquier gestor de contactos. Afinidad exponencial y compatibilidad estratégica hasta el fin del mundo.

Sin embargo, la sucesión de encuentros e interacciones fue aportando más datos. Algunos muy positivos y enternecedores, e incluso invitadores a la ilusión y prometedores de un futuro enlace amoroso. Pero otros, menos obvios, anunciaban un fatal desenlace que a nadie le gusta admitir.

Y es que un buen día, después de subir y bajar por montañas rusas de emociones en conflicto, quedó claro que la supuesta alma gemela no estaba tan interesada como aparentaba. No devolvía las llamadas con la misma velocidad o intensidad, sonreía ante los piropos y los detalles, pero no ofrecía muchos de su parte, y llegados esos momentos cruciales en toda relación en los que hay que aguantar el tipo y demostrar compromiso, desaparecía o se quedaba al margen.

Es posible que no haya mayor desilusión en la vida que ésta. Para muchos esta historia forma parte de la colección de anécdotas adolescentes, y para otros es el pan nuestro de cada día de la vida *single*. Pero representa el ejemplo por excelencia de la no reciprocidad. Esta historia avisa al navegante inteligente y exigente de que esta isla no es para él. Por mucho que desde lejos pareciese prometedora.

Esto no ocurre sólo en las relaciones amorosas, sino en todas. Forma parte del juego, y es algo que usted debe medir en cada contacto que efectúe.

Lo que haga después de comprobar la medición depende mucho de su estrategia personal. Existen amistades o mentores profesionales que aportaron tanto en un momento de dificultad, que ningún cúmulo de favores prestados después podría nunca satisfacer el balance. Que así sea.

Hay compromisos personales que uno asume con un hermano que «tiene mala suerte» o con un amigo que es «especialmente metepatas», y que respeta por encima de todo lo demás, incluida su propia estrategia personal. Que así sea.

Pero si hay casos flagrantes de compañeros, colegas, amigos y conocidos a los que usted aporta valor repetidamente, que no devuelven en una medida remotamente comparable, está invirtiendo sus recursos en un activo que nunca será rentable para usted.

El coste de oportunidad que asume con ello es todo aquello que una versión más justa y recíproca de su contacto le aportaría a usted y a los demás. Es su decisión, y nadie se la va a discutir. Pero tómela sabiendo a qué está renunciando en su vida.

Aunque le resulte pesado e incómodo, desde aquí se le recomienda que clasifique sus contactos mediante dos criterios: el nivel de confianza (tanto cognitiva como afectiva) que tiene con cada persona, y el nivel de reciprocidad que percibe en el otro..., la calidad del balance ganar-ganar que existe entre ustedes.

Cuando se haya acostumbrado a prestar atención a esta variable, tendrá mucho, muchísimo más claro si su frustración personal con los pocos frutos que recoge está dirigida a su empresa o al anónimo colectivo de decidores que no le reconocen, o bien a algunas personas con nombres y apellidos que se dejan querer sin devolver.

Saberlo es importante. Decidir qué hacer al respecto es otra de esas grandes decisiones que hacen o rompen a toda persona. Sintiéndolo mucho, este libro no puede ayudarle en eso.

Y por supuesto que, si es usted el que no está respondiendo, empezar a medir la reciprocidad de sus relaciones le conducirá a la vergüenza o a la rectificación necesaria si quiere conservar ese vínculo. Las únicas relaciones que nunca se cansan de dar son los padres de cada uno, y aun en estos casos existen límites que se pueden romper si no son respetados.

8.3. Leyes del desarrollo sostenible

Una vez aclarado que el objetivo de esto del desarrollo es ir mejorando y robusteciendo los vínculos de la red personal, que esto se hace mediante la aportación de valor y no mediante el contacto porque sí, y que los agujeros negros que consumen todo lo que pillan sin devolver nada son peligrosos para cualquier red personal, nos queda debatir algunos principios o leyes esenciales para el gestor de contactos socialmente responsable.

8.3.1. Aportación de valor continuada

Lo de no contactar si uno no tiene algo útil que decir parece obvio al leerlo, pero peliagudo al intentar practicarlo. ¿Cómo sabe uno qué puede aportarle al de enfrente si no habla con él primero?

Pues con dificultad, con ingenio y con mucha creatividad. Aquí se aplica el juego que hicimos en la introducción. La necesidad de información para poder comprender qué es lo que preocupa a nuestro contacto, antes de poderle aportar algo de nuestro repertorio que le sea útil.

A veces nuestro tiempo personal es en sí ya una aportación. En aquellos casos en los que hay terreno para forjar una amistad o se tienen intereses comunes, pararse a tomar un café es ya una aportación valorada, que además permite recoger información para pensar en futuras aportaciones.

En los demás casos se trata de dedicar tiempo y atención, y de imaginarse la situación y las dificultades del contacto que se tiene en mente. A veces hay que arriesgarse enviando algo que no se sabe si va a ser aceptado o si se será considerado como una intromisión de algún tipo.

Y en ocasiones uno sencillamente tiene que esperar a que la fortuna aporte una ocasión bienvenida para ambos. Es un poco frustrante si uno tiene puestas muchas ilusiones o expectativas en un vínculo determinado, pero la frustración se anula con la productividad. Seguir conociendo nuevos vínculos y cuidando aquellos que sí se mantienen activos puede consumirle mucho tiempo de espera y aportarle buenas sorpresas entretanto.

8.3.2. Facilitar la negativa

Ésta es una regla de oro a seguir siempre. Al pedir un favor, extender una invitación o proponer un proyecto, uno debe formular su propuesta de modo que sea fácil y cómodo decir que no. Si no lo hace así, acorrala al contrario, lo cual puede significar la disolución de la relación en los peores casos, puesto que el contacto, que empieza a asociar tal incomodidad a usted y a su persona, le evita hasta que definitivamente lo pierde de vista.

Suponga que necesita pedir dinero para hacer frente a un pago hipotecario, y que hace su lista de familiares y amigos íntimos a quienes llamar. El que recibe la llamada se ve en una situación incómoda, por decirlo de la forma más suave.

La tendencia de muchos al pedir un favor tan delicado es, aparte de no facilitar la salida negativa con elegancia, chantajear al receptor de la petición con el dilema moral que supone no ayudarle, describiendo con todo detalle las consecuencias negativas de no recibir el préstamo solicitado.

Esto es precisamente lo que no hay que hacer si se quiere conservar la relación. Al hacer la petición, hay que dejar muy claro que 1) se entiende que la petición es difícil y que sólo se hace por la profunda relación de confianza que existe, y 2) que se exige al contrario decir que no si tiene dificultades, en razón de la misma confianza.

En ejemplos menos comprometidos, basta incluir fórmulas y expresiones informales al final de la petición u ofrecimiento para quitar hierro de antemano a la posible negativa. «Me encantaría que vinierais el sábado si no tenéis ya otros planes», «Ese desayuno sería muy interesante para ti, pero a lo mejor no lo ves tan claro», «Podrías prestarme una hora de tu tiempo para hablar de este tema urgente, a menos que te sea imposible», etcétera.

8.3.3. *Aceptar los rechazos*

Los rechazos son desagradables, pero necesarios para que uno adapte sus esfuerzos y mejore el rendimiento de su gestión de contactos.

A menudo, el rechazo viene más en forma de silencio que a través de una negativa directa, y hay que saberlo entender y aceptar. Aunque se ha insistido ya sobradamente en ello, se vuelve a mencionar porque es otro de los temas peor llevados por los gestores de contactos que empiezan.

Existen dos maneras de tomarse un rechazo. Usted puede culpar al rechazador y al contexto, o culparse a sí mismo. La ventaja de culpar a todos los demás es que uno se reserva la comodidad del papel de víctima, quedando por encima de toda autoevaluación, reflexión o corrección.

Sin embargo, culpando a los demás o a la mala suerte se aprende poco. Cuestionar la propia actuación es duro, pero mucho más productivo. Reflexionar sobre el motivo del rechazo, y buscar los posibles orígenes en el producto, la oferta, el estilo empleado, la forma de pedirlo y todas las demás variables que han influido en el resultado, aporta nuevos elementos que ayudan a mejorar la gestión de contactos.

Quizás la dificultad de aceptar rechazos en cuestión de relaciones personales es el hecho de que este rechazo sí es personal. Por mucho que se intente justificar con motivos de negocio, el directivo que se arriesga y que dedica tiempo y atención a cultivar un vínculo que finalmente se convierte en una puerta cerrada se siente cuestionado en su personalidad.

A veces son argumentos objetivos y estratégicos los que justifican el rechazo, pero también hay ocasiones en las que sencillamente usted no le cae bien a su contrario. Esto es así y no tiene remedio. Forma parte de las reglas del juego, y quien pretenda caerle bien a todo el mundo se está preparando mentalmente para imponerse mucha presión, pasarse muchos ratos fingiendo ser o pensar de modo distinto, y reduciendo drásticamente las posibilidades de éxito.

Aceptar un no o una no respuesta con elegancia y deportividad es típico del gestor de contactos experimentado. La experiencia pasada le demuestra que más vale recibir una señal clara a tiempo que seguir apostando por algo que no funciona, y que, como se suele decir en el terreno afectivo, «el mar está lleno de peces». Existen muchos contactos esperando a ser conocidos y que tendrán más cosas en común con usted.

8.3.4. La calidad de lo personal

Los detalles personales sí son importantes. Representan el contenido más auténtico y difícil de fingir de toda relación. Cuídelos, mímelos y présteles la atención necesaria.

Debe hacerlo tanto en su propio estilo de interacción, con tarjetas manuscritas, regalos personalizados o unas palabras sensibles que requieren muchos minutos para funcionar bien en un correo electrónico. También sabiendo escuchar al otro para aprender de él. Qué le gusta, cómo toma el café, qué le cuenta sobre su vida. La gente habla de lo que le importa.

Con cada conversación y cada interacción la otra persona le está desvelando su personalidad, sus deseos y sus objetivos. Escuche con todos los sentidos y quédese con las particularidades de los encuentros y de las anécdotas que le cuenta.

Ésta es la parte de las relaciones personales que es imposible imitar o automatizar. Por mucho que los programas de *software* intenten incluir campos abiertos para anotar este tipo de detalles, lo cierto es que habría que escribir mucho y los datos se han de actualizar con gran rapidez.

Y además, lo importante de escuchar todos estos detalles es que procesándolos es como usted intuye facetas importantes de su contacto que éste nunca le diría explícitamente. Los detalles personales que le cuenta son los árboles del principio del bosque, pero ser capaz de ver éste en su integridad, y respetarlo y honrarlo con los comentarios y mimos apropiados, es lo que cimenta la parte personal de toda relación.

A esto se refiere el número de Dunbar desarrollado en el capítulo 3. No podemos almacenar impresiones intangibles llenas de etiquetas emotivas sobre más de unas 150 personas. Nuestro cerebro no da para más. Y pretender meter el doble a costa de saltarse los detalles personales no funciona. Sencillamente, no parece auténtico.

8.3.5. La consistencia en el tiempo

En entrevistas realizadas a grandes gestores de contactos la coherencia de respuestas y estilos a lo largo del tiempo es citada como algo muy importante.

Deberá obedecer a unos mínimos de calidad y reactividad impuestos por usted mismo si quiere generar una reputación consistente. No vale tratar a la gente de una forma un mes y de otro modo al mes siguiente.

Nuestra mente está programada para buscar patrones en todo lo que percibimos. Es un proceso muy importante en nuestro aprendizaje del mundo, y lo que nos permite aprender aunque falten datos, puesto que los completamos para que se cumpla la ley de consistencia que percibimos.

Lo mismo ocurre en nuestro aprendizaje sobre la confiabilidad de una persona. Para hacernos una impresión duradera tenemos que encontrar una forma consistente de responder a lo largo del tiempo. La gente que aparece y desaparece sin motivo ni lógica comprensible tiende a despertar resquemores y precaución. Es «rara».

Mantener unos estándares consistentes en el tiempo de amabilidad, reactividad ante peticiones, asistencia a eventos e invitaciones y demás aportaciones es difícil. Y ello de forma más evidente cuanto mayor es la red personal de contactos, y cuanto más solicitado o importante es uno.

Algunas personas de éxito acaban recurriendo a una, dos o incluso todo un ejército de secretarias para poder hacer frente a las demandas de atención y expectativas de amabilidad que llegan desde fuera.

Sin que éste tenga que ser necesariamente su caso, sí se recomienda buscar las herramientas de apoyo que le permitan aumentar la productividad de su tiempo dedicado al *networking*, y tener cuidado con las expectativas que siembra a su alrededor. No muerda bocados demasiado grandes o comprometidos a la larga.

8.3.6. El disfrute

Disfrutar es la regla definitiva del *networking*. Por favor, no se obligue a conocer personas y entablar relaciones. No es sostenible si no le está aportando risas, relajamiento y diversión.

Los mejores gestores de contactos son capaces de encontrar algo único y diferente en cada nueva persona que conocen, y son los suficientemente curiosos para detenerse a hablar con la gente que encuentran en su camino hasta averiguar algo de esas personas que las distinga de todas las demás que han conocido.

Hay que ser un poco niño para ser un buen *networker*. Esa capacidad para no dejarse influir por prejuicios y creencias de los demás, al tiempo que alimentan y disfrutan de la curiosidad y la espontaneidad, es la semilla del gran gestor de contactos que tenemos todos dentro en alguna parte.

Busque esa parte de sí mismo y bríndele el tiempo y las ocasiones necesarias para que vuelva a salir a la superficie. Verá cómo mejoran drásticamente sus relaciones y cómo reduce su nivel de estrés.

8.4. La era de las redes multimedia

La tecnología actual abre puertas para economizar tiempo y esfuerzo en el cultivo de nuestros vínculos sociales, pero también impone otros retos que muchos directivos obvian u olvidan.

La noción del vínculo multicanal supone que uno interactúa con su contacto a través de una combinación de canales de comunicación. Queda a comer, envía correos, coincide en asociaciones, deja recados de voz en su teléfono fijo o con su secretaria y llama al móvil. Quién sabe hasta dónde llegaremos cuando se instalen las narices electrónicas en los ordenadores.

Pero lo importante es recordar que la combinación de canales de comunicación debe adaptarse al máximo a las preferencias de su contacto. Cuanto mayor sea su poder relativo o menor su accesibilidad, más crítico se vuelve el hecho de aprovechar al máximo la atención que se le pide, y saber cómo contarle una cosa para que le llegue.

Algunos sólo reciben urgencias por correo electrónico, otros leen el e-mail cuando se suben a aviones de largo recorrido y si se le quiere decir algo con prisas hay que dejarles un recado de voz en el móvil. Ciertos directivos nunca usan el ordenador, y sólo leen lo que les imprime y prioriza su secretaria. Desarrollar un vínculo con alguien presupone entender cómo les gusta recibir la información. Para ello hay que preguntar directamente, o ir probando y tomar nota de cómo reaccionan ante cada prueba diferente.

Aunque el enorme auge de las páginas de citas amorosas y de las comunidades virtuales profesionales, de amistad, elitistas, populistas y de todo tipo daría a entender que ahora podemos gestionar nuestros contactos por Internet, esto es aún muy dudoso.

Basta con recordar todo lo debatido sobre la confianza y cómo se genera para entender que existe una dimensión de la creación de confianza que no puede hacerse por los canales virtuales. Para construir auténticas relaciones, es necesario tener un mínimo de contacto cara a cara.

Este tipo de contacto propicia el contexto para expresiones escritas, retrasos en las contestaciones, tonos de voz telefónicos y silencios que no se sabe muy bien interpretar en caso contrario. Incluso manteniendo una buena relación personal que se ha cultivado tras varios meses en la misma oficina, se acaban provocando malentendidos si la comunicación se ve reducida a e-mails y teléfono.

En otras palabras, hay un número de correos electrónicos a partir del cual uno empieza a leer emociones conflictivas y «borderías» entre líneas. Pasar tiempo juntos que no sea forzosamente de trabajo, como permiten las reuniones físicas en las que se hacen pausas para el café o intercambios sobre fútbol, es importante para limpiar las manchas que se generan en otros canales de comunicación más escuetos.

Un ejemplo interesante de esto apareció en una encuesta realizada entre cincuenta mujeres de entre treinta y cinco y cincuenta años que utilizaban servicios virtuales de citas como Match.com o Meetic.com. Los resultados de la encuesta mostraron que la mayoría de ellas mantenía trato virtual con tres o más hombres a la vez, pero que tenían dificultad para recordar lo que le habían dicho a cada uno o lo que ellos les habían contado hasta que tenían una cita real cara a cara. A partir del contacto real o del paso a llamadas telefónicas la persona adquiría una presencia mucho más identificada para ellas y ya no la confundían con otras.

Se incluyen a continuación algunos consejos básicos para el uso del teléfono y el correo electrónico. Léalos y quédese sólo con aquellos que le resulten útiles. Lo que a unos les parecerá ingenioso para otros podrá resultar obvio.

- Hacer llamadas:
  - *Antes, prepare:* lo que quiere / un guión del curso de la conversación / ensáyelo en voz alta.
  - Durante, conecte: sonría mientras habla / sea personal y cercano.
  - *Después, actúe:* escriba quehaceres generados / priorícelos y asígneles fecha y hora.
- Recibir llamadas:
  - No conteste al primer tono.
  - Sonría al contestar.
  - Escriba inmediatamente el nombre de la persona.
  - Tome notas de la conversación.
  - Use siempre el nombre de la persona con la que habla.
  - Evite distracciones.
  - Agradezca a la persona su llamada.
  - Decida un plazo máximo para devolver llamadas.
- Escribir correos electrónicos:
  - Asegúrese de que su programa de correo permite mostrar al destinatario su nombre, no su dirección de correo.
  - Use la línea de asunto como si fuera un titular de periódico.

– CC: sólo debe usarse cuando todos los destinatarios conocen a los demás, y si es seguro que no les importa que se comunique su e-mail personal.
– CCO: úsela para envíos a mucha gente, poniendo su nombre en el destinatario.
– Utilice *bullets points*.
– Use con prudencia el signo de importancia alta (!).
– Incluya siempre la firma en sus correos con sus datos de contacto.

8.5. Animales exóticos a coleccionar en su red

Unas pocas personas reúnen características destacables y poco comunes, cuyo potencial impacto sobre los movimientos de contactos que se puedan producir a su alrededor merece una sección especialmente dedicada.

8.5.1. Conectores

El término fue acuñado por Malcolm Gladwell, en su celebrado libro *The tipping point*, para designar a los responsables de convertir enfermedades o rumores locales en fenómenos epidémicos de grandes proporciones. Mientras que había unos agentes innovadores que se apuntaban a lo nuevo antes que nadie, e independientemente de la opinión de los demás, para Gladwell eran los conectores quienes convertían dichas innovaciones en auténticas revoluciones.

Los conectores son personas que tienen muchos más contactos que todos los demás. Son lo que antes hemos llamado *hubs*, y su mayor conectividad hace que se conviertan en puentes privilegiados para acceder a muchas personas a la vez.

David Rockefeller es considerado por muchos un conector, debido a su base de datos de ciencuenta mil nombres y direcciones, y el oráculo de Kevin Bacon pretendía situarlo como conector de Hollywood, aunque como ya se ha comentado, el verdadero conector es Rod Steiger.

Sonia Fernández destaca a Juan Díaz Andreu como conector en su libro *Networking: dos grados*, y probablemente muchos de los casos reales presentados en este libro cumplan también la condición de ser conectores.

Si las personas que aceptan mucho y no devuelven nada pueden caracterizarse como agujeros negros, esa figura espacial que intuitivamente aconseja no acercarse si uno quiere seguir en este lado del universo, los conectores podrían compararse con bombillas o fuentes de luz.

Los conectores se definen por las siguientes características:

- Conocen y son conocidos por una gran mayoría de la gente con la que uno se relaciona.
- Son invitados a todas las fiestas y eventos, considerándose un éxito si acuden.
- No tienen por qué ser famosos, ya que muchos no buscan el estrellato, sino que están motivados por la generación de valor del *networking*.
- Cuando se les consulta sobre algo, suelen mostrarse muy dispuestos a ayudar, y habitualmente pueden citar un nombre, un artículo o varios de ayuda.

8.4.2. Gatekeepers

Este término anglosajón designa a los que guardan las puertas de entrada y salida. Están encargados de decidir quién pasa y quién no pasa, lo cual les da mucho poder entre los miembros de la comunidad que buscan acceder a aquello o aquellos que guardan.

Un ejemplo podría ser el encargado de reservas en un restaurante de superlujo en la concurrida Manhattan, que, como hemos visto en tantas películas, puede hacer y deshacer la noche de cualquier millonario con un chasquido de sus dedos.

Otro ejemplo clásico es la asistente o secretaria de una gran personalidad, o en otros casos la figura del jefe de gabinete. Estas personas están encargadas de proteger con celo las agendas y la disponibilidad de sus jefes, lo cual los convierte en figuras especiales del mundo de los contactos.

Más de uno obtiene regalos suntuosos, encendidos piropos y atenciones de todos los visitantes que desean volver a ser incluidos en la lista diaria de citas del jefe en cuestión.

El agente de una gran estrella mediática también es un *gatekeeper*, puesto que todo el que quiera proponer un trato a la estrella tendrá que pasar por su agente, caerle bien y convencerlo.

Los buenos gestores de contactos saben tener especial cuidado con los *gatekeepers* del mundo, puesto que la mayoría de estos cuidadores especiales sabe que puede chasquear los dedos si alguien no le trata con la debida consideración.

8.4.3. VIP

La expresión *Very Important Person* se ha generalizado y aparece como categoría en las bases de datos de muchas empresas. Toda sala que se precie tiene una zona VIP para la gente importante, y en realidad a todos nos da un gustito especial que se nos trate como VIP. Es un reclamo cada vez más explotado en las políticas de marketing actuales.

Sin embargo, en este contexto queremos designar como VIP a un tipo de *networker* que se distingue por ser el intermediador máximo y magnánimo. Es el contacto que no destaca por su capacidad de influencia o su poder político, pero que cae bien a mucha gente y es sociable por excelencia.

Los VIP atraen a otros clientes hacia tiendas de moda, locales de temporada, restaurantes que cuidan un cierto ambiente, etc. No son compradores, ni inversores, ni prescriptores de usted ni de sus proyectos, pero sí pueden ponerle en contacto con muchos de ellos.

A veces, el personaje VIP es descartado a la primera porque no muestra un interés especial ni entra de lleno en los planteamientos estratégicos, pero es interesante conocerlo, apreciarlo y saberlo mantener cerca, puesto que, en su generalmente gran generosidad, y su pasión por acercar a sus amigos entre sí, ofrece ayudas desinteresadas a las personas que lo tratan bien.

El agente VIP por excelencia de una sociedad española tradicional no muy lejana era la gran mujer detrás del hombre de éxito. Sin entender en absoluto lo que hacía su marido en la oficina, algunas de ellas ejercían de excelentes anfitrionas, influyendo en los resultados del trabajo de su marido a través de sus gestiones sociales, rifas benéficas y tés de amigas, también casadas con importantes directivos.

Esta figura femenina parece haber pasado a la historia, pero si uno mira con atención, es probable que encuentre aún algún raro y exótico especimen en nuestra modernísima sociedad.

8.4.4. Mentores

Los mentores merecen también un especial homenaje porque es un tipo de contacto de gran valor para el que tiene la suerte de contar con uno.

Tradicionalmente se definía al mentor como una especie de sabio experimentado que se ocupaba del aprendizaje de un pupilo. Y aún sigue llamándose mentor a alguien que aporta un conocimiento nacido de la experiencia acumulada a un pupilo o pupila con quien siente una afinidad especial.

Pero un mentor cumple además una función muy importante que se suele destacar poco, y es que representa un acceso privilegiado a un entorno inaccesible para el pupilo. El mentor mantiene redes consolidadas entre otras personas de su edad, nivel de experiencia y capacidad de influencia, que no integrarían fácilmente al pupilo porque existen demasiados grados de diferencia para que se establezca una amistad espontánea y fluida.

Sin embargo, el pupilo en manos de un mentor empieza a oír hablar de estas personas y de este mundo tan lejano para él, y su nombre empieza a sonar entre los miembros del selectivo nivel de alta dirección. Lo ven por los pasillos cuando acude a visitar a su mentor, y cuando logra un objetivo o reconocimiento especial su mentor suele hablar de él con el mismo orgullo con el que hablaría de un hijo. Después de todo, ha sido gracias a su intervención que el pupilo ha conseguido llegar a la meta.

La estrategia del mentorazgo ha sido demostrada como óptima entre miembros de minorías que intentan integrarse en organizaciones poco habituadas a la diversidad en cualquiera de sus formas. De hecho, en Londres se ha formalizado un programa de mentorazgo para mujeres que estén preparadas profesionalmente para acceder a consejos de administración de empresas cotizadas en el FTSE 100.

Puesto que la mayor barrera que encuentran estas mujeres es que no poseen contactos entre los miembros de los consejos de administración, el programa busca acelerar su integración en una comunidad que alimenta las plazas disponibles que aparecen en los consejos.

Esta estrategia suele ser además retratada en esas películas sobre un forastero que llega a un pequeño pueblo poco habituado a los desconocidos. Intentar entablar amistad con los vecinos uno a uno puede resultar muy agotador y dar poco fruto, puesto que el forastero debe superar los filtros de confianza de varias personas.

Sin embargo, si el forastero hace amistad con uno de los conectores del pueblo, es éste quien consigue que los demás le acepten, invitándole a las fiestas y los eventos a los que no habría tenido acceso de otra manera.

La relación de mentorazgo no funciona sólo en una dirección, sino que el mentor puede conseguir también importantes beneficios por el hecho de que su pupilo esté introducido en áreas y colectivos de la organización a los que no tiene acceso anónimo. Es el caso de directores generales que acaban recibiendo toda su información a través de sus subordinados directos, los miembros del comité de dirección, y que podrían beneficiarse de recibir en directo la información desde abajo.

Hay algún CEO que se pasea directamente por las oficinas y hace preguntas, pero nadie olvida que es quien es, y esto desvirtúa las respuestas que consigue. La relación de mentorazgo que pueda establecer con jóvenes pupilos le aportará información auténtica sin filtrar.

Intentar incorporar alguna o varias de estas figuras destacadas entre los perfiles de su red de contactos puede ser ventajoso y enriquecedor para usted y para todos los miembros de su red.

8.5. Gestionar conflictos entre contactos

Es francamente difícil no encontrarse con conflictos cuando uno gestiona contactos. Prácticamente imposible. Los amigos y los socios se pelean entre sí, y esto afecta también a su relación con usted.

En las conferencias y los seminarios impartidos hasta ahora siempre sale la pregunta de qué hacer cuando se presenta un conflicto en la gestión de contactos, de modo que este apartado le proporcionará una guía de reflexión para plantear adecuadamente el problema y evaluar las diferentes opciones.

Lo que está claro es que una vez que se ha planteado el conflicto no hay una solución fácil. Prácticamente todas las soluciones suponen un coste, por lo que su obligación es elegir la opción que menores costes e impactos negativos produzca en el medio plazo sobre usted mismo y sobre el resto de su red.

Algunos ejemplos de conflicto frecuentes son:

- Un interlocutor en la decisión de compra que no tiene poder real de decisión y que se molesta cuando el vendedor intenta acceder directamente al directivo que sí puede decidir y elegir por sí mismo.

- Un amigo o socio que *puentea* a su interlocutor para acceder a uno de los contactos del mismo, ya sea citando el nombre del interlocutor como señuelo, u ofreciendo privilegios al contacto buscado que no se han ofrecido al interlocutor.
- Un desacuerdo o separación complicada entre dos amigos íntimos, entre un matrimonio de amigos cercanos o socios de la empresa, tan desagradable para ambos que los dos buscan apoyo incondicional en usted.
- Un malentendido producido después de que usted pusiese en contacto a dos amigos o conocidos, que en su frustración le culpan también a usted de lo ocurrido.
- Una lucha pública y encarnizada entre dos líderes que compiten por el poder, y que exigen a todos los integrantes del equipo o de la organización que se posicionen en un bando o en otro.

En todos estos casos se forma una bola de nieve emocional que a menudo es más grande y compleja de lo que conviene a la situación, y que se hace más difícil de gestionar cuanto mayor es la escalada emocional derivada.

Y es que es muy difícil que una situación que afecta a redes personales no se convierta en una bola de nieve emocional. Los protagonistas típicamente anticipan impactos exagerados y ponen en marcha tácticas reparatorias que, a veces, hacen más mal que bien.

El hecho de tener un público observador acrecienta la gravedad de los conflictos enormemente. Al ser ambos protagonistas conscientes de «qué dirán» sus redes, los dos se apliquen especialmente en mostrarse como víctimas de la situación exentas de culpa. Cuando el conflicto se produce en el seno de una red de contactos, esta red se convierte sin quererlo en público y juez de lo ocurrido, teniendo que bailar al son de los bandos en conflicto para convencerles de que se les comprende, acompaña y apoya.

Los costes y los impactos negativos que afectan a los actores de los conflictos en redes incluyen:

- Impacto en el ego personal, en el sentimiento de valía y ética que uno tiene de sí mismo. Aquí se incluyen los disgustos de ver que la otra persona ha traicionado la confianza depositada en ella, o, por el contrario, ha interpretado lo peor posible, poniendo en duda toda la confianza que supuestamente tenía en nosotros.
- Impacto directo en el vínculo compartido por los protagonistas. Reducción de la comunicación, degradación y, a veces, desaparición de las transacciones de valor anteriores, exageración de interpretaciones alarmistas, reacciones impulsivas, insultos y, en casos extremos, espirales de violencia vengativa.
- Impacto en la credibilidad y la reputación de ambos miembros frente a sus amistades y contactos comunes. Las caídas en desgracia se deben a la aparición de rumores adversos que tiñen el buen nombre de los implicados con la excusa de hacer el rumor más pegadizo, y también obedecen al sembrado de dudas sobre la objetividad, profesionalidad y seriedad de ambos actores, tan sólo por el hecho de verse envueltos en la trama.
- Impacto directo en las relaciones o vínculos que comparte cada uno de los actores del conflicto con otros nodos cercanos de sus redes. Puesto que a menudo la confianza establecida entre los actores se alimenta de la confianza que cada uno tiene con terceros comunes a ambos, la rotura del vínculo entre ellos afecta también a los otros vínculos que lo reforzaban o apuntillaban, provocando consecuencias diversas.

La mejor forma de gestionar estos conflictos es anticiparlos y evitarlos, puesto que luego sus dimensiones dependen de muchos factores que usted no controla, como el momento emocional de los implicados, por ejemplo, que claramente los hacer reaccionar con mayor o menor exageración.

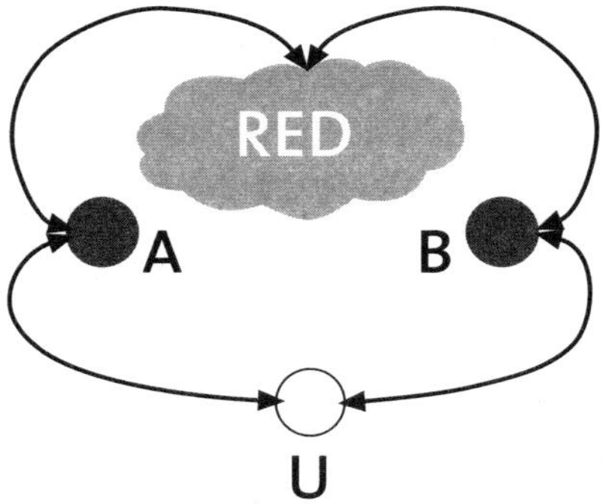

El método descrito a continuación permite hacer un análisis predictivo de posibles conflictos que le ayude a decidir el enfoque de acercamiento más apropiado, o puede emplearse también para analizar un conflicto existente y encontrar la vía de control de perjuicios.

Las situaciones de conflictos en red se representan con cuatro figuras: A, B, usted (U) y el resto de la red. Para cada figura, conviene rellenar la tabla inferior con los posibles escenarios.

Uno de los escenarios debe ser siempre el de no hacer nada, de modo que la situación se quede igual. Aunque parezca una tontería, gran parte de los errores de resolución de conflictos se producen porque el analista no consideró la opción de no actuar, y, sin embargo, existen muchas rencillas y malentendidos que se superan con el tiempo si no se les da demasiado protagonismo.

Opción	A	B	U	RED
Opción 0 No hacer nada	+	+	+	+
	–	–	–	–
Opción 1 ...	+	+	+	+
	–	–	–	–

Para cada escenario es preciso evaluar las respuestas a dos preguntas en cada columna:

- ¿Qué puede ganar este actor en este escenario? (+)
- ¿Qué puede perder este actor en este escenario? (–)

Fíjese que estas preguntas son acerca de lo que PUEDE ocurrir. Los efectos en red pueden tardar un tiempo en producirse, por lo que es importante evaluar todas las posibilidades futuras.

Lo que cada actor puede ganar o perder es una lista de impactos en todas las dimensiones citadas antes: impactos en su propia autoestima, impactos en su relación con el otro, impactos en su relación con usted y con los miembros de la red e impactos en la reputación.

8.6. Las recomendaciones

Las recomendaciones representan un caso particular de conflicto que produce numerosos malentendidos porque el recomendador, en su interés por ayudar a uno o al otro, deja hilos sueltos que acaban por saltar.

Aplicaremos la tabla anterior a un ejemplo típico: usted recomienda a su hermano Ángel para un empleo bajo el mando de su amigo Bruno. Ellos se encuentran, se caen bien y Bruno contrata a Ángel. Al cabo de algunos meses, se produce un importante desacuerdo entre Ángel y Bruno.

Usted se ve afectado directamente por el conflicto, recibe correos y llamadas enfadadas de ambos, y no sabe muy bien quién ha metido la pata de los dos. Lo único que sabe es que adora a su hermano, aunque no ha trabajado nunca con él, y que su amigo Bruno es muy exigente y ambicioso.

En la siguiente página hay una tabla de análisis para esta situación:

OPCIÓN	A	B	U	RED
MANTENERSE AL MARGEN	+	+	+	+
	> pierde empleo > baja conf con B, U	> pierde subord > paga errores de A > baja conf con A, U	> baja conf con A, B > percibido como mal recomendador	> presionados para tomar partido > adiós a eventos con los 3
INTERMEDIAR ...	+ > culpar a U y pelearse con él	+ > culpar a U y pelearse con él	+ > recuperar conf con A, B	+ > olvidar tensiones
	–	–	– > cargar con todo el problema > perder del todo a A y B > perder reputación	–

En la tabla se han reflejado las principales consecuencias y posibilidades que se perciben con la información disponible, según los escenarios de no hacer nada, lo cual equivale a mantenerse al margen y en silencio, o intermediar en el malentendido. Se trata de ganancias o pérdidas de confianza, peleas, ganancias y pérdidas en la reputación personal, y costes organizativos e incluso financieros.

Las posibles ganancias y pérdidas que se producen en cada situación son 1) poco seguras, y 2) muy intangibles, pero si llegan a producirse, los resultados en su vida serán notables; por ello conviene considerarlas, aunque *a priori* parezca un poco rebuscado.

Pelearse con alguien puede tener mucho valor para uno y poco valor para otro, por lo que la interpretación del valor real de cada uno de estos impactos depende enteramente de quién analice el cuadro. Si la pelea se produce entre dos miembros del comité de dirección de un imperio energético, puede significar la salida de uno de ellos, con lo que los costes potenciales son muy elevados, y pueden ser evaluados como imposibles de asumir.

Culparle a usted del malentendido es una ganancia para ambos porque encuentran una pelota de golf con la que machacarse entre sí. El intermediario se convierte en mensajero, y sólo por ello asume el riesgo de convertirse en blanco de emociones negativas que flotan en el aire, aunque no vayan con él. Pero si además fue usted quien hizo la recomendación, culparle permite restarse culpas a uno mismo.

La parte delicada de las recomendaciones es que si salen mal, es muy probable que los implicados le culpen a usted, puesto que sólo accedieron a intentar la colaboración porque confiaban en usted. No porque confiasen entre sí. Por ello, si sale mal, la que se ve erosionada es la confianza que ambos tienen en usted.

Además, a todos nos alivia encontrar un objeto o causa externa a nosotros para que cargue con al menos parte de las culpas. De lo contrario, nos vemos obligados a cuestionarnos a nosotros mismos; y esto es como mínimo incómodo y, en casos extremos, devastador.

8.6. Gestionar los riesgos

Aquí es donde se puede apreciar el riesgo que se esconde detrás de la gestión de contactos. Según como interprete usted esta tabla, y según como decida actuar, estará incurriendo en unos riesgos o en otros.

Si no está preparado para asumir riesgos, nunca será un buen gestor de contactos. Es imposible contentar a todo el mundo, y el que elige la estrategia de intentar estar a bien con todos acaba siendo el eslabón más débil de la cadena, puesto que nadie sabe lo que piensa y defiende realmente. Por ello es un aliado poco fiable.

A la hora de gestionar riesgos cabe considerar dos variables importantes:

- Cómo percibe los riesgos: qué probabilidad hay de que se presenten, y qué gravedad tienen las peores consecuencias posibles si llegan a ocurrir.
- Cómo percibe usted su propia capacidad para salir airoso de las peores consecuencias posibles.

Esto deja claro que la tabla anterior puede significar cosas muy, muy diferentes según quién la esté interpretando.

Si usted sabe que su hermano es un poco chapucero en el trabajo, y no quiere bajo ningún concepto perder la confianza con Bruno, ni ver su reputación mellada con los demás, puede convenirle intermediar entre ambos. Puede intermediar para resolver el conflicto y que sigan trabajando juntos, o también pedir perdón a Bruno por haber hecho una recomendación poco rigurosa, recomendar a ambos que terminen la relación laboral porque no va a funcionar, y ayudar a su hermano a encontrar un trabajo mejor adaptado a su carácter.

Si por el contrario no quiere verse metido en peleas, recriminaciones y situaciones desagradables con ninguno de los dos, ni quiere que su reputación resulte más afectada todavía, y prefiere renunciar a la cercanía que antes tenía con Ángel y con Bruno, está claro que la mejor elección será no hacer nada.

En ambos casos existe una elección de escenario que no elimina los riesgos potenciales del escenario alternativo, sino que concreta su percepción de dichos riesgos: claramente ve menos probables o menos perjudiciales para su persona los riesgos del escenario contrario.

El mismo mecanismo intelectual se produce cuando en lugar de riesgos lo que está en juego son grandes oportunidades; sólo que en este caso la elección suele ser más divertida y motivadora.

Entonces ¿qué hay que hacer?

Primero, ser muy, pero que muy claro con las recomendaciones. Si decide recomendar a un tercero, sea al cien por cien claro con lo que sabe de él y la confianza que le inspira en cada aspecto de su personalidad. En este caso, si usted le hubiese dicho a Bruno que adoraba a su hermano, pero que a veces podía ser un poco chapucero, su amigo estaría sobre aviso de que su recomendación sólo valía para la dimensión afectiva.

Segundo, cuando vaya a hacer una recomendación, apoyar a uno de dos bandos, mediar en un conflicto ajeno o cualquier otra gestión que intuitivamente le ponga nervioso, tanto por lo bueno posible como por los peligros, concédase veinticuatro horas para reflexionar.

Calcule las ganancias/oportunidades más importantes para usted, pida opiniones a otros antes de tomar una decisión, y haga su apuesta. Ésta es la diferencia entre hacer locuras y asumir riesgos calculados.

Y tercero, imagine que ocurre lo peor posible, y prepare un plan B. Le ayudará a dormir por las noches. Una empresaria un poco kamikaze siempre decía que si le salía mal su plan de empresa se iría a vivir a Nueva York. Obviamente creía que podría recuperarse en otra ciudad, y le parecía que ésa era la más divertida e interesante.

Gestionar contactos es gestionar riesgos, y a veces uno pierde. Pero si el riesgo estaba calculado, asumirlo no pone en jaque al «arriesgador». Pagar el coste y poner en marcha el plan B le hará más fuerte, le ayudará a estar más preparado y le permitirá calcular mejor los riesgos futuros.

8.7. Fallos de la ley de la reciprocidad

Existe otra dimensión de la lectura de la tabla que presenta implicaciones cruciales para usted. Pueden hacerse dos lecturas de la tabla:

- ¿Cuál es la opción que más beneficia a todos?
- ¿Cuál es la opción que más le beneficia a usted?

En caso de tener que elegir entre beneficiar a todos, a costa de perder usted, o de beneficiarse usted, a costa de que pierdan todos, lo cual ocurre tristemente a menudo, debe intentar comparar las pérdidas respectivas, puesto que la vida sigue, y uno tiene que vivir con sus elecciones.

Es decir, que si usted decide que en este momento tiene que velar por sus propios intereses y hacer lo que mejor le convenga, aunque esto suponga ciertas pérdidas para los demás, debe tener en cuenta que en el balance vital entre usted y los demás, ha quedado usted en deuda. Esto significa, según el principio de reciprocidad, que sentirá la necesidad de compensarlo de algún modo en el futuro. Tal vez encuentre la ocasión de hacerlo, pero también es posible que no.

Si, por el contrario, decide que es crítico salvar los intereses del conjunto, aunque esto le pueda costar mucho a usted, hágalo. Pero recuerde que el grupo no suele sentir la necesidad de devolver el favor recibido porque inevitablemente se diluyen las responsabilidades. Muchos salvadores de problemas, queriendo salvar al conjunto, se ofrecen en sacrificio voluntariamente, y luego se sorprenden de que no se les reconozca por ello, e incluso, a veces, se les sacrifique precisamente por ello.

La reciprocidad se puede cumplir entre individuos. No es tan eficiente de individuo a grupo. En éste el sentimiento de deuda se diluye porque el grupo no siempre está tan unido como haría falta. Un ejemplo típico son las promesas que hace un jefe para motivar a su empleado, pero que luego no puede cumplir porque no le deja la organización, o porque es promocionado a otro puesto y su sucesor no se siente obligado por la promesa.

Esta cuestión es el meollo del debate ético y moral que lastra la gestión de contactos. Como ve, es usted quien debe dar las respuestas correctas a estas preguntas, y quien ha de cargar con el peso de lo que decide hacer.

En esto, lo único que puede hacer este libro es presentarle las opciones disponibles. Es su elección libre y personal la que define su propia identidad, sus valores y la forma en la que quiere vivir su vida. Su gestión de contactos no es más que la consecuencia de esta elección.

Entrevista con Heidi Sinclair, directora de Comunicación de la Fundación Bill & Melinda Gates

«Realmente me encantaba mi trabajo como CEO de Burson-Marsteller Europa. Pero recibí una nota de Bill Gates, a quien ya conocía gracias a las conferencias tecnológicas a las que ambos asistíamos desde hacía años. Me dijo que había un puesto por cubrir en la fundación que podría ser ideal para mí, y la misión era tan motivadora, ¡que no pude resistirme!.»

Éste fue el detonante del capítulo más reciente en la vida de Heidi Sinclair, alta, rubia y americana, que acaba de dejar España para seguir a Bill Gates en su misión de convertir el mundo en un lugar mejor para todos. Heidi es un ejemplo excelente de lo que algunos llaman una «gitana moderna», y otros describen como «ejecutiva nómada»: la última evolución de estilo de vida que está llevando a nuestros ejecutivos de vuelta a los mismísimos patrones de relación y convivencia que nos vieron nacer como especie.

Heidi Sinclair nació en Seattle, pero dejó su ciudad natal para estudiar en Stanford, en California, y más tarde fue arrastrada por una muy exitosa carrera profesional en la que creó su propia empresa, se convirtió en directora de la división corporativa y de nuevos medios de International Creative Media, y ocupó puestos de alta dirección en Borland y Lotus Development Corporation, entre otros logros.

Antes de ser nombrada directora de comunicación para la fundación Bill & Melinda Gates, era la presidente y CEO de Burson-Marsteller Europa, con responsabilidad sobre dieciocho operaciones en propiedad y treinta y cuatro operaciones afiliadas en Europa, Oriente Medio y África. Se había mudado con su familia a Madrid en 2005, y una vez tomada la decisión de unirse al mundo de las ONG, ha vuelto a Seattle, su ciudad de origen.

Uno de los aprendizajes más importantes realizados en el salto a Europa y su reciente vuelta a Seattle es la necesidad de «averiguar cuáles son las organizaciones de *networking* y los eventos en los que hay que participar para conocer a la gente adecuada», precisa.

Nada más llegar a Madrid fue invitada a unirse al International Women's Forum (IWF), una organización global de mujeres destacadas, dedicada a promover el avance del liderazgo femenino a través de profesiones, culturas y continentes, mediante la interconexión de sus más de cuatro mil doscientos miembros, y el entrenamiento de directivas cuidadosamente seleccionadas y de alto potencial a través de IWF Leadership Foundation.

Su participación en los almuerzos mensuales de la sección madrileña le permitieron desarrollar los vínculos que le facilitaron su aterrizaje y la puesta en marcha de su hogar familiar en Madrid, superando así las dificultades impuestas por largas horas viajando alrededor del mundo por motivos de trabajo.

Dos de las amistades que estableció en IWF la introdujeron en la organización Young Presidents' Organization (YPO), la cual ha llegado a ser una auténtica espina dorsal que la ha vuelto a poner en contacto con su padre, tras haber vertebrado sus años en Madrid, y que ahora le está aportando el mejor soporte posible para volver a la comunidad social de Seattle de un modo profundo y personal, aun cuando la Heidi que vuelve es muy distinta de la que nació y creció en aquella ciudad.

YPO, o en español, Organización de Jóvenes Presidentes, es una red internacional compuesta por más de veinte mil miembros y sus familias, afincados en más de cien países. El papel de esta comunidad, accesible sólo mediante invitación, consiste en permitir a directores generales y a líderes de primera línea, así como a sus familias, intercambiar ideas y desarrollar amistades entre sí.

Sinclair recuerda que YPO «se convirtió en una excelente base de operaciones, porque mi padre había estado en YPO desde siempre, y además, el grupo acogía a la familia y los niños. Fue un punto de apoyo ideal para volver a encontrarme con mi padre, que también resultó ser crítico para descubrir y cultivar relaciones significativas en España».

De vuelta a Seattle, Heidi se está valiendo del apoyo y las relaciones personales proporcionadas por YPO y por IWF, no sólo para integrarse en una nueva comunidad junto con su familia, sino también para identificar y desarrollar oportunidades para la Fundación Bill & Melinda Gates.

Sinclair cita como ejemplo la invitación recibida a través de IWF a una comida organizada por Jean Enerson, conocida presentadora de la televisión en Estados Unidos. Heidi se puso a hablar con Enerson y recuerda que «encajamos a la primera». De aquí surgieron más comidas y reuniones, de modo que entre los ratos divertidos y las conversaciones amenas también hicieron un hueco para las charlas profesionales, lo cual llevó casi por inercia a que Enerson realizase un reportaje sobre el nuevo CEO de la fundación.

Heidi nunca había gestionado sus contactos de modo consciente o explícito en el pasado. «Nunca lo hice de un modo concertado, meditado o intencional. Era más que me lo pasaba muy bien trabajando con algunas personas, y disfrutando con ellas, sencillamente *networkeando* alrededor del trabajo en lugar de *networkear* por obligación profesional», explica la directiva.

Heidi admite que el papel jugado hasta ahora por las redes en su vida ha sido más bien *serendipitous*, en sus propias palabras, aludiendo a lo fantástico e impredecible. Pero mirando al futuro cree que esto va a cambiar: «Ahora me siento más predispuesta a establecer relaciones que tengan una sustancia tanto personal como profesional, que me ayuden a aportar mejoras tangibles a la comunidad, extender raíces en mi ciudad natal, y a la vez crear valor para la fundación, Es lo que estoy haciendo ahora, por ejemplo, para ligar a la fundación y a YPO alrededor de proyectos de servicio social alrededor del mundo, de forma similar a como hace el club Rotary».

Aunque podría parecer que volver a la ciudad donde nació y creció debería simplificar las cosas, la verdad es que Heidi no es la misma chica que dejó Seattle para proseguir sus estudios. «Te sientes muy diferente en muchos aspectos porque muchas personas nunca se fueron de aquí. Adoran su mundo, y tú abandonaste ese mundo hace mucho tiempo», comenta.

Le está resultando más fácil reconstruir sus vínculos con las personas que también salieron de Seattle para explorar otros parajes. «Algunos se fueron a Nueva York, otros vivieron en el extranjero...; tienen una experiencia vital más amplia, y saben lo que se siente cuando uno es el nuevo o el recién llegado», explica.

Sin embargo, España tampoco fue especialmente fácil, y la sociedad madrileña, en particular, demostró ser todo un reto relacional. «España es complicada por la fuerza de las relaciones familiares. Yo tuve mucha suerte porque pude entrar en IWF, lo cual me ayudó a establecer vínculos familiares y profesionales desde el principio –reflexiona la directiva estadounidense, y prosigue–: Recuerdo a una persona que conocí en YPO. Formaba parte de la cuarta generación de su familia, era todo un animal social, y su familia parecía hallarse en el núcleo de todo lo que hacía. Es cierto que esto existe en todos lados, pero no lo veo tan intenso como lo que pude presenciar en la capital española.»

Otro rasgo español característico que llamó su atención fueron «los largos y abundantes almuerzos», que forman parte de los rituales sociales y de negocios en España, favorecidos también hasta cierto grado en el resto de Europa. Sinclair lo compara con Seattle, donde la gente suele limitarse a tomar «un bocado rápido». Los estadounidenses beben mucho café, quedan para tomar una copa o prefieren recibir en casa.

Heidi se está adaptando a dichas preferencias en su nueva casa en Seattle, donde le gusta organizar «comidas o cenas sobre un tema en particular, incluso a veces invitamos a alguien interesante para que nos cuente cosas. Estas ocasiones proporcionan el ambiente ideal para pasar tiempo con la gente y conocerla». Volver a Estados Unidos le ha permitido comprobar lo bien que sus compatriotas saben construir relaciones.

«Les encanta conectar unos con otros, y es cierto que antes me parecía un poco superficial, pero ahora estoy dándome cuenta de que se toman muy en serio cada nuevo vínculo, comprometiéndose gustosamente a consolidar cada relación a lo largo de los años», reflexiona.

Sinclair añade que los estadounidenses son rápidos y proactivos cuando siembran una nueva amistad o relación profesional, intercambian tarjetas de negocio, se buscan para promover nuevos encuentros y cimentan la confianza unos con otros. Pero afirma que «ahora puedo ver que el poder de estas relaciones es parecido al de los vínculos europeos. Los americanos son muy generosos con sus contactos, y la familia juega también un papel destacado».

Al preguntarle por los aspectos que considera claves en el *networking*, es contundente: «tienes que soltar tu lista de prioridades». Está convencida de que, incluso teniendo un objetivo general, es crucial dejar a un lado los posibles objetivos personales para escuchar a los demás y entender lo que necesitan. Considera imperativo mantener una visión a largo plazo de la relación, enfocándose hacia el futuro sin presiones egoístas. «Si no, parece demasiado interesado, como si estuvieses intentando forzar algo.»

Sinclair aconseja evitar actitudes insistentes al hacer *networking*: «Si no consigues empatizar con una persona, no intentes forzarlo. Si no funciona, no hay química o la persona no muestra interés, déjalo estar.»

Por otro lado, admite que en el pasado daba por hechas las relaciones, pero con el paso del tiempo ha comprendido que es necesario alimentar cada vínculo para robustecerlo y enriquecerlo.

Sinclair cree que asignar tiempo a cada relación, ya sea profesional o personal, es «tan importante como la tarea a desarrollar», algo que, sorprendentemente, está aprendiendo ahora. Sonriéndose ante sí misma, confiesa que «he estado en un ambiente muy cómodo en los últimos años», y explica que «cuando te dejas caer en un contexto desconocido, te ves obligada a repensarlo todo: cómo empleas tu tiempo, hasta dónde llega tu zona de confort y cómo debes salir de ella para explorar nuevas experiencias».

Llama la atención que, habiendo pasado gran parte de su vida profesional en puestos comerciales, Heidi no haya dedicado demasiado tiempo a la gestión de contactos. «No me ponía objetivos como, no sé, tengo que conocer a estas doce personas», explica, pero «sí iba a muchas conferencias y eventos». En este aspecto, recomienda seleccionar una pequeña muestra de entre la enorme diversidad de eventos y encuentros disponibles, y participar en esos pocos una y otra vez. En sus palabras, «es una buena forma de conocer realmente, y de modo gradual, a las otras personas que también participan en ellos».

Los participantes se buscan en cada evento, y «parte de la diversión de ir al congreso es saber que vas a encontrarte otra vez a la gente y que podrás ponerte al día con ellos». Sinclair confiesa que intenta ir a unos cuatro congresos al año, organizando el resto de sus actividades en función de ellos.

Fue así como conoció a Bill Gates, y hace un par de años precisamente en una de las conferencias tecnológicas a las que ambos acudían anualmente estaba hablando con él cuando le dijo que si alguna vez se interesaba por las oportunidades laborales del mundo no gubernamental hablase con él, ya que estaría encantado de contar con su colaboración: «En aquel momento le dije que era feliz en mi trabajo, y no le di más vueltas. Pero un año más tarde me llegó su nota», recuerda Heidi, que no pudo resistirse a hacer una entrevista con la responsable de reclutar al nuevo director de comunicación de la fundación.

«Después de entrevistarme con todos, me di cuenta de que echaba de menos a la familia que había dejado en Seattle, mientras que el puestoque me ofrecían tenía un contenido tan emocionante... ¡que tuve que aceptar! exclama, y sigue: Tomar la decisión fue fácil. Pero ponerlo todo en marcha fue otra historia.»

La Fundación Bill & Melinda Gates se guía por la firme creencia de que toda vida humana tiene el mismo valor, para lo que trabaja en ayudar a todas las personas a llevar vidas saludables y productivas. Con sede en Seattle, la fundación está liderada por su CEO, Jeff Raikes, y copresidida por William H. Gates, bajo la dirección de Bill y Melinda Gates, y de Warren Buffett.

Con más de quinientos cincuenta empleados ya reclutados, y alrededor de ochocientos previstos para la fecha de publicación de este libro, el entorno de trabajo cambia con rapidez, lo que acentúa la necesidad de construir y extender redes interpersonales efectivas, tanto hacia el interior como en el contexto externo de la fundación.

Heidi está montando un equipo, mientras intenta desarrollar sus habilidades de gestión de contactos para «averiguar qué tenemos que hacer para que nuestro trabajo tenga más impacto y pueda hacerse con mayor rapidez».

En una organización floreciente, que casi estalla de energía e integra sin descanso a nuevos miembros con talento y ambición, Heidi Sinclair está «componiendo el puzzle de relaciones personales que le permita aproximarse a sus nuevos colaboradores» para crear más valor, más deprisa y para todos.

Conociéndola, hará un trabajo excelente, igual que ha hecho prácticamente con todo lo que se ha propuesto conseguir hasta ahora.

9

Control y ajuste de rumbo

Casi más importante que preparar un plan de acción o un plan estratégico es revisarlo y compararlo con la realidad de modo regular. El verdadero valor de la reflexión y el esfuerzo realizado para poner una estrategia sobre el papel no se constata si uno no para de vez en cuando en su frenético ritmo cotidiano para ver si la teoría y la práctica se ajustan o no.

En más de una empresa se tiene por costumbre hacer un esfuerzo sobrehumano en un momento dado para definir la estrategia a seguir, pero luego no vuelve a revisarse dicho plan hasta que no hay más remedio. Y en los años que pasan desde «el plan» todos los directivos van a apartándose poco a poco de la foto que pintó dicho plan hasta que están corriendo a ciegas, porque saben que «el plan» dejó de reflejar la realidad hace mucho tiempo, y que ellos y sus demás compañeros lo han implantado de modos distintos y a menudo divergentes.

Para los empresarios que arrancan un negocio resulta casi impensable poner en papel un plan estratégico porque no tienen tiempo para nada. Gimen, protestan y se quejan cuando el banco les exige una foto a dos años para prestarles dinero, pero al final sacan un papel que le dan al banco.

Sin embargo, aunque es cierto que lo que pone en el papel rara vez coincide con la realidad, es importante porque da una referencia ante la cual medir lo que se está haciendo. Si además este plan se revisita con periodicidad anual o incluso semestral, se constata que 1) los recursos necesarios para fabricar el siguiente plan van reduciéndose a medida que se desarrolla práctica en el ejercicio estratégico, y 2) las decisiones tomadas entre planes, auún sabiendo que no se reflejaban ni en el plan anterior ni en el que se haría más tarde, están mejor encajadas alrededor de una visión a largo plazo.

El desarrollo de nuevas formas de gestionar los contactos también puede mejorarse de modo notable si se acostumbra a controlar lo que está ocurriendo y corregir el rumbo con cierta periodicidad. Y es que, al igual que le ocurre al CEO o al empresario, una vez que uno se mete en la carrera cotidiana, es muy difícil que no pierda lo que los estadounidenses llaman «the big picture», que traducido al español significa 'la gran foto' o el gran cuadro. Es la visión panorámica del negocio, apartada de los problemas del día a día, clara, objetiva y visionaria.

Este capítulo le ayudará a implantar un sistema de control y adaptación de su desarrollo personal que le permita seguir siendo el maestro y artífice de su propio aprendizaje, llevándole regularmente al exterior para estudiar la vista panorámica de usted y su contexto.

Lo primero que se le recomienda es trabajar con periodos semanales o quincenales para registrar la información. Si no registra la información será difícil revisarla, o como mínimo sus revisiones se quedarán en conclusiones burdas «a ojo», lo cual se traducirá en que tardará más tiempo en perfeccionar su gestión.

Lo segundo que distinguiremos es que hay dos tipos de revisión. Una revisión más operativa, que se puede realizar cada mes, o cada seis semanas o incluso una vez al trimestre, según decida usted.

Y otra revisión más estratégica o panorámica, a realizar una vez cada seis meses o una vez al año, de nuevo según sus preferencias y necesidades.

De modo que en el sistema de control y ajuste de rumbo hay tres partes importantes del proceso:

- El registro de datos (semanal o quincenal).
- La revisión operativa (cada 4-6 semanas).
- La revisión panorámica o estratégica (cada 6-12 meses).

La revisión más operativa es importante para controlar que se están cumpliendo los objetivos, y, en el caso contrario, para aprender de los errores y éxitos del terreno o incluso para cambiar dichos objetivos.

Si ha ido registrando los valores semanales de cada indicador de progreso, en este momento evaluará su dedicación de tiempo, los aprendizajes sobre nuevos vínculos y desarrollo de vínculos existentes. El directivo disciplinado que dedica cinco minutos semanales a apuntar los datos de la semana suele tardar una o dos horas en efectuar esta revisión operativa.

La revisión estratégica requiere más tiempo. Desde una media jornada hasta un par de días, según la situación y el momento de su carrera. Esto le permite replantear todos sus esfuerzos y creencias, para asegurarse de que sigue un camino que le gusta y le motiva en el largo plazo. En esta revisión se trata el análisis DAFO, el desarrollo de las capacidades que componen su inteligencia emocional, y en ocasiones se replantea la vocación profesional, se evalúan giros profesionles de 180° o se considera un cambio de trabajo.

El fin último de la revisión panorámica es establecer los dos o tres ejes prioritarios sobre los que enfocar su aprendizaje en el periodo siguiente.

9.1. Revisión operativa

En la revisión operativa se revisa la evolución de los valores que han ido tomando ciertos indicadores de progreso en las semanas anteriores.

A continuación se incluye una guía de las principales áreas y posibles indicadores que puede utilizar para controlar su rendimiento, pero como verá en el capítulo 10, se recomienda centrarse en unos en cada momento, puesto que es imposible mejorar todos los aspectos en paralelo.

9.1.1. *Progreso de su red*

En el capítulo 2 realizó en análisis POTENCIA de su red, y se le recomendó escoger dos o tres parámetros prioritarios sobre los que trabajar.

Conviene que por cada parámetro:

- Formule un objetivo a conseguir por cada parámetro.
- Establezca un indicador medible que indique el nivel de satisfacción o de cumplimiento.

En el ejercicio del capítulo 2 se establecieron como prioritarios los parámetros Objetivos, Transacción e Intermediación. Una forma de establecer los objetivos podría ser:

- Objetivos de la red. Conseguir al menos un 50 % de contactos que hablen chino o se interesen por aprender chino (para así acercarse al objetivo de aprender chino).
- Transacción de la red. Aumentar el nivel medio de transacción en un punto con los contactos profesionales.
- Intermediación de la red. Identificar los principales agujeros estructurales y desarrollarlos más.

Ahora hay que fijar unos indicadores de progreso que permitan controlar lo que pasa cada semana, y revisar al cabo de unas semanas si se está logrando un resultado suficiente o no. La elección del indicador es completamente libre, y en función de lo bien que lo establezca, su progreso será de mayor o menor calidad.

En caso de no existir ningún indicador de progreso claramente medible, siempre existe la posibilidad de asignar una puntuación subjetiva del 1 al 3 o del 1 al 5 para indicar su nivel de satisfacción con lo conseguido en esa dimensión en cada semana.

Para los objetivos citados antes, se podrían utilizar los siguientes indicadores:

- Conseguir al menos un 50 % de contactos que hablen chino o se interesen por aprender chino:
  - Número de contactos que hablan chino.
  - Número de contactos que han visitado China más de una vez.
  - Número de interacciones mantenidas con chinoparlantes.
  - Número de actos de cultura china a los que he acudido.
  - Número de chinoparlantes que me han contactado.
- Aumentar el nivel medio de transacción en un punto con los contactos profesionales:
  - Número de correos electrónicos enviados que contenían información útil.
  - Número de correos electrónicos recibidos que contenían información útil.
  - Número de interacciones útiles mantenidas (con intercambio de valor).
  - Número de conversaciones en el trabajo que resultan poco eficaces.
  - Puntuación del 1 al 5 de la intensidad de transacciones que he percibido.
  - Proporción de llamadas transaccionales mantenidas con mi jefe.
- Identificar los principales agujeros estructurales y desarrollarlos más:
  - Puntuación del 1 al 5 de la claridad con la que se ven los agujeros estructurales en mi red.

– Densidad de mi red nuclear (igual al número de vínculos que existen entre cada dos contactos, dividido por el total posible de vínculos).
– Número de contactos nuevos que no conocen a nadie de mi red actual.
– Número de eventos de desconocidos a los que acudo.
– Número de veces en eventos que inicio conversaciones con desconocidos en lugar de hablar con mis compañeros.

9.1.2. *Actividad y rendimiento*

En el apartado 6.7 del capítulo 6 se habló de la importancia de fijar un objetivo en consumo de tiempo. Luego se hizo un ejercicio de análisis de su agenda para determinar cómo debía distribuir su tiempo entre las diferentes actividades incluidas en la gestión de contactos.

Poner un número detrás de cada porcentaje está muy bien, pero mientras lo pone uno ya sabe que lo va a incumplir en tal semana o en tal otra porque existen prioridades del negocio ya establecidas, o porque se pone uno enfermo, o por miles de razones.

De modo que hacer seguimiento de la dedicación real de cada semana ayuda a comprobar si los objetivos que se han puesto son adecuados, y cuando no se cumplen de modo repetido, a reflexionar sobre las verdaderas barreras a la gestión de contactos que se esconden detrás de la excusa de «no tener tiempo».

Una vez más se formularán objetivos e indicadores de progreso para cada uno. Algunos indicadores, medidos por semana a menos que se especifique lo contrario, incluyen:

- Porcentaje de tiempo dedicado a gestiones de *networking*.
- Número de horas dedicadas a gestiones de *networking*.
- Número de horas dedicado a visitar eventos y conferencias en el mes.

- Porcentajes dedicados a cada clase de contacto.
- Diferencia entre porcentajes reales y porcentajes objetivo de dedicación a cada clase de contacto.
- Número de horas dedicado a seguimiento y revisiones operativas.
- Plazo desde que se hizo la última revisión panorámica.
- Número de horas dedicadas a actividades de aprendizaje: *coaching*, lectura, cursos.
- Porcentaje de horas de *networking* dedicadas a la reflexión y el análisis cada mes.
- Número de ejercicios de este libro completados.
- Puntuación del 1 al 5 sobre la dedicación a *networking* de la semana.
- Puntuación del 1 al 5 sobre el rendimiento de las actividades de *networking* de esta semana.

9.1.3. Primeros encuentros

En el capítulo dedicado a este tema se analizaron las fases del proceso del primer encuentro, de modo que usted pudiera elegir aquellas en las que tenía que hacer más, y se le proporcionaron algunas pistas de cómo empezar a rodar.

El seguimiento y control de esta actividad puede, por tanto, ordenarse de acuerdo con las recomendaciones y los ejercicios que allí se le dieron. Puede utilizar esos mismos ejercicios para determinar los indicadores de seguimiento apropiados.

Captación

En función de lo que usted busque, tal vez el gran reto sea montar una asociación nueva, o asistir a un número de eventos al año, o empezar a discriminar eventos útiles para no perder tiempo en eventos inútiles.

Es posible que al realizar su mapa de esferas se fije objetivos sobre una nueva esfera a desarrollar, o decida que tiene que colaborar en un proyecto interno de su empresa.

Lea una vez más el primer apartado sobre la captación de contactos y escoja dos o tres objetivos a conseguir. Escríbalos, y luego piense en indicadores que le permitan monitorizar su propio progreso.

Un directivo que quisiera montar una empresa en un sector diferente al que conoce, digamos el sector de la gran distribución, se podría plantear los siguientes objetivos e indicadores:

- Acudir a tres eventos clave del sector de la gran distribución en Europa en este año.
  - Indicadores: Número de eventos analizados con método 6Q; número de eventos en los que ha participado.
- Inscribirme en la cámara de comercio francoespañola y publicar artículos en su revista mensual.
  - Indicadores: número de artículos publicados; número de eventos de la cámara a los que he ido; número de contactos establecidos en la cámara.

Primeras conversaciones

En la sección sobre primeras conversaciones se le recomendaba analizar sus últimas anécdotas y escribir un máximo de tres consejos y tres anticonsejos sobre lo que debería hacer o evitar en una primera conversación.

Revise sus respuestas y quédese con dos o tres objetivos LISTOS, a los que pueda después asignar indicadores de progreso similares a los anteriores.

Luego repase la tabla del apartado 7.2.1 sobre los ítems importantes a cuidar en los primeros encuentros, y decida si debe marcarse algún objetivo sobre su higiene, su estilo, su actitud o sus instrumentos de promoción.

Haga lo mismo con la tabla de la sección 7.2.2, que analizaba el *durante*, determinando una serie de indicadores de efectividad en el acercamiento, la conversación, la presentación de sí mismo y los remates.

Finalmente repase la sección sobre lo que conviene hacer después de una primera conversación, y decida si debe plantearse objetivos de mejora sobre los aspectos allí descritos:

- ¿Tiene un sistema de clasificación de contactos efectivo? (aquí puede medir el número de tarjetas que no encajan en ninguna clase, o el tiempo que le cuesta clasificar, o puntuar la utilidad general de la clasificación cuando tiene que tomar decisiones).
- ¿Mantiene la debida disciplina después de los eventos para registrar la información del contacto?; ¿ha creado procesos de almacenamiento de la información cómodos y rápidos?
- Y sus refuerzos de raíz, ¿qué tal van?

9.1.4. Desarrollo de vínculos existentes

En el capítulo 8 se desarrollan numerosos conceptos clave a comprender y mejorar con la práctica cotidiana. Un repaso a dicha sección le permitirá escoger objetivos de mejora sobre todos estos aspectos:

- ¿Cómo de claras tiene las cuentas con sus relaciones actuales?; ¿cuándo fue la última vez que hizo una revisión a fondo del balance de cada «cuenta relacional»?; ¿qué proporción de sus contactos no devuelven de forma continuada?; ¿con cuáles debería usted poner más atención porque está en deuda desde hace tiempo?
- ¿Cuáles de las leyes de desarrollo sostenible se le dan mejor y cuáles peor? ¿Hay alguna que debería mejorar especialmente?
- ¿Qué objetivos podría plantearse con respecto a la gestión multimedia de sus contactos?

- ¿Cómo anda de animales exóticos en su red?; ¿debería proponerse reclutar a alguno en especial?; ¿podría usted convertirse en uno de ellos?
- ¿Cómo se puntuaría en su habilidad para gestionar conflictos entre contactos?; ¿qué dificultades experimenta?; ¿qué objetivos de mejora puede plantearse?
- ¿Qué puntuación merecen sus recomendaciones actuales de acuerdo con lo descrito?
- ¿Y su gestión de riesgos?; ¿es capaz de prever y calcular los riesgos de hacer un movimiento en su red antes de hacerlo?; ¿se atreve a hacerlo aunque sea arriesgado?; ¿cuánto acierta en su estimación de los riesgos?

9.1.5. Cuadro de su progreso operativo

El cuadro de la página siguiente le permitirá grabar todas las áreas de trabajo elegidas, sus objetivos y sus indicadores, así como apuntar los valores de cada indicador cada semana.

	Área a Trabajar		Objetivo (S)	Indicador	S1	S2	S3	S4	Aprendizaje
Progreso de la red	P1.								
	P2.								
	P3.								
Actividad y rendimiento									
Primeros encuentros	Captación								
	Primeras convs	Objs basados en consejos y anticonsejos							
		Ítems antes (tabla 7.2.1)							
		Ítems durante (tabla 7.2.2)							
		Ítems después							
Desarrollos existentes	Cuentas relacionales								
	Leyes desarrollo sostenible								
	Gestión multimedia								
	Animales exóticos								
	Gestión conflictos								
	Recomendaciones								
	Gestión de riesgos								

9.2. Revisión panorámica

La lectura de este libro y la realización de todos los ejercicios de análisis planteados es la primera revisión panorámica que realiza de su gestión de contactos. Le habrá llevado muchas horas.

De usted depende decidir cuándo hace sus revisiones panorámicas y cuánto tiempo les dedica. En la página siguiente se le presenta un cuadro recopilatorio de todos los análisis propuestos, con una recomendación de la frecuencia con que debería realizar cada uno, y un espacio para formular los resultados y objetivos de cada análisis.

Índice de ejercicios	Capítulo o sección	Frecuencia recomendada	Conclusiones y comentarios	Objetivos derivados	Ranking objs (10)
Mis últimos 5	1	Cada 2 meses			
Generadores de la red actual	2.1	Cada 12 meses			
Análisis de la red actual	2	Cada 12 meses			
Reputación	3.9	Cada 12 meses			
Niveles de confianza	4.2	Cada 2 meses			
Diagnóstico inteligencia emocional	4.6	Cada 3-6 meses			
Analice sus obstáculos invisibles	5.4	Cada 12 meses			
Descubra su misión	6.2	Cada 3-6 meses			
Su DAFO personal	6.3 - 6.6	Cada 3-6 meses			
Análisis de su agenda	6.7.1	Cada 1-2 meses			
Inventario de recursos disponibles	6.7.2	Cada 12 meses			
Análisis de eventos 6Q	7.1.3	Cada evento			
Mapa de esferas	7.1.4	Cada 12 meses			
Análisis varios, primeras conversaciones	7.2	Cada 1-2 meses			
Análisis varios, desarrollo vínculos	8	Cada 1-2 meses			

Usted puede comenzar cada revisión panorámica con un repaso de este cuadro para determinar qué análisis requiere hacer esta vez. Idealmente contará usted con los resultados de sus revisiones operativas de los meses anteriores para orientarle sobre qué aspectos necesitan ser analizados de nuevo.

El primer objetivo de esta revisión panorámica es dedicar atención a la dirección en la que usted navega. Por ello se le sugiere rehacer el ejercicio de misión y el DAFO en cada revisión. Siempre habrá nuevos detalles y matices a añadir al anterior, o incluso nuevos planteamientos que no se habían estudiado antes.

El segundo objetivo es priorizar los objetivos a trabajar en el siguiente trimestre o semestre. Por ello se incluye en el cuadro una columna para hacer un ránking de objetivos. En el capítulo 10 se abordará con detalle la importancia de dosificar su esfuerzo de desarrollo y de ir enfocando unos pocos objetivos en cada periodo de su evolución.

10

Echar a rodar

A lo largo de este recorrido usted ya habrá empezado a hacer cosas de un modo intuitivo, tal vez a trompicones, y sin una intención clara o una dirección marcada y un plan de desarrollo. Pero ahora ya no hay más capítulos que leer, y por tanto no quedan excusas para formalizar su plan de evolución.

Este capítulo repasa las dificultades de conseguir cambios reales en las habilidades de los directivos, describe las dimensiones de cambio y proporciona algunas herramientas para dosificar su energía. En el último apartado encontrará las instrucciones para «ponerse a ello».

10.1. Sobre el desarrollo directivo

Intuitivamente todo el mundo sabe que cambiar supone un esfuerzo porque se ha pasado por fracasos y se ha visto a otros intentarlo sin éxito también. Ponerse a régimen después de Navidades, consolidar el aprendizaje de un idioma, dejar de fumar o reducir el número de horas de la jornada laboral son todos ejemplos de lo fácil que es proponerse cambiar y lo difícil que resulta conseguirlo.

En los MBA de todo el mundo se introduce siempre una asignatura llamada Comportamiento Organizacional, en la que se tratan todos los temas de liderazgo e inteligencia emocional en el lugar de trabajo.

La razón por que la que se elige el comportamiento como enfoque de estudio es que el comportamiento es para la psicología del individuo lo que la contabilidad es para la estrategia y el funcionamiento de una empresa: un indicador claro.

El comportamiento de una persona es lo único que podemos observar, describir y analizar sin interpretaciones. Igual que los números de la cuenta de resultados, que es, hoy por hoy, la foto oficial del estado de una empresa, venga de donde venga y sea del tamaño que sea.

Usted sólo puede ver lo que una persona hace, y de ahí puede interpretar lo que piensa o lo que siente, pero no dejan de ser interpretaciones. Lo que se ve, sin dudas ni interpretaciones, es lo que hace.

Por ello la primera norma del desarrollo directivo es que sólo se conseguirá un cambio en su capacidad de gestión de contactos si se observa un cambio sostenido en sus comportamientos y hábitos cotidianos. Si no se produce un cambio en sus comportamientos, tendrá ideas y sentimientos muy ambiciosos y prometedores, pero aún no han originado un cambio real, comprobable y duradero. Pero esto no es gratuito.

10.2. El coste de desarrollar habilidades

Imagine que es usted un accionista importante de una gran empresa española que lleva generándole beneficios importantes durante años, y que el CEO de la compañía le anuncia con júbilo que a partir del mes que viene va a llevar todos sus asuntos en chino. Contratará a una secretaria china y pedirá que ya no le traduzcan los documentos chinos al español. Por lo visto, unos consultores estratégicos muy caros le han convencido de que para seguir creciendo tiene que poder hacer negocios con los chinos, y ése es el modo más rápido de implantar el chino en la empresa.

Aunque hay que aplaudir la valentía de este CEO, también cabe preocuparse por su rendimiento durante el largo proceso de comprensión del chino hablado por su secretaria y escrito en los documentos de la compañía. Pero no es sólo eso, sino que la interacción con el comité de dirección corre el peligro de pasarse al chino, y esto produciría salidas de unos, llegadas de otros, obviamente más familiarizados con el chino, y toda una serie de consecuencias imprevistas para el negocio.

Si es usted uno de los muchos estudiantes que se fueron al extranjero a practicar un idioma de adolescentes y se pasaron un mes entero hablando en monosílabos incomprensibles y perdiéndose la mitad de lo que ocurría a su alrededor, le dirá al valiente CEO que no puede bajo ningún concepto poner en riesgo el bienestar de la empresa durante los años que requiere para un occidental llegar a un nivel funcional en el idioma chino. Es difícil saber si esto le hará reaccionar, si abandonará por sí mismo ante la dificultad del proyecto o si, por el contrario, lo llevará a término y logrará el deseado crecimiento para la empresa.

Este ejemplo, un tanto exagerado, ayuda a comprender el coste de cambiar un comportamiento. A partir del día del cambio, todo lo que antes hacía el CEO en un segundo sin pararse a pensar requiere ahora de una pausa para recordarse a sí mismo el compromiso de cambio, otra pausa para negociar consigo mismo sobre los inconvenientes de dejar el cambio para mañana y finalmente una ejecución torpe, lenta e incómoda de una tarea que antes se hacía con los ojos cerrados. Si uno se imagina el impacto del empleo del tiempo del CEO sobre la cuenta de resultados de su empresa, el coste de la conversión al idioma chino empieza a parecer excesivo.

Esta dinámica de cambio es cierta para cosas mundanas como montar en bicicleta, pero también para situaciones de alto riesgo, como reducir la presentación del informe trimestral de resultados, negociar con mayor agresividad un contrato de venta con grandes clientes, o cambiar el modo de delegar un reto estratégico en las manos de su comité de dirección.

En otras palabras, el directivo que se proponga introducir un cambio en sus habilidades directivas va a tener que emplear más tiempo y esfuerzo en hacer cosas que antes hacía sin pensarlo. La razón se encuentra en la ley de equivalencia mental, utilizada desde hace tiempo en las ciencias del comportamiento humano.

La ley de equivalencia mental afirma que existe un equilibrio dinámico entre lo que una persona hace, lo que siente y lo que piensa. Es dinámico porque no están siempre inmóviles, sino que cada una de estas dimensiones de la personalidad se alinea con las otras dos cada vez que se siente fuera de juego.

El directivo que decide aplicar nuevas técnicas de gestión del tiempo a su quehacer cotidiano, se pone el primer objetivo de dedicar la primera media hora de cada día a organizar sus tareas pendientes y su agenda. Hasta aquí todo es fácil.

Sin embargo, al día siguiente introduce el cambio objetivado en su comportamiento. En sus treinta minutos de reflexión tiene que detener su propia mano cada vez que se va al teléfono a hacer una llamada urgente, tiene que seguir «convenciendo» a sus pensamientos de que esto no es una pérdida de tiempo y de que las consecuencias de retrasar dicha llamada no serán tan graves como cree, y siente ganas de tomar dos cafés más y dar un paseo relajante para quitarse el estrés de encima.

Este directivo está estresado e incómodo durante esa media hora porque ha roto el equilibrio de su comportamiento con las otras dos dimensiones: sus emociones y sus pensamientos. Sigue pensando que dedicar los primeros treinta minutos del día a organizarse la vida es un lujo que no se puede permitir, y se encuentra incómodo y nervioso durante cada uno de esos treinta minutos que dedica a no hacer lo que hacía antes.

Lo más fácil para el esforzado directivo es dejar de lado la ridícula idea de emplear la primera media hora de cada jornada laboral en organizar sus tareas. De esta forma volvería a alinear lo que hace con lo que está pensando y sintiendo. Recuperaría el equilibrio dinámico del modo más rápido posible, sintiendo un alivio inmediato, que se traduciría en la recuperación de la energía apartada para el cambio, una vez más disponible para otros menesteres.

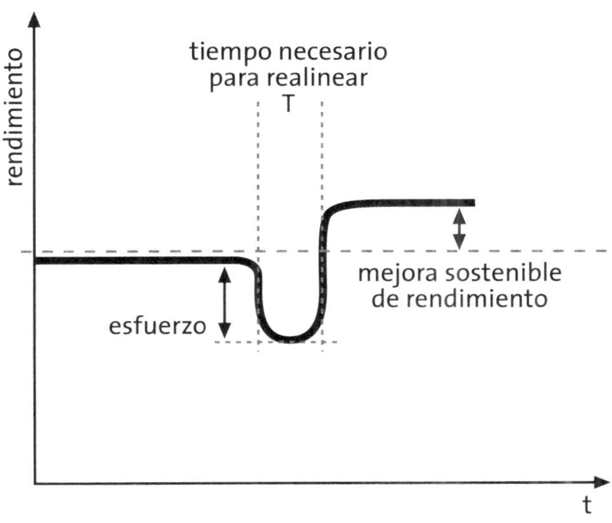

Sin embargo, si el directivo logra vencer estas tentaciones, y aguanta disciplinadamente muchas otras incómodas medias horas ignorando las urgencias telefónicas y «regañando» a su mente por irse virtualmente de paseo a las reuniones del día en lugar de concentrarse en organizar su agenda, poco a poco empezarán a realinearse sus pensamientos y sus emociones con su nuevo comportamiento. El tiempo necesario para llegar a este nuevo equilibrio, y el consumo de energía preciso depende de la intensidad del cambio planteado.

El directivo alcanzará un nuevo equilibrio de sus tres dimensiones, que permitirá que ahora no pueda esperar a tener su media hora de tranquilidad por las mañanas, sienta una relajación total en el momento de apagar el móvil, y se convierta en un predicador de pasillo sobre lo útil y eficiente que es invertir la primera media hora del día en organizarse.

Habrá conseguido implantar un cambio en su modo de trabajar, que redundará en un incremento duradero de su rendimiento, como demuestra el gráfico anterior.

Pero si se introducen varios cambios a la vez, o se pretende llegar al extremo del ejemplo anterior, se puede llegar a perjudicar gravemente la actividad de directivo, ahogándolo en un esfuerzo adicional que lo bloquea para responder adecuadamente a sus obligaciones cotidianas.

El gráfico de la página siguiente muestra las diferentes curvas que se producen según la cuantía o la intensidad de los cambios introducidos.

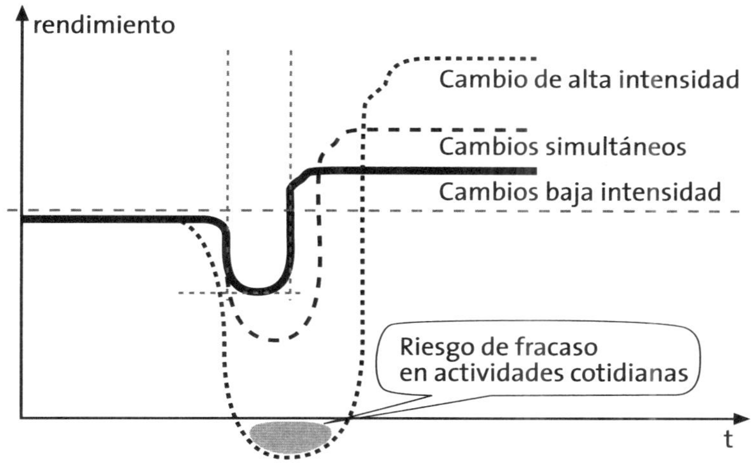

Para evitar lo que ocurre en la curva mayor, usted deberá ir introduciendo los cambios más necesarios primero, y esperar a que se consoliden antes de plantearse otros nuevos, o bien, al cambiar las prioridades de su plan, reenfocarse hacia otras dimensiones de evolución, dejando las primeras en *standby*. Esta idea se comprende fácilmente con el siguiente gráfico:

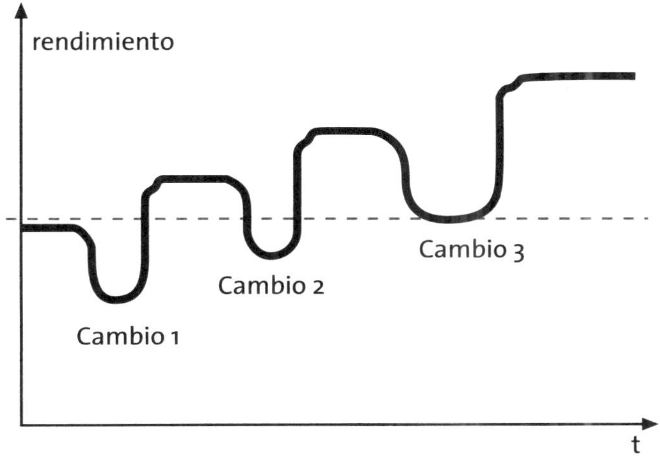

No crea que la columna de ránking que se sugiere en la tabla final del capítulo 9 es una tontería o resulta superflua. Dosificar la energía que dedique a su desarrollo de habilidades de gestión de contactos es casi más importante que el desarrollo en sí.

10.2. Dimensiones del desarrollo directivo

Otra idea importante a tener en cuenta cuando uno se plantea llevar a la práctica las enseñanzas de este libro, así como cualquier otra evolución personal, es la idea de que se trabaja en tres dimensiones paralelas.

Idealmente podría usted preguntarse a sí mismo cuánto ha avanzado en cada dimensión cuando haga sus revisiones panorámicas.

Dimensión de la actividad

Esta dimensión es la que se ve y se mide a través de las revisiones operativas. Tiene que ver con lo que usted hace cada día y el rendimiento que consigue al utilizar los métodos y las comprensiones del momento.

Sin embargo, dichos métodos y comprensiones deberían ir evolucionando a medida que usted adquiere destreza, y según evolucionan su comprensión y su visión del mundo de las redes.

Dimensión del aprendizaje en procesos

Es importante que vaya incorporando nuevas herramientas y prácticas adaptadas a su personalidad para aumentar el rendimiento de su actividad.

En esta dimensión se pueden inscribir todas las reflexiones que hará durante las revisiones operativas para mejorar su modo de aproximarse a nuevos contactos, redefinir el tiempo que dedica a cada gestión, o el trabajo extra de alimentar todos sus contactos y sus datos a una nueva base de datos que se hable con su *blackberry* o teléfono móvil.

Los guiones que prepare para mejorar la calidad de sus conversaciones, la búsqueda de técnicas de negociación o el estudio de libros sobre el arte de contar cuentos para enganchar a su audiencia..., todo es también muy importante para su gestión de contactos, puesto que es lo que produce los mejores rendimientos de cada uno de los minutos que dedica al tema. Pero aún existe una dimensión más.

Dimensión del aprendizaje emocional

Esta dimensión es la que atañe a su percepción del mundo, su interpretación de las emociones y las posturas ejercidas en cada evento que observa, y el modo en que digiere sus propias emociones para producir la mejor respuesta.

Ésta es la dimensión de desarrollo directivo más sutil y lenta, pero la que produce los mejores resultados en todo lo demás. Es también la que suele explicar los bloqueos e impedimentos al avance en otras dimensiones.

Cuando constate en varias revisiones operativas que no ha hecho la llamada que se había propuesto, deberá preguntarse si es casualidad o si hay alguna emoción o creencia que está impidiéndole dar el paso.

En los capítulos 3, 4 y 5 de este libro se han abordado varios aspectos de esta dimensión, que tal vez le hayan podido parecer superfluos y «filosóficos» en una primera lectura, pero que contienen las cuestiones más importantes que tienen que trabajar los directivos en su batalla por gestionar mejor sus contactos.

Esta dimensión afecta al núcleo de su personalidad, y por ello los avances que logre aquí impactarán directamente en las otras dos. Porque su capacidad de fijar objetivos, definir indicadores de actividad y medir progresos está precisamente moldeada por su modo de leer y sentir el mundo que le rodea.

Todos los protagonistas reales que han prestado sus reflexiones para la realización de este libro han tenido que hacer un recorrido por esta dimensión, y saben que lo que les diferencia de los demás no es tanto su proceso *x* o su sonrisa, como su lectura de su mercado y de su entorno.

Si es cierto que ser líder se reduce a ver las oportunidades del entorno antes que los demás, y a saber adaptarse más deprisa para capitalizar las ventajas de dichas oportunidades, queda claro que el que lleve las gafas más limpias, y se pelee menos consigo mismo sobre qué hacer, es el que lidera a los demás.

Asegúrese de invertir tiempo y energía en esta dimensión. Éste es el secreto del liderazgo en gestión de contactos y en cualquier otro campo que uno se proponga conquistar.

10.3. Recursos adicionales para el desarrollo de habilidades

Asegúrese de buscar e incorporar a su proceso de desarrollo toda la gama de recursos de aprendizaje que están ahí afuera, y que ayudarán a impulsar su avance a través de combinaciones diferentes de percepciones sensoriales. Nunca se sabe por cuál de los cinco sentidos le entrará el próximo avance significativo.

Complete listas por cada punto citado con todo lo que vaya «fichando» como útil para su proceso.

- Lectura: Libros, columnas de opinión, revistas especializadas, webs dedicadas, otros medios.

____

____

____

____

____

____

- Conferencias sobre el tema, seminarios de habilidades concretas, cursos presenciales o a distancia (MBA, PDD, etc.).

____
____
____
____
____
____

- Catalizadores: un *coach*, comunidades online, expertos del tema, consultores especializados en aspectos concretos, etc.

____
____
____
____
____
____

- Modelos y referencias: personas de su entorno cotidiano que usted considera ejemplos de éxito en los comportamientos que quiere desarrollar. Puede elegir diferentes modelos para cada habilidad concreta, y observar lo que hacen para ver lo que usted podría incorporar. También puede charlar con ellos y pedirles consejo.

____
____
____
____
____
____

- Prácticas, experiencias y entornos concretos para practicar determinadas habilidades, desde practicar un deporte que entrene una habilidad concreta hasta participar en una ONG o apuntarse a un grupo de teatro, puede haber muchos entornos de experimentación que le permitan probar nuevos trucos sin arriesgarse como lo haría en su lugar de trabajo.

____

____

____

____

____

____

Las áreas de formación de muchas grandes empresas empiezan a trazar itinerarios individuales de entrenamiento para sus directivos de alto potencial. Le recomendamos que haga lo mismo para sí mismo, partiendo de los objetivos de desarrollo que usted defina en cada revisión panorámica.

La tabla de la página siguiente le puede ayudar a planificar las horas y los costes derivados del itinerario de formación que se plantee a un año vista.

		Enero	Febrero	Marzo	Abril	Mayo	Junio	Julio	Agosto	Septiembre	Octubre	Noviembre	Diciembre	TOTAL AÑO
Lectura	Libros													
	Revistas													
	Periódicos													
	Webs													
	Blogs													
	Coste/mes													
	Horas/mes													
Formación	Conferencias													
	Cursos													
	Masters													
	Seminarios													
	Coste/mes													
	Horas/mes													
Catalizadores	Coach													
	Foros online													
	Consultores													
	Coste/mes													
	Horas/mes													
Modelos														
	Coste/mes													
	Horas/mes													
Experiencias	Deportes													
	ONG's													
	Clubs													
	Coste/mes													
	Horas/mes													
Coste total mensual														
Total horas mensual														

10.4. Próximos pasos

Ahora le toca a usted. Mucho ánimo en su andadura. Para ayudarle, una vez más, se le sugiere a continuación un decálogo para echar a andar.

- 1. Busque un espacio de dos horas en su agenda para la próxima semana.
- 2. Compre un cuaderno específico para la gestión de sus contactos, y cree una carpeta en su ordenador para guardar toda la información relevante.
- 3. Llegada la fecha y la hora propuestas, apague el teléfono móvil, asegúrese de que nadie va a interrumpirle, y empiece por revisar la tabla del apartado 9.2. Escoja tres ejercicios de la tabla para hacer, incluido, si es posible, el DAFO.
- 4. Dedique la primera hora y media de su reunión consigo mismo para completar los tres ejercicios elegidos. Pasado ese tiempo, déjelos como están, guárdelos con la fecha en su cuaderno y/o carpeta.
- 5. Dedique la última media hora de su primer espacio de reflexión a escribir todos los próximos pasos que se le ocurran: gente a la que quiere llamar, libros y webs que quiere mirar, pasos que aún le quedan para terminar sus ejercicios y completar su DAFO...
- 6. Asigne fecha y hora para completar cada uno de estos pasos en los siguientes quince días, y fije un nuevo espacio de dos horas para reflexionar sobre la agenda de la semana siguiente.
- 7. Una vez más, llegada la fecha y la hora propuestas para su segunda reunión consigo mismo, apague el teléfono móvil, asegúrese de que nadie va a interrumpirle, y complete los ejercicios propuestos en este capítulo 10 para determinar su itinerario de formación e identificar los recursos de aprendizaje que va a emplear.
- 8. Antes de terminar esta segunda reunión, cree su sistema de clasificación de contactos y complete el ejercicio sobre dedicación del tiempo propuesto en el apartado 6.7.

- 9. Fije en la agenda citas ficticias con usted mismo que respondan a los objetivos de dedicación establecidos en el punto anterior para el mes siguiente. Cuanto más definido esté su próximo paso, más probable será que lo dé.
- 10. Haga su primera gestión de contactos, y luego escriba en su cuaderno sus impresiones al respecto.

Conclusión

Gestionar contactos es, pues, construir relaciones humanas, actividad en la que no pasa un solo día sin que aprendamos algo nuevo. Y con cada nueva píldora sobre cómo se hace y cómo no se debe hacer, uno puede descubrir algo más sobre quién es y quién no quiere ser.

Cuando dos personas se encuentran por primera vez, se produce un choque de expectativas, esquemas mentales y emociones satisfechas o por satisfacer, comparable a un choque de trenes.

Muchas veces, ponemos todos nuestros mejores y más presentables elementos encima de la mesa, con todo el cariño y la buena voluntad de que somos capaces, y aun así, no funciona. No resulta lo que queríamos. Nos llevamos una decepción personal o profesional.

A veces, estamos profundamente convencidos de estar haciendo eso mismo, con cariño y generosidad y todo el resto del pastel, pero lo que hacemos, en realidad, es intentar manipular la situación, y hay que ser realmente valiente para mirarse al espejo y admitirlo.

Otras veces son los demás los que nos buscan con un exceso de interés, o de pasión o de admiración y elogio, y nos damos la incómoda satisfacción de ser nosotros quienes rechazamos al otro. Lo hagamos con desprecio hacia su condición o con profunda y sentida empatía por la circunstancia que lo empuja a ponerle nuestra cara a una solución que no podemos ser de ningún modo, puesto que solo él, o ella, tiene la respuesta.

Y hay otras veces en las que los dos trenes se funden en uno solo, como consecuencia de una combinación de factores imposibles de comprender o analizar con exactitud, pero que facilitan el intercambio de ideas y de emociones a un ritmo que va adaptándose a las circunstancias y los momentos como el son de una melodía al humor de su compositor. A ratos explosivo, a ratos lento o incluso tedioso, unas melodías se acaban súbitamente con un tono disonante, mientras que otras siguen y siguen para siempre.

Si es verdad que nuestro cerebro ha evolucionado hasta su tamaño y complejidad actual para sobrevivir en un entorno cuya mayor dificultad es precisamente la convivencia en sociedad, cada uno de nosotros no es más que la suma de los contactos y de los «descontactos» de su vida, así como de la huella que han dejado todos ellos en nuestro carácter.

Aproveche cada interacción humana de cada día para aprender un poquito más sobre quién es, quién quiere ser y quién no quiere ser, aceptando los resultados de cada gestión, sean rechazos o halagos, como la respuesta del mundo a la eterna y magnética pregunta existencial: ¿por qué yo soy yo?

Muchas gracias y mucho ánimo.

EX LIBRIS
Montse